VOYAGES
IMAGINAIRES,
ROMANESQUES, MERVEILLEUX,
ALLÉGORIQUES, AMUSANS,
COMIQUES ET CRITIQUES.

SUIVIS DES
SONGES ET VISIONS,
ET DES
ROMANS CABALISTIQUES,

CE VOLUME CONTIENT.

L'Isle Enchantée, épisode de la Lusiade, traduit du Camoens.

L'Isle de la Félicité, par Mme d'Aulnoy; épisode tirée d'Hypolite, Comte de Duglas.

L'Isle Taciturne & l'Isle Enjouée, ou voyage du Génie Alaciel dans ces deux îles; par M. de la Dixmerie.

Voyage de la Raison en Europe; par M. le Marquis de Caraccioli.

VOYAGES
IMAGINAIRES,
SONGES, VISIONS,
ET
ROMANS CABALISTIQUES.

Ornés de Figures.

TOME VINGT-SEPTIÈME.

IIIe Division de la première classe, contenant les Voyages Imaginaires *allégoriques*.

A AMSTERDAM,
Et se trouve à PARIS,
RUE ET HOTEL SERPENTE.

M. DCC. LXXXVIII.

L'ÎLE ENCHANTÉE.

Épisode de la Lusiade, traduit du Camoëns.

PRÉFACE
DE L'AUTEUR.

CE n'est point ici l'ouvrage de la critique, mais bien celui de la vérité. Les observations que fait la Raison, sous le nom de Lucidor, seroient insipides, si elles n'avoient pour objet que des éloges. Il n'y a point de livre géographique qui, en parlant des différens peuples, ne dise que les uns sont paresseux, les autres vindicatifs ; ceux-ci légers, ceux-là rusés, parce qu'il n'y a point de peuple qui n'ait des défauts. Entre le panégyrique & la satyre, se trouve ordinairement la vérité.

Les habitans d'un pays, & sur-tout

ceux des petites villes, voudroient qu'on ne parlât de leur lieu natal que pour le célébrer ; c'est l'effet d'un amour-propre mal-entendu. Mais doit-on prodiguer des louanges à tort & à travers, pour ménager la délicateſſe de l'orgueil ou du préjugé ? Le langage de la Raiſon ſera toujours celui de la ſincérité.

On s'eſt particulièrement attaché dans cet ouvrage à faire connoître les mœurs & les uſages des différens pays, ainſi que les progrès des ſciences & des arts, non en diſſertant, mais en effleurant. La briéveté eſt un mérite, ſur-tout dans un ſiècle ſuperficiel ; & d'ailleurs, une remarque faite à propos, vaut ſouvent une deſcription. Heureux l'écri-

PRÉFACE.

vain qui dit beaucoup de choses en peu de mots.

La plupart des livres sont inutiles pour les lecteurs ; on tient à des opinions populaires, à des préjugés nationaux, au lieu de ne tenir qu'à la vérité. C'est presque toujours la prévention qui condamne ou qui approuve un ouvrage. Ne soyez d'aucun pays, d'aucun tems, disoit le chancelier Bacon, & vous jugerez sainement de ce qu'on dira de votre esprit, de vos coutumes & de vos mœurs ; mais on veut être flatté. Peu d'hommes savent être citoyens du monde, quand il s'agit de prononcer contre eux-mêmes & contre les usages de leur propre pays. On souscrit volontiers au jugement qu'on porte sur une nation voisine, & l'on ne veut point reconnoître son propre portrait. C'est l'histoire d'une personne laide qui accuse celui qui l'a peinte, ou d'ignorance ou d'infidélité.

AVERTISSEMENT
DE L'ÉDITEUR.

Nous ne donnons point ici un recueil ni un choix de toutes les Allégories ou Romans, Contes & Nouvelles allégoriques, mais de celles seulement qui ayant pour objet la description d'un peuple imaginaire, rentrent sous ce point de vue dans notre plan : c'est ainsi que nous avons parcouru dans le volume précédent le Royaume de Romancie, & que nous avons fait voyager nos lecteurs d'abord dans l'Isle d'Amour, ensuite dans le Royaume de Coquetterie, & que de-là nous les avons conduits dans la Ville des

Portraits, où tous les habitans font Peintres.

Nous allons les promener dans celui-ci; premièrement dans une *Isle enchantée*, séjour des plaisirs & de la volupté, où Vénus arrête quelque tems Gama & ses compagnons à leur retour de la découverte & de la conquête des Indes. Après l'Isle d'Amour & le royaume de Coquetterie, le séjour de la volupté trouvoit naturellement sa place; & l'idée d'unir aux nymphes immortelles de la mer les conquérans de l'Inde, nous a paru des plus heureuses.

Des images plus douces & aussi agréables, quoique moins poétiques, caractérisent l'*Isle de la Félicité*. Le Prince Adolphe, conduit par le Zéphire dans l'Isle de la Félicité, croit jouir d'un bonheur parfait, lorsqu'il est arrêté par un vieillard qui dissipe toutes ces jouissances, & les fait évanouir comme un songe. Ce vieillard est le tems, qui depuis trois siècles cherche le Prince, & qui enfin le rend sa victime, comme toutes les choses de ce monde. L'Auteur a voulu prouver par cette allégorie, qu'il n'est point de bonheur parfait, & que le tems vient à bout de tout.

Ce conte est tiré du roman d'Hypolite, Comte de Duglas, ouvrage de Madame la Comtesse d'Aulnoy, si connue par les charmans contes qui font un des principaux ornemens du Cabinet des Fées. Nous n'ajouterons rien à ce qui a été dit de cette Dame dans les notices qui accompagnent ce recueil.

Deux Nations voisines & rivales sont ingénieusement caractérisées dans l'*Isle*

Taciturne & *l'Isle Enjouée*, ou *Voyage du Génie Alaciel dans ces deux Isles*. La critique en est fine, & telle que ni l'une ni l'autre des deux Nations ne peut s'offenser des traits que l'Auteur se permet de lancer : c'est un badinage agréable, écrit sur le ton, non de la satyre, mais de la bonne comédie, où chacun peut se reconnoître, sans conserver de ressentiment contre l'Auteur. Pour terminer l'éloge de cette charmante production, il suffit d'en nommer l'auteur, M. de la Dixmerie.

Ce volume finit par un ouvrage d'un ton différent du précédent. Nos lecteurs y trouveront aussi de la critique & de la morale, mais le style en est plus sentencieux & moins orné d'images, c'est le *Voyage de la Raison en Europe*, avec des additions confidérables que l'auteur a bien voulu nous communiquer, & qui n'ont point encore été imprimées. La raison personnifiée voyage sous le nom de Lucidor, & parcourt toute l'Europe, & principalement la France. On peut croire que les abus dont tous les établissemens fourmillent, blessent les yeux de ce censeur sévère, & qu'ayant fait vœu de s'expliquer avec franchise, rien n'échappe à sa critique qu'il exerce avec toute la rigueur dont son caractère lui fait une loi. On ne pouvoit mieux remplir son titre que l'a fait l'auteur; c'est le vrai langage de la raison, & il n'est pas possible de la méconnoître: la critique est telle, que la raison elle-même a pu la dicter, sans amertume, & pleine de sagesse: enfin cet ouvrage, infiniment estimable, porte le carac-

Avertissement de l'Éditeur.

tère propre à tous ceux qui sont sortis de la plume de son auteur, *M. de Carracioli.*

L'ÎLE ENCHANTÉE.

Les Portugais avoient repris le chemin de leur chère patrie, contens du succès de leur entreprise, & se trouvant heureux d'avoir découvert la route des fertiles campagnes qui voient naître l'aurore, quand le flambeau du jour s'éteint pour l'occident. Leurs navires portoient plusieurs preuves certaines de cette découverte ; quelques Malabares prisonniers, des fleurs de banda, de la canelle, & plusieurs autres aromates qui enrichissent les forêts de Ceylan & des îles Moluques.

Déja la flotte victorieuse laissant derrière elle les rivages de Malabar, s'avançoit vers la pointe australe du promontoire d'Ademastor, & bravoit une seconde fois les fureurs de l'océan. Chacun s'apprête à revoir ses pénates ; chacun goûte par avance le plai-

A

sir de raconter les événemens d'une navigation si longue & si belle. Quel charme de peindre à ses parens & à ses amis la diversité des climats & des peuples qu'on a vus, les monstres qu'on a rencontrés; les maux qu'on a soufferts, le soulevement des ondes, l'impétuosité du redoutable aquilon, enfin tout ce que le royaume de Neptune offre de terrible & de curieux! Dans ces narrations, l'on jouit de sa gloire, en jouissant de l'étonnement & de l'attention de ceux qui nous écoutent; & cette douceur est si grande, que le cœur n'y peut suffire qu'à peine. Les soldats, les matelots la ressentoient également : cependant leur allégresse n'osoit prendre un libre essor; la crainte de périr, qui restoit à surmonter, leur servoit de contre-poids.

Pendant que la flotte sillonne le crystal d'Amphitrite, Vénus, qui d'intelligence avec le père céleste conspire depuis tant d'années au bonheur des Lusitains, l'aimable Vénus forme la résolution de leur montrer l'immortelle gloire dont leurs travaux vont être suivis : elle veut anticiper leur récompense ; & sans attendre leur rentrée dans le Portugal, elle prétend qu'ils trouvent au milieu de la mer un repos flatteur, un essaim de plaisirs qui les dédommage des maux que cette même mer leur a causés, & des fatigues & des dangers innombrables que leur ont suscité les jalouses fureurs de Bacchus.

Après avoir mûrement réfléchi sur son projet & sur les moyens de l'exécuter, Vénus se détermine à conduire les Portugais dans l'une des îles qu'elle possède en orient, îles parées des plus riches présens de Pomone & de Flore, & situées auprès du séjour délicieux où naquit l'épouse du premier homme. L'idée de la charmante Cypris est que les plus belles nymphes de la mer attendront Gama & sa suite sur les rivages fortunés qui doivent servir de théâtre au bonheur de ces héros, & que pénétrées pour eux d'une vive tendresse, elles s'appliqueront à faire éclore continuellement sous leurs pas mille nouveaux plaisirs.

Telle, ou peu différente, fut la conduite que tint autrefois cette déesse, lorsqu'elle disposa les peuples de Carthage & leur reine à traiter favorablement le pieux Enée. Maintenant, pour réussir dans son dessein, elle juge à propos d'agir de concert avec son fils Cupidon ; avec Cupidon, cet enfant toujours victorieux, dont la force fait descendre les dieux sur la terre & monter les hommes au ciel.

L'effet suit de près la résolution, Cythérée s'envole, assise sur son char, qui est traîné

A ij

par des cygnes mélodieux; une troupe de colombes l'accompagne, & badine autour d'elle; sur son passage, l'air s'éclaircit, les redoutables aquilons se changent en zéphirs: déja son char s'étoit posé sur le sommet des monts Idaliens, où Cupidon rassembloit plusieurs autres amours célestes & immortels comme lui; avec cette divine armée, il se préparoit à faire une grande expédition, pour réformer les erreurs pernicieuses qui régnoient alors dans le monde. On profanoit les flammes de l'amour; le cœur humain donnoit tout son attachement à des biens frivoles qui ne le méritoient pas, & Cupidon voulant s'opposer à ce désordre, rassembloit alors ses frères sous les armes.

Cette troupe divine s'appliquoit à diverses occupations: les uns aiguisoient la pointe de leurs flêches, les autres polissoient des branches de myrte pour s'en faire des javelots: en même tems ils chantoient plusieurs aventures célèbres dans les fastes de l'amour. L'union de leurs voix formoit un concert harmonieux, où les douceurs de la poésie & de la musique se disputoient avec un égal avantage la gloire de flatter l'oreille. Mille & mille cœurs brûloient dans les feux redoutables qui leur servoient à forger le fer de leurs dards;

L'isle enchantée. Tom 27. pag. 5.

C. P. Marillier. De gendt. Sc.

ensuite ils le trempoient dans un ruisseau composé des pleurs que répandent les amans infortunés.

Vénus ayant mis pied à terre, son fils s'avance vers elle avec un visage joyeux, il la reçoit, il l'embrasse tendrement; tous les autres amours lui baisent la main, & s'empressent à la servir. O mon fils, dit-elle à Cupidon, mon cher fils, vous qui ne craignez point les armes formidables dont Typhée fut accablé, vous qui faites toute ma puissance, préparez-vous à me seconder dans une entreprise glorieuse; j'ai besoin de votre appui. Vous savez que je protège les travaux des Portugais, parce que les trois sœurs qui président aux destinées humaines, m'ont assuré que cette nation me sera toujours fidèle. Je la chéris d'autant plus, que je vois qu'elle s'applique à marcher sur les traces de mes anciens Romains. Ainsi j'ai résolu de la favoriser en tout ce qui dépendra de vous & de moi. Bacchus n'a rien épargné pour perdre Vasco & ses braves compagnons; la mer s'est soulevée contre eux, leur courage triomphe & des artifices de Bacchus, & des fureurs de la mer. Je veux qu'ils trouvent aujourd'hui un essain de plaisirs dans les mêmes climats où jusqu'à présent ils n'ont rencontré que des dangers épouvantables; je veux qu'ils recueillent le prix de leur vertu, & que dès cette vie mortelle ils connoissent l'immortalité de leur gloire.

Voici donc ce que je souhaite de vous. Lancez vos traits inévitables jusqu'aux fonds des abymes de Neptune; enflammez les plus charmantes Néréides pour ces illustres navigateurs qui viennent de découvrir le berceau du soleil; & moi, je les rassemblerai toutes dans une île où les beautés de Flore savent fixer les zéphirs; là, couronnées de roses, de myrte & de jasmin, tantôt dans des palais d'or & de crystal, tantôt à l'ombre des bocages, elles verseront aux Lusitains des vins plus doux & plus odoriférans que l'ambroisie qui coule dans le ciel; les plaisirs de l'amour suivront ceux de la table: pénétrées d'une vive tendresse, les nymphes ne refuseront rien à l'ardeur des héros qui brûleront pour leurs charmes; & le séjour de Gama dans cette île délicieuse, ne sera qu'un long enchaînement de voluptés inconnues au vulgaire.

En un mot, je veux que, dans l'empire des mers où j'ai reçu le jour, l'union des Portugais avec les Néréides fasse éclore une belle & généreuse lignée, qui soutienne notre gloire sur les bords du Gange. Contentez-moi, mon cher fils; montrez aux ingrats qui nous abandonnent, que rien ne nous coûte pour récompenser la vertu : les peuples étonnés admireront votre pouvoir suprême, & vos feux ne trouveront plus d'obstacle sur la terre, après qu'ils auront triomphé dans les flots.

Vénus dit, & Cupidon s'apprête à lui obéir, il prend son arc d'ivoire & ses flèches d'or ; il monte sur le char de la déesse ; il se place à côté d'elle : les oiseaux qui déplorent si mélodieusement la chûte de Phaëton, partent à l'instant même, & s'élèvent au-dessus des nuages. En traversant ainsi les campagnes éthérées, le dieu de Paphos dit à sa mère qu'il a besoin d'une avant-courière fameuse, qui nuit quelquefois aux mystères d'amour, mais qui cependant peut leur être utile en certaine conjoncture. C'est la Renommée, cette nymphe de taille gigantesque, également amie du faux & du vrai, téméraire, incapable de modération, & qui divulgue avec mille bouches, ce qu'elle voit avec cent yeux. Cypris & Cupidon vont la trouver : ils lui ordonnent de prendre les devants, & de publier les louanges des navigateurs Lusitains ; elle se charge avec plaisir d'une commission si flatteuse ; elle embouche la trompette : déjà ses accords éclatans pénètrent jusqu'au fond des antres de

Neptune; les merveilles qu'elle annonce font véritables; on les reçoit pour telles, parce que la douce crédulité l'accompagne. Au bruit d'un éloge si magnifique, les dieux marins se dépouillent de la haine que Bacchus leur avoit inspirée contre les Portugais, & leurs cœurs s'ouvrent à des sentimens favorables pour cette nation illustre, qu'ils ont persécutée sur la foi de son ennemi. La métamorphose des Néréides est encore plus prompte & plus marquée; elles se repentent d'avoir conspiré le naufrage d'une flotte qui portoit des héros si magnanimes; elles s'écrient qu'on ne peut attaquer tant de vertus, sans être possédé d'une fureur aveugle & barbare. Cupidon qui les écoute, choisit cet instant pour les frapper de ses flèches redoutables; il épuise son carquois : les traits volent; l'onde écumante murmure sous leur atteinte, & forme aux environs plusieurs cercles fluides, que le folâtre enfant de Cythère contemple d'un œil malin; il s'applaudit en voyant que l'eau n'affoiblit point la violence de ses dards, & qu'ils vont percer leurs victimes dans les plus ténébreuses cavernes de l'océan. Les nymphes tombent; elles tombent toutes en poussant des soupirs pleins de flammes; elles se livrent à l'amour pour des objets qu'elles ne connoissent pas encore : ainsi l'or-

L'ISLE ENCHANTÉE.

donne le dieu qui les agite, & tel est l'ascendant d'une brillante réputation qui captive les cœurs sans le secours des yeux.

Les filles de Nérée étoient rendues : il ne restoit que Thétis, qui défendoit encore sa liberté ; Thétis, la reine des flots, & la plus charmante, aussi-bien que la plus respectable de toutes les déesses qui habitent le vaste empire de Neptune. Cupidon bande son arc avec une force excessive, & visant droit au cœur de la nymphe rébelle, il lui fait une profonde blessure. Enfin sa victoire est parfaite ; il n'a plus de flèches à tirer, ni de nymphes à combattre : un feu secret les dévore ; elles ne vivent plus, elles meurent d'amour.

Mais d'un autre côté, Vénus se prépare à soulager les plaies que son fils vient de faire. Voilà les vaisseaux Lusitains qui paroissent ; c'est elle qui les guide : ondes redoutables, appaisez-vous ; laissez sortir de votre sein les nymphes amoureuses ; laissez avancer cette flotte que leur amene les héros dont elles sont éprises !

Déja, par l'inspiration de Cythérée, les blanches Néréïdes prennent le chemin de l'Isle délicieuse, qui doit être le théâtre de leurs plaisirs ; elles dansent sur le crystal des eaux ; elles s'abandonnent à la joie qu'un doux espoir répand dans leurs cœurs. Vénus leur propose sa conduite pour exemple, & leur conseille de faire ce qu'elle a fait mille fois pour réussir dans ses amours. L'ardeur qui les possède ne permet pas de rebuter des leçons si flatteuses, leur unique ambition est d'en profiter.

Cependant la flotte sillonnoit les immenses campagnes de Protée, en cherchant quelque rivage paisible, où elle pût se munir d'eau fraîche, dont elle avoit besoin pour retourner en Portugal: cette pensée occupoit Gama & ses compagnons, lorsqu'ils apperçurent le beau séjour qui les attendoit. L'agréable épouse de Titon versoit en ce moment à pleines mains les richesses de la lumière; en ce moment on voit une île enchantée, une île dont le seul aspect suffit pour calmer les plus cruelles inquiétudes: jusqu'alors Vénus l'avoit fait voguer devant les Lusitains, afin qu'ils ne pussent passer outre, sans la découvrir, & sans y prendre part; mais dès qu'ils l'eurent découverte, elle devint stable comme la fameuse Délos, qui s'arrêta dans la mer Egée pour favoriser la naissance d'Apollon & de Diane.

Pénétré d'une soudaine allégresse, Gama fait tourner la proue de ses vaisseaux vers cette île charmante; on aborde, on jette l'ancre dans une baie tranquille, où Vénus a pris soin d'embellir la côte, en répandant sur le sable divers coquillages dont les couleurs, animées par les rayons du soleil, étalent dans la simplicité même de la nature, un spectacle des plus brillans. D'abord les Lusitains apperçoivent trois collines émaillées d'herbes & de fleurs; de leur sommet jaillissent autant de fontaines claires & transparentes, l'onde fugitive se précipite par bonds, & s'éloigne de sa source avec un murmure agréable; sa fraîcheur nourrit les appas des beaux lieux qu'elle arrose. Après mille & mille cascades merveilleuses, toutes les eaux de ces trois fontaines se réunissent dans une vallée qui est au pied des collines, d'où elles descendent: là, elles forment une nappe liquide plus nette que du crystal. Autour du bassin s'élèvent de grands arbres qui le couronnent; ils inclinent doucement vers lui leurs têtes orgueilleuses; on diroit qu'ils prennent plaisir à se mirer dans le sein de la liqueur qui représente leurs verds feuillages.

Sous un ciel si beau, la terre n'exige ni soins, ni culture; elle n'est point assujettie à l'ordre des saisons; le printems voit mûrir les dons de l'automne; l'automne voit fleurir ceux du printems: toujours libérale pour cette fertile solitude, la déesse des jardins y fait trouver en abondance les fruits les plus délicieux;

l'orange, fière de porter la riche couleur qui brilloit sur les cheveux de Daphné; le citron odoriférant, le limon dont la figure imite les pommes qui naissent sur le sein des belles, & la grenade qui s'ouvre pour montrer ses rubis.

Ici, la vigne attachée au bras des ormeaux, laisse pendre avec pompe ses raisins précieux; les uns couleur d'or, les autres teints de pourpre & tout imbibés de nectar : dans le même endroit la cerise s'enorgueillit de sa robe vermeille, auprès de la mûre qui se vante d'éterniser la mémoire du généreux Pyrame & de l'aimable Thisbé: enfin ces arbres fruitiers sont entremêlés d'un nombre infini d'arbres moins utiles; cette variété rehausse les agrémens du paysage. Ici, c'est le peuplier si cher au redoutable Hercule; là, le laurier d'Apollon; ailleurs, le myrthe de Vénus; plus loin, les pins de Cybelle & le cyprès, qui forment, sans le secours de l'art, une pyramide plus superbe que celles de Memphis.

Si les zéphirs trouvent de quoi s'amuser dans les feuillages de ces arbres toujours verds, Flore n'y fournit pas moins d'objets dignes de leurs caresses; toute la campagne est ornée de ses présens; le narcisse penche mollement sa tête blonde sur le bord de l'eau; les lys blancs, les lys dorés, l'anemone sans cesse arrosée des pleurs de Vénus ; la jacinthe, éternel monument des regrets d'Apollon ; l'aimable rose, la simple violette & l'odoriférante marjolaine émaillent de tous côtés le tapis des prairies, & forment avec la verdure qui les entoure, un tableau si varié, si flatteur, que l'œil ne se lasse point d'en admirer les charmes. Cette multitude innombrable de fleurs fait de l'isle un ciel terrestre, dont les astres ne sont pas moins beaux que ceux de l'olympe ; on peut douter si l'aurore leur prête son éclat, ou bien si leur éclat embellit l'aurore : enfin, telle est l'abondance, & des fruits & des fleurs qui parent ce riant séjour, qu'on ne sait s'il est plus redevable aux libéralités de Pomone qu'aux faveurs de Chloris.

La déesse, dont cette isle fortunée reconnoît l'empire, n'y souffre point d'animaux cruels & destructeurs ; une troupe de cygnes, dont la blancheur feroit honte à la neige, chante mélodieusement le long des fontaines & des ruisseaux argentés qui font ses délices ; l'agréable Philomèle, perchée sur une branche fleurie, répond à leurs concerts par ses divins accords, pendant que la tourterelle soupire ses amours, & que le moineau porte à son nid la nourriture qu'il destine aux fruits de sa tendresse. Ici, le cerf contemple paisiblement dans le crystal des eaux, les armes orgueilleuses qui lui couronnent la tête ; ici, le liévre sort d'un buisson : là, le chevreuil & la timide gazelle bondissent sur des pelouses couvertes de thym & de serpolet.

Telle étoit l'isle que Vénus avoit préparée pour les Lusitains ; ils abordent, ils descendent sur le sable, & déjà leur troupe se répand d'un côté & d'autre dans les bocages où les Néréides se promènent avec un air d'indifférence & comme sans dessein : celle-ci fait résonner les cordes d'une guitarre ; celle-là pince délicatement un luth dont l'harmonie rend les rossignols jaloux : l'une anime un flageolet, l'autre attendrit les échos par la douceur de sa voix : quelques-unes s'amusent à relancer des bêtes fugitives ; plusieurs qui se fient aux beautés que leurs habillemens couvrent, affectent de prendre le plaisir du bain : toutes dissimulent avec adresse l'amoureux projet qui les occupe ; c'est le premier fruit des conseils de Vénus.

Les Portugais s'avancent dans l'isle à dessein d'y faire la guerre aux bêtes sauvages qu'ils y trouveront ; cette seule idée les guide, ils ne savent pas que la blonde Erycine leur apprête une autre chasse infiniment plus douce : partie d'entr'eux s'enfonce dans l'épaisseur des forêts ;

partie se promène le long des ruisseaux qui gazouillent en roulant leur onde fraîche & pure sur un lit de cailloutage : tout-à-coup ils apperçoivent entre les branches divers habits précieux, dont les brillantes couleurs égalent celles de Flore ; en même-tems ils voient, ils admirent les nymphes qui en sont parées. Pénétré d'étonnement, Fernan-Velose jette un grand cri : où sommes-nous ? quelle étrange rencontre ! s'il en faut croire nos yeux, cette île est habitée par des déesses ! nous découvrons ici plus de merveilles que l'esprit humain n'a jamais souhaité d'en connoître : autant que nos lumières sont bornées, autant la nature est-elle inépuisable dans ses prodiges. Suivons ces beautés charmantes, sachons si ce sont des fantômes agréables prêts à s'évanouir.

Il dit, & plus prompts qu'une troupe de cerfs, ses compagnons & lui courent après les nymphes, dont les appas captivent leurs cœurs : elles se glissent dans les bocages, elles échappent avec plus d'adresse que de rapidité ; leur fuite est assaisonnée de quelques cris : mais au même instant elles tournent la tête vers les Portugais avec un sourire agréable, qui dément la timidité qu'elles affectent : à l'une, le vent fait voltiger la blonde chevelure ; à l'autre il soulève doucement la robe ; les beautés qu'il découvre & qu'il recache soudain, sont autant d'amorces flatteuses qui allument les desirs des poursuivans.

Quelques-unes des nymphes fugitives se laissent tomber sur le verd gazon, & leur visage témoigne qu'elles ne seroient pas fâchées que leurs amans tombassent au même endroit. Plus loin, les Portugais trouvent celles qui se baignoient toutes nues : d'abord elles commencent à crier ; leur trouble parut si sincère, qu'on ne jugeoit pas qu'elles s'attendoient à cette surprise : l'une, feignant de sacrifier sa modestie à ses frayeurs, s'élance hors de l'eau, & s'enfuit dans la forêt voisine ; les yeux qui volent après ses charmes, s'attachent sur les lys & sur les roses qu'elle refuse aux mains qui voudroient l'arrêter ; l'autre s'enfonce dans le crystal liquide, comme fit l'aimable Diane pour se dérober aux regards d'Actéon ; une autre se jette sur les habits qui sont au bord du bassin ; sa précipitation retarde l'effet de la diligence, l'œil du spectateur y gagne, & les beautés de la nymphe n'y perdent pas.

Plus d'un Portugais saute dans l'eau tout habillé ; la passion qui les dévore cherche un prompt soulagement ; le moindre délai leur paroît une longueur excessive : ainsi du bord d'un lac voit-on quelquefois un chien auda-
cieux

cieux se jetter à la nage, dès qu'il apperçoit que son maître a mis en joue le tuyau redoutable d'où la mort part avec le nitre : alors il n'attend pas que le bruit frappe son oreille ; il coupe l'onde, il avance, une forêt de roseaux ne peut l'arrêter ; rien ne résiste à son impatiente ardeur : telle se montra la jeunesse Lusitane, en s'élançant vers les Néréides qui se baignoient.

Léonard qui étoit dans le printems de son âge, & qui se faisoit gloire de suivre constamment les drapeaux de l'amour, quoique jusqu'alors l'amour ne l'en eût point récompensé, le galant Léonard couroit après l'agréable Ephire, vrai modèle de la beauté même : cette nymphe fuyoit avec plus de légéreté que toutes ses compagnes ; elle vouloit se défendre long-tems avant que de céder la victoire. Léonard, accablé de lassitude, lui crie enfin, d'un ton douloureux : Arrêtez, charmante déesse, daignez attendre un corps dont vous emportez l'ame ; connoissez du moins l'objet que vous fuyez si durement ; c'est un homme qui brûle de vous consacrer sa vie. Arrêtez, inhumaine ! tant de cruautés s'accordent mal avec tant d'appas ; les autres nymphes se rendent, vous êtes la seule qui ne se laisse pas fléchir, & moi, je suis le seul infortuné qui trouve dans cet heureux asyle un cœur inexorable. Cessez, au nom de vos

B

beaux yeux que j'adore, cessez de me tuer en vous livrant à des fatigues si rudes; modérez votre course: ainsi puisse le tems respecter les fleurs de votre visage, puisse-t-il ne le regarder jamais que d'un œil riant & serein!

Charmée des plaintes amoureuses de Léonard, elle ne fuyoit plus que pour goûter le plaisir de les entendre: enfin, elle s'arrête; elle se laisse tomber en riant aux pieds de son vainqueur, & ses yeux pleins de flamme disent que sa défaite n'est point le fruit de sa lassitude. Alors l'heureux Portugais se plonge dans les délices; alors sa tendresse vive & pure est couronnée par les mains du dieu de Cythère.

Léonard n'est pas le seul que Cupidon comble de ses faveurs, les autres Lusitains jouissent de la même félicité; tout le bocage retentit du doux murmure des amans. Oh! combien de baisers avides! combien de soupirs enflammés! que de caresses flatteuses! quels cris, quelle colère qui se tournoient en risées agréables!...... Divine Vénus, toi, qui par le feu des plaisirs augmentois la chaleur du jour; toi, dont la force animoit les tendres combats qui se livroient dans cette île, tu sais que la voix d'un foible mortel ne suffit pas pour dépeindre tant de voluptés célestes.

Telle fut l'union des navigateurs Portugais

& des blanches Néréides ; l'hymenée, d'intelligence avec l'amour, emploie ses plus beaux liens dans cette conjoncture. Les nymphes promettent à leurs époux d'éterniser leur mémoire ; en même tems, pour gage de leur parole, elles leur font présent à chacun d'une couronne d'or, de lauriers & de fleurs précieuses, qui bravent les injures de toutes les saisons. Thétis, que l'Océan reconnoît pour sa souveraine, & qui le mérite autant par sa beauté que par la noblesse de son origine ; l'adorable Thétis, fille de Celus & de Vesta, donne son cœur & sa foi au généreux chef de la flotte : elle lui déclare qu'elle est venue sur ces rivages fortunés pour lui révéler les secrets de la sphère du monde, les merveilles que la terre & la mer renferment dans leur vaste sein, & les honneurs qui sont destinés aux peuples de Lusus ; ensuite prenant par la main ce héros magnanime, elle l'emmène sur une montagne sacrée, qui voit ramper les vents & les nuages ; son sommet tranquille & lumineux est orné d'un palais d'or & de crystal, dont l'architecture superbe annonce un ouvrier divin : c'est-là que l'auguste Thétis goûte les fruits de sa tendresse, pendant que les autres nymphes répondent aux vœux de leurs amans sur les tapis de Flore & sous le verd feuillage des bois.

Ainsi, l'aimable & vaillante troupe des nymphes & des guerriers passe la meilleure partie du jour à s'entre-donner des preuves d'une ardeur mutuelle ; les Portugais ne songent plus aux fatigues, aux traverses, aux tempêtes qu'ils ont essuyées dans leur navigation ; ou bien, s'ils s'en souviennent encore, c'est pour en bénir la mémoire, puisque leur bonheur présent n'est que la récompense de leurs travaux passés. O vous, lâches humains, qui rappellez tout à vos plaisirs, méprisable fardeau de la terre qui ne vous porte qu'à regret, ouvrez vos yeux profanes ; cette île merveilleuse, ces Néréides si belles, ces superbes couronnes & ces délices qui vous tentent ne sont ici qu'un image des honneurs, de la gloire & de l'immortalité qui suivent les grandes actions.

L'amant de l'infidelle Coronis étoit sur le point de se coucher dans la mer occidentale : sa retraite laissoit règner les fraîches haleines du zéphir qui frisoient doucement la superficie des ondes, & qui réjouissoient les lys & les jasmins que l'ardeur du jour avoit offensés. Alors les Néréides & leurs amans montèrent au palais, où la reine des flots avoit fait dresser un festin superbe : on se met à table ; on s'assit dans des fauteuils de cryftal, chacun à côté de l'objet de sa flamme ; la belle Thétis &

l'illustre Gama se placent sous un dais magnifique à fond d'or, relevé de perles & d'un nombre infini de pierreries précieuses.

La table est couverte de mets divins, & mille fois plus délicieux que tous ceux qu'inventa le luxe de Cléopâtre ; les coupes d'or & de diamans tirées des trésors de la mer Atlantique, se couronnent d'écume, en recevant des vins plus odoriférans que l'ambroisie ; l'allégresse, les discours enjoués, les ris & les plaisirs volent de toutes parts : plusieurs instrumens harmonieux forment un concert, dont la douceur surpasse les accords qui suspendirent autrefois dans le royaume de Pluton la rage des Euménides & les tourmens des ombres criminelles : vers la fin du repas, une syrène joint sa voix à cette merveilleuse symphonie ; les zéphyrs se taisent, les oiseaux interrompent leurs ramages, & les fontaines voisines n'osent plus murmurer.

Elle solemnise les exploits de plusieurs héros Lusitains, qui ne voient pas encore la lumière des cieux ; c'est le sage Protée qui lui a révélé leur naissance future & leurs grandes actions : elle les passe tous en revue, distribue à chacun les éloges qu'il mérite, & leur annonce l'immortalité. Toutes les nymphes lui donnent des applaudissemens ; elles élèvent leurs voix & forment un chœur mélodieux : Nobles Portugais, disent-elles, nation magnanime, quelques tours que fasse l'inconstante roue de la fortune, jamais votre belle réputation ne périra ; le tems ni les injures du sort n'obscurciront jamais les brillans honneurs que vous méritez, & dont nos promesses vous sont un gage certain.

Lorsque les tables furent levées, la charmante Thétis prit la parole, & dit à l'heureux Gama : Suivez-moi, vous & vos compagnons ; je veux couronner ce grand jour en vous révélant des mystères que la vaine science des mortels ne peut découvrir. A ces mots, elle mène Gama & les autres Portugais au pied d'une montagne haute, rude, escarpée & presqu'impraticable. Soutenus par leur courage & par la présence de la déesse, ils arrivent enfin au sommet, où ils trouvent une plaine spacieuse émaillée de diamans, d'émeraudes & de rubis ; brillant séjour, dont le terrein ne paroît destiné qu'à recevoir les traces des habitans de l'olympe.

Là, les Lusitains voient un globe qui se soutient en l'air sans se hausser ni s'abaisser jamais : quoique plusieurs cercles dont il est composé soient dans un mouvement perpétuel, une lumière éclatante qui le pénètre de toute part, rend son centre aussi visible que sa circonférence; l'homme ne sauroit distinguer quelle est la matière de cet ouvrage merveilleux, il connoît seulement qu'un artisan divin doit en être l'auteur.

Les Portugais demeurent saisis d'admiration. Rien ne doit manquer au plaisir que vous goûtez dans cette île, leur dit la déesse : on vous a présagé vos exploits & ceux de vos successeurs; il faut maintenant vous montrer les lieux qui en seront le théatre. Ce globe vous offre en raccourci l'image de l'univers; le voilà tel que l'Intelligence suprême, qui n'a ni commencement ni fin, & qui dans l'immensité de son être, embrasse les cieux, les élémens & toute la nature.

Thétis leur montre l'empyrée, les orbes divers roulant les uns sur les autres, le soleil avec les planètes & différentes constellations. Au milieu de cette vaste machine du monde résident la terre & l'eau; la terre que le ciel a donnée pour asyle aux foibles humains, l'eau dont leur témérité brave l'inconstance : elle leur montre successivement, l'Europe, l'Asie, l'Afrique & le nouveau monde.

Elle arrête principalement leurs yeux sur les beaux climats de l'aurore, où domineront les Portugais, tandis que les Indes occidentales recevront le joug des Espagnols. Elle leur annonce cependant que leur gloire pénétrera dans celles-ci, & qu'ils y posséderont un grand royaume, où naissent des arbres dont le cœur paroît imbibé de pourpre.

Après être entrée sur tous ces objets dans les détails les plus capables de les flatter : Voilà, leur dit-elle, magnanimes enfans de Lusus, tout ce que je puis vous apprendre ; le destin ferme son livre, & ne vous permet pas de pousser plus loin votre curiosité : vous en savez assez pour vous affermir dans le chemin de la gloire, & pour fixer l'amour de vos épouses immortelles. A présent vous pouvez remonter sur l'empire de Neptune ; les vents sont favorables, l'onde est tranquille, votre chère patrie vous tend les bras, il faut vous rendre à ses vœux.

Elle dit, & les Portugais abandonnent l'île charmante où la céleste Vénus leur a prodigué des plaisirs si doux. La belle troupe des nymphes les accompagne dans le dessein de ne les jamais quitter : ils traversent l'Océan, sans qu'aucune tempête ose arrêter leurs courses, & arrivent enfin sur les bords du Tage, où leur roi les comble d'honneurs pour prix du lustre nouveau que la découverte des Indes prête à sa couronne.

Fin de l'île enchantée.

L'ÎLE
DE LA
FÉLICITÉ,

Par Madame D'Aulnoy.
Episode tiré d'Hypolite, Comte de Duglas.

L'ÎLE
DE LA
FÉLICITÉ.

LA Russie est un pays froid, où l'on ne voit guères les beaux jours d'un climat tempéré. Ses montagnes sont presque toujours couvertes de neiges, & les arbres y sont si chargés de glaçons, que lorsque le soleil darde ses rayons dessus, ils paroissent comme garnis de crystal. Il y a des forêts d'une grandeur prodigieuse, où des ours blancs font un ravage horrible; on leur fait incessamment la guerre, on les tue; mais ce n'est pas sans peine & sans péril, & cette chasse est la plus noble & la plus ordinaire occupation des Russes.

Ces peuples étoient gouvernés par un jeune prince nommé Adolphe, si heureusement né, si beau, si poli & si spirituel, qu'on auroit eu de la peine à se persuader que dans un pays si rude & si sauvage, l'on en pût trouver un si accompli. Il n'étoit pas encore dans sa vingtième année, qu'il avoit déjà soutenu une grande guerre contre les Moscovites, où il fit paroître un courage intrépide & une conduite admirable. Lorsqu'il laissoit reposer son armée, il ne se reposoit pas lui-même, & il alloit à cette dangereuse chasse des ours.

Un jour qu'il y étoit avec une grande suite, il se laissa tellement emporter à sa noble ardeur, que se trouvant dans la forêt, & courant dans des routes différentes ; enfin il se perdit. Il s'apperçut qu'il étoit seul, qu'il étoit tard, qu'il ne connoissoit point les lieux, & qu'un orage imprévu l'alloit surprendre. Il poussa son cheval dans une grande route, & sonna du cor pour avertir quelques-uns des chasseurs ; mais ce fut inutilement. Tout-à-coup le peu de jour qui restoit encore, fut changé en la plus obscure nuit; l'on ne voyoit qu'à la faveur des éclairs ; le tonnerre faisoit un bruit effroyable ; la pluie & l'orage redoublèrent. Le prince se mit à l'abri sous quelques arbres ; mais il fut bientôt obligé de partir de ce lieu : les torrens d'eau tomboient de toutes parts, & les chemins en étoient inondés. Il résolut de sortir de la forêt, & de chercher quelque endroit qui pût le garantir de cette tempête. Il eut assez de peine à gagner la campagne, où il se trouva encore plus exposé à l'incommodité du mauvais tems. Il jetta les yeux de tous côtés, & il apperçut dans un lieu très-élevé quelque lumière, il y tourna ses pas; & après bien de la peine, il parvint au pied d'un mont presqu'inaccessible, plein de rochers, environné de précipices, & fort escarpé; il marcha ensuite plus de deux heures, tantôt à pied, tantôt à cheval; enfin, il se trouva proche d'une caverne, dont l'ouverture laissoit voir de la lumière; & c'étoit celle qu'il avoit déjà apperçue. Il hésita un peu avant que d'y entrer; il pensa que c'étoit la retraite de certains brigands qui ravageoient le pays par de fréquentes courses, & qui pourroient le tuer pour le voler; mais comme les ames des princes ont quelque chose de plus noble & de plus fier que celles des autres hommes, il se reprocha sa crainte, & s'avança dans cette caverne, ayant la main sur la garde de son épée, pour être en état de se défendre, si l'on avoit la témérité de l'attaquer.

Au bruit qu'il fit en marchant, une vieille dont les cheveux blancs & les rides marquoient assez le grand âge, sortit du fond d'un rocher. Elle témoigna un étonnement extrême, en l'abordant : Vous êtes le premier mortel, lui dit-elle, que j'ai vu en ces lieux. Savez-vous, seigneur, qui les habite ? Non, ma bonne femme, lui répondit Adolphe, j'ignore où je suis. C'est ici, reprit-elle, la demeure d'Éole, le dieu des vents, il s'y retire avec tous ses enfans ; je suis leur mère, & vous me trouvez seule, parce qu'ils sont occupés, chacun de leur côté, à faire du bien & du mal dans le monde. Mais, continua-t-elle, vous me paroissez pénétré de l'eau qui vient de tomber ; je vais vous allumer du feu, afin de vous sécher ; ce qui m'afflige, seigneur, c'est que vous ferez mauvaise chère ; le repas des vents est fort léger, & les hommes ont besoin de quelchose de plus solide.

Le prince la remercia du bon accueil qu'il en recevoit ; il s'approcha du feu, qui fut allumé en un moment ; car le vent Ouest qui venoit d'entrer, souffla dessus. Il étoit à peine arrivé, que le Nord-est & plusieurs Aquilons se rendirent dans la caverne. Éole ne tarda pas ; Borée, Est, Sud-Ouest & Nord le suivoient ; ils étoient tous mouillés, ils avoient les joues bouffies & les cheveux mal arrangés, leurs manières n'étoient ni civiles, ni polies ; & lorsqu'ils voulurent parler au prince, ils faillirent à le geler de leur haleine. L'un raconta qu'il venoit de disperser une armée navale; l'autre, qu'il avoit fait périr plusieurs vaisseaux; un troisième, qu'il avoit été favorable à certains navires, & qu'il les avoit sauvés des corsaires qui les vouloient prendre; plusieurs dirent qu'ils avoient déraciné des arbres, abattu des maisons, renversé des murailles; enfin chacun se vanta de ses exploits. La vieille les écoutoit; mais tout d'un coup elle témoigna une grande inquiétude: est-ce, leur dit-elle, que vous n'avez point rencontré en chemin votre frère Zéphir? Il est déjà tard, il ne revient point; j'avoue que j'en suis en peine. Comme ils lui disoient qu'ils ne l'avoient pas vu, Adolphe apperçut, à l'entrée de la caverne, un jeune garçon aussi beau que l'on peint l'amour. Il avoit des aîles dont les plumes blanches, mêlées de couleur de chair, étoient si fines & si délicates, qu'elles paroissoient dans une continuelle agitation; ses cheveux blonds formoient mille boucles qui lui tomboient négligemment sur ses épaules; sa tête étoit ceinte d'une couronne de roses & de jasmins; son air étoit agréable & riant.

D'où venez-vous, petit libertin, lui cria la vieille, d'une voix enrouée? tous vos frères sont ici; vous êtes le seul qui prenez du bon tems, & qui ne vous souciez guères des inquiétudes que vous me donnez. Ma mère, lui dit-il, j'ai eu de la peine de revenir si tard auprès de vous, sachant bien que vous le trouveriez mauvais ; mais j'étois dans les jardins de la princesse Félicité. Elle s'y promenoit avec toutes ses nymphes ; l'une faisoit une guirlande de fleurs ; l'autre couchée sur le gazon, découvroit un peu sa gorge, pour me laisser plus de liberté d'approcher d'elle & de la baiser : plusieurs dansoient aux chansons ; la belle princesse étoit dans une allée d'orangers ; mon haleine alloit jusqu'à sa bouche ; je badinois autour d'elle, & j'agitois doucement son voile Zéphir, disoit-elle, que je te trouve agréable ! que tu me fais de plaisir ! tant que tu seras ici, je ne quitterai point la promenade . . . . . Je vous avoue que des douceurs prononcées par une si charmante personne, m'enchantoient ; & j'étois si peu le maître de moi-même, que je n'aurois pu me résoudre à la quitter, si je n'eusse appréhendé de vous déplaire.

Adolphe l'écoutoit avec tant de satisfaction, qu'il eut quelque peine, lorsqu'il cessa de parler. Permettez, aimable Zéphir, lui dit-il, que je vous demande en quel pays règne cette princesse ! Dans l'île de la Félicité, lui répondit Zéphir : personne, seigneur, n'y peut entrer ; on ne se lasse point de la chercher, mais le

fort

fort des humains est tel, qu'on ne sauroit la trouver; on voyage inutilement tout autour; l'on se flatte même quelquefois d'y être, parce qu'on arrive souvent à d'autres petits ports où l'on surgit avec un peu de calme & de tranquilité: plusieurs personnes y resteroient avec joie; mais ces îles, qui n'approchent que très-médiocrement de celles de la félicité, sont toujours flottantes: on les perd bientôt de vue; & l'envie qui ne peut souffrir que les mortels se flattent, même de l'ombre du repos, est celle qui les chasse de ce lieu-là: j'y vois périr tous les jours des hommes distingués. Le prince continua de lui faire des questions, auxquelles il répondit avec beaucoup d'exactitude & d'esprit.

Il étoit extrêmement tard, & la bonne mère commanda à tous ses enfans de se retirer dans leurs antres. Zéphir offrit son petit lit au prince; il étoit dans un lieu fort propre, & moins froid que toutes les autres concavités de cette grotte: il y avoit en cet endroit de l'herbe menue & fine, couverte de fleurs; Adolphe se jetta dessus, il y passa le reste de la nuit avec Zéphir; mais il l'employa toute entière à parler de la princesse Félicité. Que j'aurois de passion de la voir, lui disoit ce prince! Est-ce une chose qui soit si absolument impossible,

C

qu'avec votre secours je n'y puisse parvenir ? Zéphir lui dit que l'entreprise étoit bien dangereuse ; mais que s'il avoit assez de courage pour vouloir s'abandonner à sa conduite, il en imagineroit un moyen ; qu'il le mettroit sur ses ailes, & qu'il l'emporteroit par le vaste espace des airs. J'ai, continua-t-il, un manteau que je vous donnerai ; lorsque vous le mettrez du côté vert, vous serez invisible, personne ne vous appercevra, & c'est une chose fort nécessaire pour la conservation de votre vie ; car si les gardiens de l'île, qui sont des monstres terribles, vous voyoient, quelque brave que vous puissiez être, vous y succomberiez, & il vous arriveroit les derniers malheurs. Adolphe avoit un desir si pressant de mettre fin à cette grande aventure, qu'il accepta de tout son cœur le parti que Zéphir lui proposoit, quelque périlleux qu'il fût.

A peine l'aurore commençoit-elle de paroître dans son char de nacre de perles, que l'impatient Adolphe réveilla Zéphir qui s'étoit un peu assoupi. Je ne vous laisse guères de repos, lui dit-il en l'embrassant ; mais il me semble, mon généreux hôte, qu'il est déjà tems de partir. Allons, seigneur, lui répondit Zéphir, allons : bien loin de me plaindre, j'ai à vous remercier ; car je vous avouerai que je suis amoureux d'une rose qui est fière & mutine, & que j'aurois un gros démêlé avec elle, si je manquois de la voir aussi-tôt qu'il est jour: elle est dans un des parterres de la princesse Félicité. En achevant ces mots, il donna au prince le manteau qu'il lui avoit promis, & il voulut le porter sur ses aîles; mais il ne trouva pas que cette manière fût commode. Je vais vous enlever, seigneur, lui dit-il, comme j'enlevai Psyché par l'ordre de l'amour, lorsque je la portai dans ce beau palais qu'il lui avoit bâti. Il le prit aussi-tôt entre ses bras; & s'étant mis sur la pointe d'un rocher, il se balança quelque tems d'un mouvement égal, puis il étendit ses aîles, & prit son vol, planant dans les airs.

Quelqu'intrépide que fût le prince, il ne put s'empêcher de sentir de la crainte, lorsqu'il se vit élevé entre les bras d'un jeune adolescent. Il pensoit, pour se rassurer, que c'étoit un dieu, & que l'amour même, qui paroissoit le plus petit & le plus foible de tous, étoit le plus fort & le plus terrible. Ainsi, s'abandonnant à son destin, il commença de se remettre, & de regarder avec attention tous les lieux par lesquels il passoit. Mais quel moyen de nombrer ces lieux! que de villes, de royaumes, de mers, de fleuves, de campagnes, de

C ij

déserts, de bois, de terres inconnues, & de peuples différens! Toutes ces choses le jettoient dans une admiration qui lui ôtoit l'usage de la voix. Zéphir l'informoit du nom & des mœurs de tous ces habitans de la terre. Il voloit doucement, & même ils se reposèrent sur ces formidables monts du Caucase & d'Athos, & sur plusieurs autres qu'ils trouvèrent en chemin. Quand la belle rose que j'adore, dit Zéphir, devroit me piquer avec ses épines, je ne puis vous faire traverser un si grand espace, sans vous laisser pour quelque tems le plaisir de considérer les merveilles que vous voyez. Adolphe lui témoigna sa reconnoissance pour tant de bontés, & en même tems son inquiétude que la princesse Félicité n'entendît pas sa langue, & qu'il ne pût parler la sienne. Ne vous mettez pas en peine de cela, lui dit le dieu ; la princesse est universelle, & je suis persuadé que vous parlerez bientôt un même langage.

Il vola tant, qu'enfin cette île tant désirée se découvrit ; & par toutes les beautés qui frappèrent d'abord les yeux du prince, il n'eut pas de peine à croire que c'étoit un lieu enchanté. L'air y étoit tout parfumé, la rosée d'excellente eau de Nafre & de Cordoue ; la pluie sentoit la fleur d'orange ; les jets d'eau s'élevoient jusqu'aux nues, les forêts étoient d'arbres rares, & les parterres remplis de fleurs extraordinaires; des ruisseaux plus clairs que le crystal couloient de tous côtés avec un doux murmure; les oiseaux y formoient des concerts supérieurs à la musique des plus grands maîtres; les fruits exquis y croissoient naturellement, & l'on trouvoit dans toute l'île des tables couvertes & servies délicatement aussi-tôt qu'on le souhaitoit. Mais le palais surpassoit encore tout le reste: les murs en étoient de diamans, les planchers & les plafonds de pierreries qui formoient des compartimens; l'or y reluisoit de toutes parts; les meubles y étoient faits de la main des Fées, & même des plus galantes; car tout s'y trouvoit si bien entendu, qu'on ne savoit qu'admirer le plus, de la magnificence ou de l'assortiment.

Zéphir posa le prince dans un agréable boulingrin: Seigneur, lui dit-il, je me suis acquitté de ma parole; c'est à vous à présent de faire le reste. Ils s'embrassèrent: Adolphe le remercia, comme il le devoit; & le dieu impatient d'aller trouver sa maîtresse, le laissa dans ces délicieux jardins. Il en parcourut quelques allées; il vit des grottes faites exprès pour les plaisirs, & il remarqua dans l'une un amour de marbre blanc, si bien fait, qu'il devoit être l'ouvrage de quelque sculpteur excellent. Il sortoit de son flambeau un jet d'eau au lieu de flammes; il étoit appuyé contre un rocher de rocailles, & sembloit lire des vers gravés sur une pierre de lapis, dont le sens étoit que l'amour est le plus grand des biens, que lui seul peut remplir nos desirs, & que toutes les autres douceurs de la vie deviennent languissantes, s'il n'y mêle pas ses charmes attrayans.

Adolphe entra ensuite dans un cabinet de chevrefeuille, dont le soleil ne pouvoit dissiper la charmante obscurité. Ce fut en ce lieu que, couché sur un tapis de gazon qui entouroit une fontaine, il se laissa surprendre aux douceurs du sommeil; ses yeux appesantis & son corps fatigué prirent quelques heures de repos.

Il étoit près de midi, lorsqu'il se réveilla. Il fut chagrin d'avoir tant perdu de tems; &, pour s'en consoler, il se hâta de s'avancer vers le palais. Dès qu'il en fut assez proche, il en admira les beautés avec plus de loisir qu'il n'avoit pu le faire de loin. Il sembloit que tous les arts avoient concouru avec un égal succès à la magnificence & à la perfection de cet édifice. Le manteau du prince étoit toujours demeuré du côté vert; ainsi il voyoit tout sans être vu, & il chercha long-tems par où il pouvoit entrer : mais soit que le vestibule fût fermé, ou que les portes du palais se trouvassent d'un autre côté, il n'en avoit pas encore apperçu, lorsqu'il vit une très-belle personne qui ouvroit une fenêtre toute de crystal. Dans le même instant une petite jardinière accourut, & celle qui étoit à la fenêtre lui descendit une grande corbeille de filigrane d'or, attachée avec plusieurs nœuds de rubans. Elle lui commanda d'aller cueillir des fleurs pour la princesse; la jardinière ne tarda pas à la rapporter. Adolphe se jetta pour lors sur les fleurs, se mit dans la corbeille, & la nymphe le tira jusqu'à elle. Il faut croire que le manteau vert qui le rendoit invisible, pouvoit aussi le rendre fort léger. Quoi qu'il en soit, il parvint heureusement à la fenêtre.

Dès qu'il y fut, il s'élança dans un grand sallon, où il vit des choses bien difficiles à raconter. Les nymphes étoient-là par troupes; la plus vieille paroissoit n'avoir pas dix-huit ans; mais il y en avoit beaucoup qui sembloient plus jeunes: les unes étoient blondes, les autres brunes, & toutes d'un teint & d'un embonpoint admirables, blanches, fraîches, avec des traits réguliers & des dents fort belles. Enfin toutes ces nymphes pouvoient passer pour autant de personnes accomplies. Adolphe seroit resté tout le jour dans une admiration continuelle, sans pouvoir sortir de ce sallon, si plusieurs voix qui s'accordoient avec une justesse merveilleuse à des instrumens très-bien touchés, n'eussent réveillé sa curiosité; il s'avança vers une chambre d'où partoit cette agréable harmonie; & dans le moment qu'il y entra, il entendit chanter les paroles les plus tendres sur un air qui ne l'étoit pas moins.

Lorsque le prince étoit dans le salon, il croyoit que rien ne pouvoit égaler les charmes de celles qu'il y voyoit; mais il fut trompé; car les musiciennes surpassoient encore en beauté leurs compagnes. Il entendoit, comme par une manière de prodige, tout ce qui se disoit, quoiqu'il ignorât la langue dont on se servoit dans le palais. Il étoit derrière une des plus jolies nymphes, quand son voile tomba; il ne fit point réflexion qu'il alloit sans doute l'effrayer, il releva le voile & le lui présenta. La nymphe ne voyant personne, poussa un grand cri; & c'étoit peut-être la première fois qu'on avoit eu peur dans ces beaux lieux. Toutes ses compagnes s'assemblèrent autour d'elle, & lui demandèrent avec empressement ce qu'elle avoit : Vous allez me traiter de visionnaire, leur dit-elle; mais il est constant que mon voile vient de tomber, & qu'il a été remis dans ma main par quelque chose d'invisible. Chacune éclata de rire, & plusieurs entrèrent chez la princesse pour la divertir de ce conte.

Adolphe les suivit. A la faveur du manteau vert, il traversa des salles, des galeries, des chambres sans nombre; & enfin il arriva dans celle de la souveraine. Elle étoit sur un trône fait d'une seule escarboucle plus brillante que le soleil; mais les yeux de la princesse Félicité étoient encore plus brillans que l'escarboucle: sa beauté étoit si parfaite, qu'elle sembloit être fille du ciel. Un air de jeunesse & d'esprit, une majesté propre à inspirer de l'amour & du respect, paroissoient répandus sur toute sa personne: elle étoit habillée avec plus de galanterie que de magnificence; ses cheveux blonds étoient ornés de fleurs, elle en avoit une écharpe; sa robe étoit de gaze mêlée d'or; elle avoit autour d'elle plusieurs petits amours qui folâtroient & jouoient à mille jeux différens; les uns prenoient ses mains & les baisoient; les autres, avec le secours de leurs compagnons, montoient par les côtés du trône, & lui mettoient une couronne sur la tête: les plaisirs badinoient aussi avec elle; en un mot, tout ce qu'on peut imaginer de charmant est fort au-dessous de ce qui frappa les yeux du prince. Il demeura comme un homme ravi; il ne soutenoit qu'avec peine l'éclat des beautés de la princesse; & dans le trouble qui l'agitoit, ne songeant plus à rien qu'à l'objet qu'il adoroit déjà, le manteau vert tomba, & il fut apperçu.

Elle n'avoit jamais vu d'hommes, & sa surprise fut extrême. Adolphe étant ainsi découvert, se jetta respectueusement à ses pieds. Grande princesse, lui dit-il, j'ai traversé l'univers pour venir admirer votre divine beauté: je vous offre mon cœur & mes vœux, voudriez vous les refuser?.... Elle avoit beaucoup de vivacité; cependant elle demeura muette & interdite: jusqu'alors elle n'avoit rien vu de plus aimable que cette créature, qu'elle croyoit unique dans le monde; cette pensée lui persuada que ce pouvoit être le Phénix, cet oiseau si rare & si vanté; & se confirmant dans son erreur: beau Phénix, lui dit-elle, (car je ne pense pas que vous soyez autre chose, parfait comme vous êtes, & ne ressemblant à rien de ce qui est dans mon île,) je suis fort sensible au plaisir de vous voir; c'est grand dommage que vous soyez seul de votre espèce; plusieurs oiseaux tels que vous rempliroient de belles volières.

Adolphe sourit de ce qu'elle lui disoit avec une grace & une simplicité merveilleuses. Il ne voulut pas qu'une personne pour laquelle il sentoit déjà une si violente passion, restât plus long-tems dans une ignorance qui faisoit quelque sorte de tort à son esprit; il prit soin de l'instruire de tout ce qu'il falloit qu'elle sût, & jamais écolière n'a été plutôt en état de donner elle-même des leçons sur ce qu'elle venoit d'apprendre; sa pénétration naturelle alloit au-devant de ce que le prince pouvoit lui dire; elle l'aima plus qu'elle-même, & il l'aima plus que lui-même. Tout ce que l'amour a de douceurs, tout ce que l'esprit a de vivacité, tout ce que le cœur a de délicatesse, se faisoit ressentir à ces deux amans; rien ne troubloit leur repos; tout contribuoit à leurs plaisirs; ils n'étoient jamais malades; ils n'éprouvoient pas même la plus légère incommodité; leur jeunesse n'étoit point altérée par le cours des ans. C'étoit dans cet asyle délicieux qu'on buvoit à longs traits l'eau de la fontaine de Jouvence: ni les inquiétudes amoureuses, ni les soupçons jaloux, ni même ces petits démêlés qui altèrent quelquefois l'heureuse tranquillité des personnes qui s'aiment, & qui leur ménagent les douceurs d'un raccommodement, rien de toutes ces choses ne leur arrivoit; ils étoient enivrés de plaisirs, & jusqu'à ce tems nul mortel n'avoit joui d'une bonne fortune aussi constante que celle du prince; mais cette condition de mortel porte avec soi de tristes conséquences, leurs biens ne peuvent être éternels.

En effet, Adolphe étant un jour auprès de la princesse, il s'avisa de lui demander combien il y avoit qu'il jouissoit du plaisir de la voir? Les momens passent si vîte où vous êtes, continua-t-il, que je n'ai fait aucune attention au tems où je suis arrivé. Je vous le dirai, répondit-elle, quand vous m'aurez avoué combien vous pensez qu'il peut y avoir. Il se mit à rêver, & lui dit : Si je consulte mon cœur & la satisfaction que je goûte, je n'aurai pas lieu de croire que j'aie encore passé huit jours ici ; mais, ma chère princesse, selon certaines choses que je rappelle à mon souvenir, il y a près de trois mois. Adolphe, lui dit-elle, d'un air plus sérieux, il y a trois cens ans. Ah ! si elle eût compris ce que ces paroles devoient lui coûter, elle ne les auroit jamais prononcées. Trois cens ans ! s'écria le prince : en quel état est donc le monde ? qui le gouverne à présent ? qu'y fait-on ? quand j'y retournerai, qui me reconnoîtra, & qui pourrai-je reconnoître ? Mes états sont sans doute tombés en d'autres mains que celles de mes proches ; je n'oserois plus me flatter qu'il m'en reste aucun. Je vais être un prince dépouillé, l'on me regardera comme un fantôme, je ne saurai plus les mœurs ni les coutumes de ceux avec qui j'aurai à vivre.

La princesse, impatiente, l'interrompit: Que regrettez-vous, Adolphe, lui dit-elle? est-ce là le prix de tant d'amour & de tant de bontés que j'ai pour vous? je vous ai reçu dans mon palais, vous y êtes le maître, je vous y conserve la vie depuis trois siècles, vous n'y vieillissez point, & apparemment jusqu'à cette heure vous ne vous y étiez pas ennuyé. Combien y a-t-il que vous ne seriez pas sans moi? Je ne suis point un ingrat, belle princesse, reprit-il avec quelque sorte de confusion; je sais & je sens tout ce que je vous dois; mais enfin si j'étois mort à présent, j'aurois peut-être fait de si grandes actions, qu'elles auroient éternisé ma mémoire; je vois avec honte ma vertu sans occupation, & mon nom sans éclat. Tel étoit le brave Renaud entre les bras de son Armide; mais la gloire l'en arracha. Barbare! s'écria la princesse, en versant un ruisseau de larmes, la gloire t'arrachera donc des miens; tu veux me quitter, & tu te rends indigne de la douleur qui me pénètre.

En achevant ces mots, elle tomba évanouie. Le prince en fut sensiblement touché; il l'aimoit beaucoup; mais il se reprochoit d'avoir passé tant de tems auprès d'une maîtresse, &

de n'avoir rien fait qui pût mettre son nom au rang des héros: il essaya en vain de se contraindre & de cacher ses déplaisirs, il tomba dans une langueur qui le rendit bientôt méconnoissable; lui, qui avoit pris des siècles pour des mois, prenoit alors des mois pour des siècles. La princesse qui s'en apperçut, en ressentit la plus vive douleur. Elle ne voulut plus que sa complaisance pour elle l'obligeât de rester; elle lui déclara qu'il étoit le maître de son sort, qu'il pouvoit partir quand il voudroit; mais qu'elle craignoit qu'il ne lui arrivât quelque grand malheur. Ces dernières paroles lui causèrent bien moins de peine que les premières ne lui avoient donné de plaisir; & quoiqu'il s'attendrît beaucoup de la seule pensée d'une séparation, son destin fut le plus fort; & enfin il dit adieu à celle qu'il avoit adorée, & de laquelle il étoit encore si tendrement aimé. Il l'assura qu'aussitôt qu'il auroit fait quelque chose pour sa gloire, & pour se rendre même plus digne qu'il ne l'étoit de ses bontés, il n'auroit point de repos, jusqu'à ce qu'il fût revenu auprès d'elle la reconnoître pour sa seule souveraine, & comme l'unique bien de sa vie. Son éloquence naturelle suppléa au défaut de son amour; mais la princesse étoit trop éclairée pour s'y méprendre, & de tristes pressentimens lui annonçoient qu'elle alloit perdre pour toujours un objet qui lui étoit si cher.

Quelque violence qu'elle se fît, elle sentit une douleur qu'on ne peut exprimer; elle donna des armes magnifiques & le plus beau cheval du monde à son trop indifférent Adolphe. Bichar, (c'étoit le nom de ce cheval) vous conduira, lui dit-elle, où vous devez aller pour combattre heureusement & pour vaincre ; mais ne mettez point pied à terre que vous ne soyez arrivé dans votre pays ; car par l'esprit de féerie que les dieux m'ont donné, je prévois que si vous négligez mon conseil, jamais Bichar ne pourra vous tirer des mauvais pas où vous allez vous trouver. Le prince lui promit qu'il se conformeroit à ses desirs; il baisa mille fois ses belles mains, & il eut tant d'impatience de partir de ce lieu délicieux, qu'il en oublia même le manteau vert.

Aux confins de l'île, le vigoureux cheval se jetta avec son maître dans le fleuve, il le traversa à la nage, & ensuite il alla par monts & par vaux; il passa les campagnes & les forêts avec tant de vîtesse, qu'il sembloit qu'il eût des ailes. Mais un soir, dans un petit sentier étroit & creux, rempli de pierres & de cailloux, & bordé d'épines, il se trouva une charrette qui traversoit le chemin & empêchoit le passage. Elle étoit chargée de vieilles aîles faites de différentes façons ; elle étoit renversée sur un bon vieillard qui en étoit le conducteur. Sa tête chenue, sa voix tremblante, & son affliction d'être accablé sous le poids de sa charrette firent pitié au prince. Bichar voulut retourner & franchir la haie ; il étoit prêt à sauter par-dessus, lorsque ce bon homme se mit à crier : Eh, seigneur ! ayez quelque compassion de l'état où vous me voyez ; si vous ne daignez m'aider, je vais bientôt mourir.... Adolphe ne put résister au desir de secourir ce vieillard ; il mit pied à terre, s'approcha de lui, & lui présenta la main. Mais hélas ! il fut étrangement surpris de voir qu'il se leva lui-même avec tant de promptitude, qu'il l'eut saisi avant qu'il se fût mis en état de s'en défendre. Enfin, prince de Russie, lui dit-il d'une voix terrible & menaçante, je vous ai trouvé ; je m'appelle le Tems, & je vous cherche depuis trois siècles : j'ai usé toutes les aîles dont cette charrette est chargée, à faire le tour de l'univers pour vous rencontrer ; mais, quelque caché que vous fussiez, il n'y a rien qui puisse m'échapper. En achevant de parler, il lui porta la main sur la bouche avec tant de force, que, lui ôtant tout d'un coup la respiration, il l'étouffa.

Dans ce triste moment, Zéphir passoit, &

il

L'ISLE DE LA FÉLICITÉ.   49

il fut témoin, avec un sensible déplaisir, de l'infortune de son cher ami. Lorsque ce vieux barbare l'eut quitté, il s'approcha de lui pour essayer, par la douceur de son haleine, de lui rendre la vie; mais ses soins furent inutiles. Il le prit entre ses bras, comme il avoit fait la première fois; &, pleurant amèrement, il le rapporta dans les jardins de la princesse Félicité; il le mit dans une grotte, couché sur un rocher dont la forme étoit plate par le haut; il le couvrit & l'environna de fleurs. Après l'avoir désarmé, il forma un trophée de ses armes, & grava son épitaphe sur une colonne de jaspe, qu'il plaça près de ce malheureux prince.

Cette grotte étoit le lieu où la princesse désolée alloit tous les jours, depuis le départ de son amant; & c'étoit-là qu'elle grossissoit le cours des ruisseaux, par un déluge de larmes. Quelle joie imprévue de le retrouver, dans le moment où elle le croyoit si éloigné! Elle s'imagina qu'il venoit d'arriver, & que, fatigué du voyage, il s'étoit endormi. Elle balança si elle l'éveilleroit; &, s'abandonnant enfin à ses tendres mouvemens, elle ouvroit déjà les bras pour l'embrasser, lorsqu'en s'approchant, elle connut l'excès de son malheur. Alors elle poussa des cris, & fit des plaintes capables d'émou-

D

voir jusqu'aux objets les plus insensibles ; elle ordonna que l'on fermât pour toujours les portes de son palais ; & en effet, depuis ce jour funeste, personne n'a pu dire qu'il l'ait bien vue. Sa douleur est cause qu'elle ne se montre que rarement ; & l'on ne trouve point cette princesse, sans qu'elle soit précédée de quelques inquiétudes, accompagnée de chagrins, ou suivie de déplaisirs ; c'est-là sa compagnie la plus ordinaire. Les hommes en peuvent rendre un témoignage certain ; & tout le monde répète, depuis cette déplorable aventure : que le tems vient à bout de tout, & qu'il n'est point de félicité parfaite.

Fin de l'Isle de la Félicité.

L'ÎLE TACITURNE

ET

L'ÎLE ENJOUÉE,

ou

VOYAGE DU GÉNIE ALACIEL

Dans ces deux Isles.

PAR M. DE LA DIXMERIE.

LA TAINTURE

EN SOIE

ET CHAPELLERIE

Dédié à tous ceux...

PARIS DE LA DIXMERIE.

L'ÎLE TACITURNE.

PREMIÈRE PARTIE.

CHAPITRE I.

Deux peuples se haïssoient sans motif, se battoient sans relâche, s'estimoient sans le croire, s'imitoient sans le vouloir. C'étoient les habitans de l'île taciturne & ceux de l'île enjouée. Les génies, leurs protecteurs, adoptoient leur haine, chaque jour leurs disputes troubloient la haute région des airs. Alaciel, chef de tous les génies, voulut rétablir la paix dans son empire, &, s'il se pouvoit, parmi les deux nations rivales. Pour cet effet il résolut de visiter l'un & l'autre, d'assujettir à la plus sage celle qui l'étoit le moins, & d'anéantir dans chaque contrée tous les fous, c'est-à-dire, tous ceux dont la folie sortoit des bornes ordinaires.

Il descendit d'abord dans l'île taciturne, climat où tout le monde croit être sage, ose le dire, & en est cru sur sa parole. Une épaisse vapeur couvre cette île, & porte dans l'ame de ses peuples, la tristesse, la misantropie & l'ennui de leur propre existence. Alaciel rencontra aux portes de la capitale un paysan, qui, tout chargé d'or, cheminoit tristement. Il lui demanda quel soin l'occupoit? Aucun, répondit le sage rustique. Je retourne à mon village m'ennuier comme j'ai fait à la ville. Avez-vous, ajouta le génie, quelque sujet de vous attrister? Non, répliqua celui qu'il questionnoit; j'étois né pauvre, & je suis riche: j'ai une femme qui souhaite que je vive, & des enfans qui ne desirent point ma mort. Je viens d'acheter la terre du maître que je servois, & je puis y en ajouter d'autres. Qui vous empêche donc de vous livrer à la joie, lui demanda encore Alaciel? Qu'est-ce que la joie, reprit à son tour le Taciturnien? je ne la connois pas, je n'en ai jamais entendu parler dans cette île.

A ces mots il s'éloigna avec son or, & le génie entra dans la ville Sombre; c'étoit le nom de la capitale. Elle étoit immense, fort peuplée, mal-propre, mal bâtie, & plus triste encore que le reste de l'île. Un colporteur aborda le génie, & lui offrit la gazette du matin. C'étoit une de ces feuilles hebdomadaires, qui renferment les rêveries des nouvellistes, les actions des souverains, les projets, les aventures & les sottises des particuliers. Alaciel tomba sur l'article qui suit:

« Il ne s'est tué que six personnes depuis hier. On compte d'abord un jeune homme, riche & bien fait. Il avoit été long-tems malheureux & ne s'étoit point lassé de vivre; il surmonta toutes ses disgraces, épousa une maîtresse qu'il aimoit, & l'aima encore après l'avoir épousée. Tous deux étoient contens, & devoient se croire heureux; mais ils craignirent de ne l'être pas toujours; & tous deux, de concert, se sont dépêchés d'un coup de pistolet.

Un troisième étoit né bossu, & l'avoit été durant quarante ans. Cet incommode fardeau l'ennuya enfin, & c'est pour s'en délivrer qu'il vient de se pendre.

Le quatrième s'est noyé, parce qu'il aimoit sincèrement sa maîtresse. Le cinquième, attaqué d'une insomnie, a pris une dose d'opium assez forte pour dormir toujours.

Le sixième est un malheureux, qui n'est mort, que parce qu'il ne pouvoit presque plus vivre. On demande pardon au public de l'entretenir si long-tems de ces bagatelles. »

Quelle est cette frénésie, dit Alaciel étonné? Les dieux voudroient en vain contenter ce peuple; il en coûtera moins pour l'anéantir.

CHAPITRE II.

CETTE nation joignoit au bonheur de s'estimer beaucoup, celui de mépriser toutes les autres. Alaciel voulut l'éprouver. Il avoit pris l'habit, & le langage de certain pays fameux autrefois par ses conquêtes, & qui ne l'est plus que par ses intrigues. Êtes-vous, lui cria-t-on, danseur, farceur, violon ou C...? Quel salaire exigez-vous? Je suis, répondit Alaciel, un être un peu plus grave. Je vous apporte la bonne politique, la saine morale, la vraie.... Arrêtez! lui cria-t-on de nouveau, & remportez vos présens. C'est pour nous amuser, & non pour nous instruire, que vos pareils sont soufferts parmi nous. Le génie voulut insister. Certain bramine s'approcha & ne répondit à ses raisons que par des injures. On l'entouroit en murmurant; il sentit qu'il étoit tems de s'éloigner.

Il revint sous l'extérieur d'un habitant de la Germanie. On lui offrit des armes pour combattre, & une solde pour obéir: il voulut parler politique, on dédaigna de lui répondre.

Il reparut, & dit : je suis né dans les vastes contrées de l'Ibérie. Alors on parut l'écouter. Un vieux politique se chargea de répondre à ses questions, de pénétrer ses desseins, & surtout de le tromper, en attendant mieux. Alaciel s'en apperçut & s'éloigna encore.

Le lendemain, il se montra sous la forme d'un lettré Chinois. Peuple Taciturne, s'écria-t-il, je vous apporte les maximes & les loix du plus ancien & du plus sage de tous les peuples...... Doucement, lui dit un sage Taciturnien, qui parloit pour tous les autres, nous sommes, sans doute, moins anciens que vous; mais nous prétendons valoir mieux; vous êtes esclaves, & nous sommes libres; du moins nous est-il permis de le dire. Vous tenez vos loix d'un législateur, nous ne tenons les nôtres que de nous-mêmes, & nous les détruirons quand il nous plaira. Nous n'avons rien inventé; mais nos maîtres ne s'en croyent pas moins nos disciples. Vous-même, croyez-moi, remportez vos maximes, & nous laissez vos porcelaines & vos magots.

Le jour suivant, Alaciel fit de son bonnet pyramidal un turban, racourcit ses moustaches, allongea sa barbe, & prit en tout la forme d'un sectateur d'Omar; on l'entoura avec curiosité,

& la gazette du jour le qualifia d'ambassadeur. Sur ce rapport, un nouvelliste publia que l'empereur Turc alloit planter le croissant sur les clochers de Vienne & de Saint-Petersbourg. Le corps des politiques députa vers le génie pour le complimenter à ce sujet, & lui offrir quelques millions sterlings. Non, leur dit Alaciel, je n'ai aucune nouvelle de cette espèce à vous apprendre, tous nos janissaires ont encore le bâton blanc à la main. Mais on m'a dit que vous étiez un peuple sage, & j'ai voulu m'en convaincre, en raisonnant avec vous. Ces derniers mots excitèrent la risée de tous les sages du pays. Raisonner ? disoient-ils, en s'éloignant avec dédain. C'est bien là le fait d'un Turc!

Le lendemain, il se transforma en Iroquois. Taciturniens, leur disoit-il, j'ai combattu pour vous défendre, & plus d'une fois j'ai bu dans le crâne de vos ennemis. Voilà un bon sujet, s'écria un politique! qu'on l'enchaîne, de peur qu'il ne devienne mauvais. Ce conseil alloit être suivi; mais Alaciel ne crut pas devoir s'y prêter.

Il tenta enfin de reparoître sous l'extérieur d'un frivolite; on nommoit ainsi les habitans de l'île enjouée. D'abord on l'accabla d'injures, en attendant quelque chose de plus. Alors il crut devoir hasarder ce discours : Taciturniens, vous voyez un de vos plus humbles admirateurs. J'ai composé un livre à votre gloire, & au détriment de ma nation, que vous n'aimez pas, ni moi non plus. J'y avance que tout Taciturnien est libre & sage, & que nous ne sommes ni l'un ni l'autre.

Ces mots calmèrent toute la fougue du peuple : on regarda dès-lors Alaciel comme un philosophe digne d'être né Taciturnien, & il fut décidé qu'on frapperoit une médaille à son honneur.

Pour lui, il conclud de ces différentes épreuves, que cette nation si sage pourroit bien être esclave ou submergée.

Pour accélérer ses découvertes, il fabriqua un talisman doué d'une double vertu : c'étoit de forcer tous ceux vers qui il le dirigeroit, ou de répondre à ses questions, ou de les prévenir ; & qui plus est, de dire la vérité.

Il se munit aussi de deux sortes de tablettes. Dans les unes, devoit être consigné le nombre des sages qu'il pourroit conserver ; dans les autres, celui des fous, qu'il seroit forcé d'anéantir. Les premières étoient rouges, les secondes étoient vertes. Alaciel espéroit faire des unes & des autres un usage à peu-près égal. On verra qu'un génie peut quelquefois se tromper.

CHAPITRE III.

Alors il s'écria : Peuple Taciturne, je viens rectifier mes idées d'après les vôtres ; je viens puiser parmi vous la légéreté dans les ouvrages d'esprit, la délicatesse dans ceux de sentiment, le goût dans les productions du génie. On applaudit de nouveau à sa harangue, tous les cabinets lui furent ouverts, & l'on s'empressa de le mettre à portée d'admirer. D'abord il vit un grand nombre de savans, ou plutôt d'érudits, qui, comme par-tout ailleurs, s'occupoient à rapprocher les évènemens de leurs systêmes, & non leurs systêmes des évènemens.

Il vit des poëtes, qui, selon l'usage, détestoient leurs semblables & s'admiroient eux-mêmes. Plusieurs avoient de l'imagination, quelques-uns du génie, presqu'aucun n'avoit de goût ; ils eussent rougi de paroître esclaves des règles, &, en littérature comme en gouvernement, la liberté chez ce peuple dégénère toujours en licence.

La plûpart de ces auteurs s'occupoient à déchirer dans leurs préfaces, & à copier, & défigurer dans leurs ouvrages les auteurs de l'île

L'ISLE TACITURNE. 61

Enjouée. Alaciel s'en plaignit à certain comique Taciturne. Que feriez-vous à ma place, lui répondit ce dernier? Je veux plaire à ma nation, & le seul moyen d'y parvenir est d'invectiver la vôtre. Ce n'est qu'à ce prix qu'un Taciturnien peut rire: tout trait hasardé contre vous, est sûr de nos applaudissemens. Vos armées battent-elles les nôtres? je console aussitôt mes compatriotes, en imprimant que vous êtes des poltrons.

Ce raisonnement ne séduisit point Alaciel. Il proscrivit tous ces ingrats plagiaires, autant pour la grossiéreté de leurs imitations que pour celle de leurs injures.

Enfin, le génie eut recours aux philosophes: c'étoit un corps de réserve sur lequel il comptoit; car les philosophes Taciturniens étoient célèbres, même chez les nations ennemies de la leur. Alaciel fut étonné de la hardiesse de leurs calculs, & de la profondeur de leurs recherches; ils sembloient avoir fait rendre compte à la nature de ses secrets les plus cachés; on ne pouvoit guères s'avancer plus loin qu'eux dans une carrière aussi obscure; mais ils n'y étoient pas entrés d'eux-mêmes, & il en coûtoit à leur amour-propre pour l'avouer. Alaciel déplut à ces fameux disciples en osant les comparer à leurs maîtres. Cette hardiesse lui fit perdre l'estime de toute la nation, & la médaille fut révoquée : de son côté, le génie referma le livre rouge dont il avoit été prêt à faire usage.

CHAPITRE IV.

PEU satisfait du goût des auteurs, il voulut juger du goût de la nation ; il se rendit à certain spectacle fameux dans cette île. Une foule nombreuse environnoit un théatre occupé par deux champions : c'étoient deux bons amis, qui, pour égayer le peuple Taciturne, & gagner de l'argent, se disposoient à s'abattre quelque membre ; ils commencèrent entr'eux un combat qui bientôt devint sanglant : l'un coupa une oreille à l'autre, au bruit des fanfares ; celui-ci se vengea, il emporta d'un coup de sabre le molet de son adversaire, & l'on redoubla les applaudissemens : un coup encore plus heureux acheva de le rendre vainqueur. Tandis qu'on le couronnoit au bruit des acclamations & des éloges du peuple, Alaciel nota sur son livre vert environ deux mille de ces spectateurs enthousiastes, incertain s'il feroit grace au surplus.

On lui dit qu'il existoit d'autres spectacles,

où le génie élevoit l'ame & flétrissoit les ridicules. Alaciel y accourut. Il vit des loges garnies d'un monde brillant, & un parterre peuplé de séditieux. La scène s'ouvrit par un combat assez vif entre ces deux genres de spectateurs. Il y eut des visages balafrés, des oreilles coupées, & la tranquillité fut rétablie.

On représenta une tragédie. C'étoit l'ouvrage d'un des plus fameux poëtes que l'île eût produit. L'action de cette pièce embrassoit soixante ans; la scène environ six cens lieues. On y comptoit trente principaux personnages: à la fin de chaque acte, le héros gagnoit une bataille, prenoit une ville, poignardoit son homme, & en faisoit égorger quatre; il terminoit ses travaux par se tuer lui-même. On l'enterroit sur la scène; les fossoyeurs, & le surplus des personnages étoient écrasés par la chûte de la voûte, & la pièce finissoit faute de théatre & d'acteurs.

Alaciel nota de nouveau sur son livre vert deux mille d'entre les spectateurs qui applaudissoient par ignorance; environ la moitié qui applaudissoient par orgueil national; & fit grace à près d'une douzaine, qui intérieurement souhaitoient un spectacle plus régulier.

Cette tragédie bisarre fut suivie d'une farce ridicule. On y jouoit une armée entière, &

le général qui la commandoit. L'armée qu'on osoit jouer ainsi, osoit de son côté assiéger une des plus fortes places de l'île Taciturne. Tout-à-coup on apprit que cette place, réputée imprenable, venoit d'être prise, & la farce ne fut point achevée. Le peuple ne songea plus qu'à brûler les maisons de ses ministres, en attendant qu'il pût les jouer eux-mêmes sur son théatre.

Toutefois, connoissant Alaciel pour un Frivolite, il décida qu'on le lapideroit avant de brûler les ministres; mais le génie usa de la faculté qu'il avoit de se rendre invisible, ressource très-utile à quiconque veut impunément tout voir.

Au milieu de cette consternation générale, un Taciturnien s'écria : Quoi ? citoyens ! vous semblez perdre courage ! oubliez-vous les victoires remportées par vos aïeux sur ces mêmes ennemis que vous craignez ? Rassurez-vous, j'ai tout calculé : un seul d'entre nous équivaut à dix d'entr'eux. Que de victoires une telle découverte vous annonce !..... Mais fussiez-vous toujours battus, vous n'en serez pas moins dix fois plus braves que vos ennemis.

Le peuple répondit au harangueur par des applaudissemens & des cris de joie, & sur le champ il afficha la vente de tous les vaisseaux qui

qui compoſoient la flotte ennemie; ordonnant à l'un de ſes généraux de s'en emparer, ſous peine d'être fuſillé. Alaciel examina de près toute cette foule inſenſée, & vit qu'il ne pourroit faire grace à perſonne.

CHAPITRE V.

IL reparut ſous la forme d'un habitant du Monomotapa, contrée où les fleuves roulent de l'or dans leur ſein. Les Taciturniens ne l'ignoroient pas, & Alaciel fut bien reçu. On eſpéroit par ſon entremiſe acheter quelques toiſes du terrein monomotapiſte, en attendant qu'on pût s'emparer de tout celui qu'on n'acheteroit pas. Je viens, leur diſoit le génie puiſer parmi vous l'idée de la vraie ſageſſe, de la bonne politique, & ſur-tout de la liberté. Vous trouverez toutes ces choſes, lui dit un Taciturnien modeſte, & vainement les chercheriez-vous ailleurs.

Le génie lui fit quelques queſtions, & uſa du taliſman. Je ſuis, répondit le Taciturnien, Monarque en partie de la Chine, du Tonquin, du Mogol, & généralement de tous les lieux où j'envoie vendre du charbon, des aiguilles & des couteaux, &c. De plus, je ſuis membre d'une classe universellement estimée parmi nous. Tout citoyen, dont les vents ont respecté le vaisseau, est ici respecté de la multitude. En ce moment un homme de bonne mine vint les interrompre. Il fut reçu par le négociant avec toute la morgue d'un supérieur, &, ce qui surprit le plus Alaciel, celui qu'on humilioit ainsi n'en parut point choqué. Il se retira au bout de quelques minutes, & ne fut salué que du génie. Vous voyez, dit le marchand à ce dernier, un de ces hommes destinés à se battre pour nous qui les payons, & assez fous pour s'en bien acquitter. Je fus militaire moi-même tant que dura la paix. J'ai cessé de l'être, parce que je hais la guerre, & que j'aime l'argent; & je serai milord quand il me plaira. Parmi nos voisins, ajouta-t-il, (toujours pressé par le talisman,) un militaire, qui a l'honneur de n'avoir qu'un bras, méprise un citoyen qui a le bonheur d'en avoir deux. Ici nous estimons beaucoup quiconque a ses membres entiers & ses coffres remplis.

Alors le génie nota sur son livre vert, & le militaire & le marchand: celui-ci, pour son excès d'orgueil; l'autre, pour son excès d'humilité.

A quelques pas de là, deux hommes luttoient l'un contre l'autre, en rivaux, qui vouloient s'assommer. Une populace nombreuse les environnoit, applaudissoit à leurs efforts, & complimenta le vainqueur. Alaciel, au contraire, s'approcha du vaincu, le secourut, le questionna. Je suis, répondit ce dernier, milord, & mon rival, porte-faix. Il s'agissoit entre nous du pas, & la force en a décidé. Quels sont donc, lui demanda le génie, les privilèges de votre rang ? Les voici, répliqua-t-il. J'approche quand il me plaît du souverain, & j'occupe les premières dignités de l'état. Je partage mon tems entre ma maîtresse, mes chevaux, mes chiens, & le soin de faire ma cour. Je fais tout ce qu'il me plaît à ma campagne, où je suis seul. Il n'en est pas de même ici, mes pareils y sont confondus parmi le peuple, qui quelquefois les lapide pour faire preuve de liberté.

Alaciel reconnut bientôt que ce portrait n'étoit point chargé. On lui dit que certain noble étoit surnommé le sage, parce qu'il n'imitoit en rien les autres ; il en conçut une idée favorable, & se mit à portée d'en juger.

Il fut le chercher dans une retraite, où, depuis quarante ans le jour n'avoit point pénétré. Le sage, qui l'habitoit, fuyoit les hommes & la lumière ; tout l'attristoit dans la nature ; il n'avoit jamais ri, & mettoit chaque jour en

E ij

question, s'il daigneroit encore vivre ; il croyoit sa nation supérieure à toutes les autres, & la méprisoit ; il parcouroit le génie d'un œil sombre & dédaigneux. Ce dernier eut recours au talisman ; il ajouta de plus : vous voyez un Africain jaloux de s'instruire ; j'ai traversé les mers pour chercher dans cette île, non de superbes monumens, non des chefs-d'œuvres de l'art, mais des hommes.

Des hommes ! reprit le misantrope, c'est leur faire trop d'honneur. Quant à moi, je les fuis, & j'ignore pourquoi ils me cherchent. Depuis trente ans je médite sur l'amour-propre des poëtes, l'orgueil des philosophes, la bassesse des courtisans, la perfidie des ministres ; sur les bisarreries de la nature, l'inconstance des saisons, le froid, le chaud..... Tout me révolte, tout devient pour moi un motif de mépriser mon être, & qui plus est, d'y renoncer.

Avez-vous, lui demanda le génie, (en cherchant déjà son livre vert,) avez-vous essuyé quelques violentes disgraces ? Aucune, répondit le Taciturnien. J'ai ce qu'on appelle de la naissance & des richesses. J'ai eu la gloire de refuser les premiers emplois de l'état : j'ai celle d'être estimé de mes compatriotes, & celle de les mépriser. Avec ces prétendus avantages tout m'ennuye. Peut-être, ajouta le génie, désireriez-vous être quelque chose de plus. Non, répliqua le misantrope, je sens plutôt que je voudrois n'être pas.

Le génie s'amusa encore quelque tems de l'ennui qu'il causoit au Taciturnien. Il l'exhortoit à pardonner au genre humain, que tout son courroux ne rendoit pas meilleur. Mais la réputation de sagesse accordée au milord, ne put soustraire son nom aux fatales tablettes.

Le génie aborda ensuite un homme que rien ne paroissoit occuper. Ses habits étoient d'une forme particulière, & son chapeau d'une immense étendue : il ne le dérangea point à l'approche d'Alaciel. Mon ami, lui dit-il, en le prévenant, que cherche-tu ? Un sage, répondit le génie, & je présume que vous l'êtes, puisque vous me paroissez différer de tous vos concitoyens. Non l'ami, reprit le Taciturnien, je ne suis point un sage ; j'ignore même ce qui fait la science de tous ceux qu'on honore de ce titre, ou je le méprise si je ne l'ignore pas ; en un mot, je suis Quaker. Quelles sont donc, lui demanda le génie, les règles de votre conduite ? Les voici, reprit celui qu'il questionnoit : je ne salue, ni ne trompe ; je tutoie les grands, & ne méprise point les petits ; tous les hommes sont égaux à mes yeux, & je ne suis l'ennemi d'aucun ; je les plains de croire qu'une des quatre parties de ce monde habité, vaut mieux qu'un seul de ses habitans.

Comment faites-vous, dit encore Alaciel au Quaker, pour ne point courtiser les grands ? C'est, répondit-il, ● perdant toute ambition d'en imposer à ceux qui ne le sont pas.

Ce discours confirma le génie dans l'idée qu'il parloit à un sage. Il lui demanda, toutefois, s'il ne préféroit pas le malheur de saluer un grand à celui d'habiter la tour ? Non certes, reprit-il, j'aimerois mieux perdre la tête que de me la découvrir ainsi. Ce scrupule fit craindre au génie de s'être trompé. Du moins, ajouta-t-il, pourriez-vous diminuer le volume de votre chapeau ? Non, je ne puis en conscience en retrancher une ligne. Adieu l'ami, poursuivit le Quaker, je te quitte pour me rendre à l'assemblée des frères ; j'y vais écouter, ou faire quelque discours éloquent. Il me semble qu'aujourd'hui je pourrai bien être inspiré.

Il quitta le génie comme il l'avoit reçu, & Alaciel referma le livre rouge.

Il chercha enfin la sagesse parmi les Bramines. C'étoit une classe d'hommes assez heureux pour n'avoir rien à faire. Ils en usèrent d'abord avec le génie, comme avec un sauvage facile à décevoir ; mais il ne résistèrent point au talisman. Le génie apprit que tous avoient secoué le joug de leur chef, & que tous s'applaudiſſoient d'une réforme qui diminuoit leurs devoirs ſans affoiblir leurs revenus.

Alaciel fut abordé par un Bramine d'une claſſe différente. Celui-ci portoit des habits ſales, des cheveux gras & un viſage maigre. Il n'avoit qu'un modique patrimoine, avec la conſolation de damner tous ceux qui l'avoient meilleur. Gardez-vous, dit-il au génie, d'applaudir aux favoris de la proſtituée; ils vivent dans l'opulence & s'endorment dans l'oiſiveté; leurs habits ſont fins & leurs mets délicats; tandis que les vrais ſerviteurs de Brama vivent de racines, couchent ſur la dure, & ſont vêtus comme vous voyez. Alaciel lui demanda à quoi les vrais ſerviteurs de Brama s'occupoient? A gémir ſur les vices de leurs adverſaires, répliqua le pieux Bramine, & à les dévoiler charitablement aux regards de ceux qui pourroient s'y méprendre.

Le génie alloit proſcrire toute la réforme, quand un Bramine d'une claſſe différente vint l'interrompre. Vous voyez, lui dit-il, un de nos ennemis déclarés; c'eſt une vermine qui nous pourſuit par-tout, ſans que nous puiſſions l'écraſer. Plût à Brama d'en hâter le moment! Ce ſouhait fut cauſe qu'Alaciel referma ſon livre vert. Il ne vouloit proscrire tous les Bramines qu'avec le surplus de la nation; parce que, tels qu'ils étoient, il les croyoit nécessaires. Il suspendit donc leur arrêt, persuadé d'avance qu'il ne lui resteroit qu'à noyer cette île, quand il auroit achevé de la connoître.

CHAPITRE VI.

Il s'écria de nouveau: Taciturniens! j'attends de vous des exemples de la saine politique & de la vraie liberté. On l'introduisit dans un lieu où tous les ordres se trouvoient réunis, tous les états confondus. Là quelques centaines de Taciturniens, qui tous se croyoient des sages, parioient, disputoient, fumoient & s'enivroient.

C'est-là que les rois sont jugés, leurs droits discutés, leurs ministres blâmés. Alaciel vit un de ces sages, qui ne prenoit aucune part aux disputes des autres. Il le crut occupé de quelque point de morale ou de philosophie. Mais tout-à-coup le sage élevant la voix: Le bruit se répand, dit-il, que l'ennemi va mettre une puissante flotte en mer; je parie dix contre un, qu'elle sera dispersée par les vents. On dit qu'il assiège une de nos plus fortes places: je parie cent contre dix qu'il ne la prendra pas. On croit qu'il y aura une bataille : je parie mille contre rien, qu'il la perdra. De grands applaudissemens s'élevèrent, & le parieur ne put trouver à perdre ses guinées. Alaciel lui demanda si cette île renfermoit beaucoup de citoyens aussi zélés que lui ? environ cent mille, répondit le politique ; mais je suis un de ceux qui ai le plus parié & le plus perdu. Alors le génie écrivit sur ses tablettes vertes : cent mille parieurs.

Un autre personnage étoit assailli & questionné de toutes parts. Le génie l'aborda comme les autres. Puis-je vous consulter à mon tour, lui demanda-t-il ? Je vois que vous êtes un sage...... Je suis quelque chose de plus, répondit le Taciturnien ; je suis prophète, & puis vous instruire de tout ce que vous ignorez. Depuis dix ans, j'annonce pour chaque mois la mort du chef des bonzes, & tôt ou tard ma prédiction s'effectuera. J'ai prédit que les Frivolites seroient toujours battus, & sur ma seule prédiction, mes compatriotes leur ont fait la guerre, même sans la leur déclarer ; il en a coûté la vie à l'un de nos meilleurs généraux pour m'avoir fait mentir. Voulez-vous, poursuivit-il, savoir combien doit vivre encore l'ennemi que vous haïssez, ou le parent qui vous a fait son héritier, où l'ami que vous voulez supplanter ? Je suis si sûr de mes opérations, qu'il semble que les destinées obéissent à mes calculs. Y a-t-il, lui demanda le génie, beaucoup de calculateurs comme vous dans cette île ? Environ dix mille, répondit le prophète ; mais tous n'ont pas ma réputation ni mon expérience. Alaciel, sans rien répliquer, écrivit sur les mêmes tablettes : dix mille calculateurs.

Un troisième personnage s'approcha du génie. Êtes-vous, lui demanda cet homme, êtes-vous Vigh ou Thorris ? ou voulez-vous le devenir ? Voici des écrits pour & contre. L'éloge n'est pas moins flatteur, que la satyre n'est sanglante ; je les ai travaillés avec le même soin, aussi les vends-je au même prix. Ce n'est pas tout. Je tiens dans ma main la réputation des généraux & des ministres. J'approuve, je condamne, j'adopte, je rejette, & le peuple applaudit. Voici une satyre contre le ministre en faveur. Voici un libelle contre...... Alaciel n'en voulut pas entendre davantage. Il s'informa du nombre de ces écrivains, les nota, & jouit d'avance du plaisir de les noyer un jour.

Il voulut connoître le ministre en butte aux traits de cette vile cohorte. Il fut admis à son audience, mais on déploya d'abord à ses yeux tout l'orgueil Taciturnien. Alaciel s'en apperçut & usa du talisman. Alors le masque tomba. Il vit un homme occupé à concilier des intérêts très-opposés. Ceux d'un roi qui vouloit être absolu sans le paroître : ceux d'un peuple qui vouloit être libre, trompé & gouverné. Il vouloit sur-tout plaire à l'un & à l'autre : soin difficile & toujours superflu. Vous voyez, disoit-il au génie, les avantages attachés à mon rang ; ils sont bien peu dignes d'envie, quoique trop souvent enviés. Je réponds des événemens que je ne puis tout au plus que préparer. Ma gloire ou ma honte dépendent du hasard, & sur-tout du caprice de ma nation. Un vent, qui s'élève à propos, peut m'attirer des éloges & des présens ; un vaisseau brûlé par l'ennemi, peut causer l'incendie de ma maison.

Eh quoi ! lui disoit Alaciel, n'avez-vous pas des loix fameuses par leur sagesse ? n'ont-elles pas tout prévu, tout applani ?

Nos loix, répondit le ministre, séparent de nos intérêts ceux de notre chef. Ailleurs c'est un père, qu'on révère & qu'on aime. Ici c'est un économe qu'on chicane & qu'on censure. Il faut bien de la barbarie dans un père pour vouloir le mal de sa maison, & bien de la vertu dans un économe pour ne pas vouloir d'abord son bien propre.

A l'instant on apporta une lettre au ministre; & pressé par le talisman, il la communiqua au génie; elle étoit conçue en ces termes:

« Il ne reste plus que deux voix à gagner sur trois cent; elles seront plus chères que d'autres; car ce sont deux bons citoyens qui les vendent; envoyez-moi deux mille guinées.

Le ministre détailla au génie ce que cette lettre n'expliquoit pas. Il lui apprit, qu'il s'agissoit de l'assemblée générale de la nation; comment le souverain ne pouvoit rien sans l'aveu de cette assemblée, & comment cette assemblée vouloit toujours ce qu'avoit résolu le souverain. Elle va, poursuivit-il, répondre à de gracieuses adresses, qui renferment toujours quelques demandes; examiner des comptes qui passeront, & délibérer sur des subsides qui seront accordés.

Alaciel voulut juger par lui-même de ce qu'il venoit d'entendre. Il pénétra, sans être vu, dans cette auguste & bruyante assemblée. On y disputoit vivement sur un article, qui pour cette fois resta indécis. L'agent du ministre, chargé d'acheter les voix, s'étoit trompé dans son calcul. Une seule voix oubliée fit pencher la balance, ou du moins la suspendit. Le ministre répara cet oubli, & sur le champ il obtint la pluralité des suffrages.

La séance finie, un hérault s'écria : Peuples Taciturniens, nous sommes tous libres ; & tandis qu'il parloit ainsi, on enlevoit de leurs foyers de paisibles citoyens, dont on faisoit, malgré eux, des matelots & des soldats.

O peuple vain, s'écria le génie à son tour, cesse de déclamer contre la servitude apparente de tes voisins ; ils n'obéissent que pour se conformer à leurs loix, & tu te rends esclave malgré les tiennes !

La nuit approchoit, Alaciel voulut la faire servir à ses découvertes. Il pénétra dans un grand nombre de maisons, vit des femmes qui profitoient de l'absence de leurs maris ; des nouvellistes occupés à fabriquer des nouvelles, qu'ils devoient le jour suivant appuyer d'un gros pari ; des poëtes qui préparoient des impromptus ; des citoyens qui mettoient ordre à leurs affaires pour se pendre au jour naissant : un autre n'avoit pas daigné attendre l'aurore ; c'étoit un citoyen zélé pour les usages de sa patrie ; il avoit vu un Danois, dont l'habillement, trop court de taille, sembloit insulter à la taille longue de l'habit Taciturnien ; il ne put supporter cet outrage ; il apostropha le Danois ; le fit poursuivre par la populace, le poursuivit lui-même, & à son retour se pendit courageusement.

Aucun de ces personnages ne parut propre au génie à commencer la liste qu'il méditoit ; il poursuivit sa tournée, & pénétra dans un lieu entièrement tendu de noir ; une lampe sépulchrale éclairoit ce triste séjour : c'étoit, pour mieux dire, un tombeau habité par un jeune homme bien fait, & une femme d'une beauté accomplie. Alaciel dirigea le talisman vers le premier ; il n'y résista point. Quoi ! s'écria-t-il, serai-je encore long-tems en proie au malheur de vivre ? Puis s'adressant à celle qui l'accompagnoit : Ne peux-tu te résoudre à imiter mon courage ? J'ai tout employé pour t'y déterminer ; je t'ai soustraite au monde, à la société, au jour même. Acheve ce que j'ai commencé, ou détermine-toi à me voir mourir seul.

Non, reprenoit-elle, en versant des larmes, tu ne mourras point seul ; je te suivrai. Mais, pourquoi faut-il que tu meures ? quelles sont tes disgraces ? je t'aime : ne puis-je te tenir lieu de rien ?

Tu m'aimes, reprenoit-il d'un ton lugubre, tu m'aimes & je t'adore ; & toutefois la vie m'est odieuse ; mes disgraces, quoique finies, sont toujours présentes à mon souvenir ; c'est un levain fatal qui empoisonne tous mes instans. Je n'oublierai jamais la perfidie des ministres, l'injustice de mes concitoyens, la dureté de mes proches. Souviens-toi que pour nous unir l'un à l'autre, il fallut renoncer à tout; que je t'ai vu languir dans l'indigence, que j'ai souffert l'opprobre & le mépris. Je suis riche; mais je fus pauvre, & je puis le redevenir. On m'offre des emplois; mais on me priva des miens. Mes biens m'ont été rendus; mais j'en fus dépouillé. J'ai des amis; mais je n'en eus point dans mes disgraces. En un mot, nous nous aimons; mais nous pouvons cesser de nous aimer. Il en faut moins parmi nous pour se résoudre à cesser de vivre.

A ces mots, il voulut se saisir d'un poignard; mais il fut retenu par une force invisible: c'étoit le génie, & le Taciturnien crut que c'étoit sa foiblesse.

Cette première crise appaisée, Alaciel prévit qu'elle n'auroit pas d'autres suites; il borna là ses recherches nocturnes, persuadé qu'elles ne lui offriroient guères que de semblables découvertes; & persuadé, de plus, qu'il lui faudroit bientôt noyer tous ceux qui ne se tueroient pas.

CHAPITRE VII.

Il lui restoit à connoître les femmes de cette île ; mais il crut devoir quitter sa figure Africaine, il emprunta celle d'un petit-maître de l'île Enjouée ; mit de l'élégance dans sa parure, de la confiance dans son maintien, de la vivacité dans sa démarche : de plus, il sut donner à son corps fantastique la forme la plus agréable. Bientôt il reconnut que les femmes Taciturniennes oublioient quelquefois l'antipathie naturelle aux deux peuples. Il ne déplut à aucune, & plut trop à plusieurs. Toutes menoient une vie aussi tranquille qu'ennuieuse. Leurs maris étoient toujours leurs maîtres, leurs amans n'étoient jamais leurs esclaves. Alaciel présumoit que chez cette nation sérieuse les femmes traitoient l'amour de pure bagatelle, & n'y tenoient que foiblement. Occupé de cette pensée, il apperçut une jeune Taciturnienne assez bien faite pour fixer l'attention même d'un sage. Il la lorgna d'abord, la suivit, & alloit l'aborder, quand tout-à-coup elle se précipita au fond d'un lac voisin. Alaciel s'y jetta sans hésiter, & l'en tira, malgré sa résistance. Divers spectateurs accoururent, & nulle
ne

ne parut surpris de l'accident. L'étonnement du génie en redoubla. On lui dit que c'étoit l'usage à Sombre de se noyer lorsqu'on aimoit trop, ou qu'on n'étoit pas aimé, ou qu'on ne vouloit plus l'être; & que c'étoit aussi l'usage de choisir ce lac préférablement aux flots de la mer. Alaciel eût mal rempli le personnage d'un petit-maître, & même le sien propre, s'il s'en fût tenu à ce simple détail. Voici ce que la jeune Taciturnienne lui en apprit plus au long. Il est bon d'observer, pour l'honneur de cet ouvrage, qu'on l'avoit d'abord mise en état de faire un récit.

« Je suis, dit-elle au génie, fille d'un noble de cette capitale, fille unique, riche, & conséquemment recherchée. Le jeune Walstan m'aima, & je l'aimai; notre âge est le même, notre naissance à-peu-près égale; & ce qui devroit le plus intéresser nos parens, notre fortune l'est aussi. Mais la haine que nos familles se portent irrita encore notre amour. Il révolta l'une & l'autre. On nous ordonna d'y renoncer. Promesses, menaces, persécutions, tout fut employé, mais inutilement. On me priva de ma liberté, on éloigna Walstan. Ce fut en vain. Plus on s'efforçoit de me le rendre odieux, plus il me devenoit cher. Il revint enfin, & tenta les moyens pour nous unir, malgré nos familles, étoient prises, quand je reçus de lui ce billet.

» Je vous aime, & je vois que vous m'aimez; ma satisfaction est complète. Peut-être un jour ne m'aimerez-vous plus; peut-être cesserai-je de vous aimer; peut-être vous ennuirai-je; peut-être m'ennuierez-vous...... Croyez-moi, aimons-nous sans nous voir, pour n'être pas témoins du moment où l'un des deux cessera d'aimer l'autre. »

» Une résolution si bisarre, poursuivit-elle, me désespera; je n'épargnai rien pour engager Walstan à y renoncer. Je viens de lui écrire, & ma lettre lui annonce que déjà je n'existe plus. Je suis sortie en effet pour exécuter ce que votre générosité n'a pas permis; mais elle n'a retardé ma mort que de quelques instans: il est décidé que je dois promptement cesser de vivre. »

Un soupir & quelques larmes terminèrent le récit de l'aimable Taciturnienne. Alaciel l'exhorta à se reposer sur ses charmes du soin de ramener cet amant volage, ou de lui en soumettre de plus fidèles. Rien ne paroissoit la calmer. Soudain on vit accourir vers le lac un jeune homme qu'elle reconnut pour Walstan. La lettre de cette belle affligée avoit rallumé les feux de cet amant singulier; il regretta celle qu'il avoit fuie, & se détermina à la suivre. La voie du lac lui paroissant la plus courte, il alloit s'y jetter en véritable amant. Il en fut empêché par celle même qu'il croyoit imiter. Cette scène avoit quelque chose de bizarre & de touchant. Déjà le génie les félicitoit sur cette heureuse réunion, quand pour la rendre complète survinrent les parens de ce couple amoureux. Ces deux familles, égales en richesses, se haïssoient depuis quarante ans, plaidoient l'une contre l'autre depuis trente, & n'avoient pu parvenir à se ruiner. C'étoient-là bien des raisons pour se haïr toujours; cependant elles consentirent à l'union de ces deux amans, espérant par-là les empêcher de se noyer par la suite, & peut-être de s'aimer trop.

Cette aventure fit connoître au génie que les femmes de cette île traitoient l'amour fort sérieusement. Il n'avoit pour toutes celles qu'il fréquentoit que des égards, qui d'eux-mêmes ne signifient rien; mais des égards signifient toujours beaucoup dans l'île Taciturne. Il s'étoit lié plus particulièrement avec une jeune veuve, qui joignoit l'esprit à la beauté. Elle avoit la blancheur, la taille & la gorge d'une Angloise, l'œil adorable, & le regard un peu gauche; elle étoit douce en apparence, & violente en effet; en un mot, capable de fixer ou de faire trembler un volage.

Alaciel crut devoir s'en éloigner avant que sa passion fût assez forte pour la conduire au lac. Il jugea même qu'il étoit tems de quitter une île que rien ne pouvoit plus garantir de sa perte. Il paya ceux qui l'avoient servi & alloit disparoître, quand la jeune veuve entra brusquement. Instruite par ses agens du départ du génie, elle venoit l'accabler de reproches, & faire pis. L'amour, le dépit, la fureur qui l'agitoient interrompirent plusieurs fois son discours. Alaciel employa toute son éloquence pour la calmer. Il avoit tout l'esprit imaginable; mais l'esprit ne persuade point une femme irritée & qui aime. De plus, en qualité de génie, Alaciel ne pouvoit se résoudre à mentir, ressource si utile en amour, & si nécessaire aux amans. Ses discours trop sincères rendirent la jeune veuve plus furieuse. Elle lui porta plusieurs coups d'un poignard, qu'elle tourna ensuite contre elle-même. Alaciel la retint. Elle s'apperçut alors qu'il étoit invulnérable à tous ses coups. Il lui en expliqua la cause, & elle y trouva un motif de consolation que le génie avoit prévu; car son amour-propre n'étant plus blessé, elle entendit facilement raison sur le reste. La veuve se retira contente, persuadée qu'il falloit être, en effet, un pur esprit, pour ne pas céder à ses charmes.

O sagesse, disoit Alaciel, en s'éloignant, où faut-il te chercher ici-bas ? Tu n'es ni chez le nouvelliste qui parie, ni chez le calculateur qui se trompe, ni chez le politique qui s'abuse, ni chez le philosophe qui s'égare. Serois-tu chez le poëte ? Es-tu même chez le bramine ? Le misantrope te connoît-il ? Tu résides encore moins chez le courtisan qui rampe, chez le ministre qui trompe, chez le peuple trompé, chez l'amant qui veut se noyer, chez l'époux qui veut tuer sa femme, chez la veuve qui veut tuer son amant. Le génie alors étendit le bras pour submerger ce peuple, si différent de ce qu'il croyoit être. Une réflexion l'arrêta. Il n'espéroit pas pouvoir traiter mieux l'île Enjouée que l'île Taciturne, & il jugea qu'il convenoit de les noyer ensemble.

Fin de la première partie.

SECONDE PARTIE.

CHAPITRE PREMIER.

Un simple bras de mer sépare ces deux îles. Alaciel le franchit en peu de minutes. Il sentit qu'il respiroit un autre air. Une gaieté subite sembla le maîtriser : c'étoit le propre du climat. La nation qui l'habite ne s'attriste communément de rien, chante du même ton ses avantages & ses pertes, affiche la frivolité, s'occupe des petites choses, s'amuse des grandes, & ne redoute pas moins l'extérieur de la sagesse que ses voisins n'en ambitionnent la réalité.

Le génie apperçut des bergers, qui mal vêtus, & plus mal chaussés, dansoient sans mesure & sans souci sur l'herbe naissante. Plus loin, des laboureurs poursuivoient, en chantant, leurs pénibles travaux. Plus loin encore, un chasseur gravitoit sur des montagnes, avec toute la fatigue & tout le plaisir possibles. Alaciel imagina un prétexte pour l'aborder. Je rends grace au hasard qui vous a conduit dans ma solitude, lui dit le chasseur, daignez achever de la connoître, & visiter ce qu'on appelle mon château. Le Génie crut devoir s'y laisser conduire. Il y fut reçu avec des égards dont il avoit vu bien peu d'exemples dans l'île Taciturne, & auxquels il répondit en génie qui est de tous les pays.

Pour être plus autorisé à paroître curieux, il avoit pris la forme d'un Chinois. Vous voyez, lui dit son hôte, les débris d'une fortune brillante, & bien promptement dissipée. Quelles disgraces, reprit Alaciel, ont pu la faire ainsi disparoître ? Aucune que je n'aie préparée, répliqua d'un air serain le Frivolite. J'ai pris les précautions les plus efficaces pour me ruiner : J'ai eu des amis, des procès & un intendant; les équipages & les maîtresses les plus à la mode; je donnois à des flatteurs, j'empruntois des Juifs, j'habitois un vaste hôtel & visitois souvent ma petite maison. Je n'ai plus, poursuivit-il, ni amis, ni flatteurs, ni intendant, ni maîtresse; parce que j'ai perdu ce qui pouvoit me les attacher. J'ai quitté la capitale où j'étois trop éclipsé, pour habiter cette solitude, où j'ai trouvé des plaisirs inattendus. Les beautés de la nature, le chant des oiseaux, la naïveté d'une bergère, me font oublier le luxe des cités, le charme des coquettes & le jargon des petites maîtresses. A ma place, un Taciturnien eût employé l'opium. Ici nous ne courons à la mort que pour trouver la gloire ou éviter la honte.

Alaciel approuva fort ce genre de philofophie. Déjà il ouvroit le livre rouge, quand on annonça au nouveau fage, qu'un de fes voifins venoit de tuer une alouette fur fon terrein, c'en fut affez pour courir aux armes; & celui qui avoit renoncé à tant de richeffes, fans renoncer à la vie, alloit l'expofer pour venger la mort d'une alouette. Le génie parvint à terminer cette difpute; mais il referma le livre des fages. Il pourfuivit fa route, vit beaucoup d'autres nobles ruinés, de citadins opulens, de payfans pauvres, & de la gaieté par-tout.

Il arriva près de la capitale. Ses avenues étoient remplies d'une infinité de chars de toutes les efpèces, & de gens de tous les états; de graves magiftrats y venoient égayer leur loifir, des financiers étaler leur luxe, des jeunes gens leur inutilité. Là, marchoient de niveau le patricien, le plébéien, la femme noble, la bourgeoife & la grifette. Tous étoient réunis, confondus, mal à leur aife & contens.

Une foule nombreufe entoura le génie. Son extérieur chinois attiroit ce concours. Êtes-vous, lui demandoit-on, empereur, fage, lettré, danfeur ou pantomime? Venez briller fur nos théâtres; vos pareils y font toujours applaudis ; vos héros nous intéreffent , vos héroïnes nous attendriffent, vos fages nous étonnent, vos pantomimes nous réjouiffent, vos danfeurs nous enlèvent.

Un char brillant s'arrêta proche d'Alaciel. Un jeune homme parut à la portière. Avez-vous, demanda-t-il au faux Chinois, beaucoup de porcelaines & de magots ? Il m'en faut pour dix à douze mille piftoles. Une jeune chanteufe, qui doit m'aimer quinze jours, attend de moi cette dernière complaifance pour en avoir d'autres. J'ai tout combiné. Un million qu'un oncle avare m'a laiffé, malgré lui, fuffira pour la quinzaine en queftion.

Celui-ci étoit à peine congédié, que deux autres perfonnages s'avancèrent. Ils étoient à pied ; mais ils faifoient plus de bruit qu'un char attelé de fix courfiers : c'étoient deux favans. Jugez-nous, dit l'un des deux au génie. Je foutiens que depuis quatre ou cinq cents mille ans, on grimace à la Chine. Je foutiens, de plus, que tous vos philofophes ont été des fages, tous vos artiftes des modèles à fuivre ; que toutes vos pagodes font des temples, toutes vos maifons des palais, vos villages des villes, vos villes plus que des cités…..

Alaciel n'eut pas le loifir de lui répondre. Un autre équipage s'approcha de lui. Une femme, superbement vêtue, lui demanda s'il lui restoit quelque chenille chinoise, bien triste & bien obscure ? car ajouta-t-elle, ces brillans tissus dégradent une femme de mon rang; ils sont au rabais, & ne doivent servir qu'à parer les esclaves. Le génie lui en marqua sa surprise. Il a bien fallu, reprit-elle, à force de dépense, parvenir à ne plus briller dans ses ajustemens, (le tout pour se distinguer de la foule ;) comme il a fallu se résoudre à s'enlaidir avec le rouge, puisqu'il embellit des femmes d'un rang inférieur.

A quelques pas de-là un charlatan barbouilloit à sa guise quelques boëtes de carton, & les troquoit effrontément contre autant de boëtes d'or. Alaciel lui reprocha sa hardiesse à duper ses concitoyens. Moi ! reprit-il, je ne les trompe point ; je satisfais l'envie qu'ils ont d'être trompés. Je les vois se ruiner pour enrichir les barbouilleurs de la Chine ; je crois avoir autant de droit que vos compatriotes sur la sottise & la bourse des miens. J'ai donc tout barbouillé, temples, palais, petites-maisons, équipages, tabatières, tout est couvert de mon vernis. Ce n'est plus ni à la richesse de la matière, ni à la beauté de l'exécution que notre luxe sacrifie. Quelques Frivolités, il est vrai, parurent d'abord un peu révoltés par l'insupportable odeur qu'exhalent mes boëtes. Je leur prédis que dans peu cette odeur deviendroit à la mode. Tous se retirèrent contens & m'ont rendu prophète.

De tout ce discours, Alaciel conclut que le charlatan pouvoit avoir raison, & qu'à coup sûr les Frivolites avoient tort. Il essuya plusieurs autres attaques, & il jugea que si la nation Frivolite n'étoit pas submergée, elle seroit dans peu toute Chinoise. Mais il ne fit aucun usage du livre vert ; car il s'agissoit moins alors de connoître ceux qu'on noyeroit que ceux qu'on ne noyeroit pas.

CHAPITRE II.

Il voulut de nouveau varier ses formes, & reparut sous celle d'un sauvage. Nouvelles questions, nouveau concours. On l'entouroit comme un animal curieux & rare, & l'on finit par lui offrir des habits avec les moyens de se décrasser. Alors survint un homme, encore plus crasseux & plus nud que lui : il marchoit à quatre pattes, & paroissoit fort content de sa position : il trouva même que le génie s'étoit déjà écarté de l'état de pure nature. Son bonnet de plume lui parut un superflu qui tenoit du luxe. Il l'exhorta à s'en défaire, & à marcher quadrupédement. Ensuite, adressant la parole au peuple qui l'entouroit.

O homme ! s'écria-t-il, quelque soit ton rang, ton pays, tes mœurs, si tu n'es sauvage, écoute & réforme-toi !

Le premier qui se fit des habits ou un logement, se donna en cela des choses peu nécessaires, puisqu'il s'en étoit passé jusqu'alors, & qu'on ne voit pas pourquoi il n'eût pu supporter, homme fait, un genre de vie qu'il supportoit dès son enfance. Que dis-je ? Le premier qui inventa les sabots, devoit être puni comme fauteur du luxe, & corrupteur de la société ; car plus on y réfléchit, plus on trouve que l'état de nature est le moins sujet aux révolutions, le meilleur à l'homme, & qu'il n'en a dû sortir que par quelque funeste hasard, qui, pour l'utilité commune, eût dû ne jamais arriver. L'exemple des sauvages, qu'on a presque tous trouvés à ce point, semble confirmer que le genre humain étoit fait pour y demeurer toujours ; que cet état est la véritable jeunesse du monde, & que tous les progrès ultérieurs ont été, en apparence, autant de pas vers la perfection de l'individu ; mais, en effet, vers la décrépitude de l'espèce. Non, encore une fois, ce n'est point là l'état originel de l'homme : c'est le seul esprit de la société, qui change & altère ainsi nos inclinations naturelles. J'ose donc assurer que l'état de réflexion est un état contre nature, & que l'homme qui médite est un animal dépravé.

Mille coups de sifflet interrompirent le harangueur. Il n'en parut que plus content de lui-même, & en homme à qui sa propre estime suffit. Continuez, cria-t-il à ceux qui siffloient, c'est une occupation qui vous empêche de plus mal faire ; & puisqu'il est ainsi, je voudrois pouvoir vous haranguer tous les jours.

Timon, c'étoit le nom du philosophe quadrupède, invita le génie à le suivre. Il n'eut pas de peine à l'y résoudre. Alaciel vouloit connoître plus particulièrement cet homme extraordinaire. Il le vit s'arrêter près d'un palais où l'architecture avoit déployé toutes ses richesses & le génie toutes ses ressources. Timon ne put contempler ces merveilles sans indignation. « Dieux ! s'écria-t-il, que sont devenus ces toits de chaume qu'habitoient jadis la modération & la vertu ? Quelle splendeur funeste a succédé à la simplicité de nos aïeux ? quel est ce langage étranger ? quelles sont ces mœurs efféminées ? que signifient ces statues, ces tableaux, ces édifices ? Insensés ! qu'avez-vous fait ?.....Hâtez-vous de renverser ces amphithéâtres, brûlez ces tableaux !....»

Dans cet instant même, un rival de Zeuxis exposoit aux regards du public un de ses chefs-d'œuvres. Tout le peuple accourut pour l'admirer. Timon sentit lui-même un plaisir involontaire en le contemplant. Ce qui ne l'empêcha pas de s'écrier avec une nouvelle vigueur: citoyens ! brûlez tous vos tableaux !

Timon ensuite s'approcha du Lycée. C'étoit le lieu où quarante beaux-esprits venoient parler nouvelles, recevoir des jettons, & distribuer des prix souvent peu mérités. Timon y entra; car Timon étoit plus que philosophe, il étoit encore poëte, orateur, musicien ; & toute sa vie il avoit écrit contre la philosophie, les lettres, les arts & les sciences. On ne pouvoit employer plus d'éloquence pour prouver qu'il n'en falloit point avoir, ni plus d'érudition pour exalter l'ignorance. Voici comment il la prêchoit aux Athlètes du Lycée.

« Les hommes sont pervers, ils seroient pis encore, s'ils avoient le malheur de naître savans. L'élévation & l'abaissement des eaux de l'Océan n'ont pas été plus régulièrement assujettis au cours de l'astre qui nous éclaire durant la nuit, que le sort des mœurs & de la probité au progrès des arts & des sciences. On a vu la vertu s'enfuir à mesure que leur lumière s'élevoit sur notre horison, & le même phénomène s'est observé dans tous les tems & dans tous les lieux. Ce fut un dieu, ennemi du repos des hommes, qui inventa les sciences. Peuples, sachez donc une fois que la nature a voulu vous en préserver, comme une mère arrache une arme dangereuse des mains de son enfant; que tous les secrets qu'elle vous cache sont autant de maux dont elle vous garantit, & que la peine que vous trouvez à vous instruire n'est pas le moindre de ses bienfaits. Allez donc dans les forêts oublier les connoissances & les crimes de vos semblables, & ne regrettez point de renoncer à leurs lumières pour renoncer à leurs vices. »

Après cette harangue, Timon s'avança pour être couronné ; car même en décriant l'éloquence, il vouloit paroître éloquent. Il fit voir à ses juges les lauriers dont un autre Lycée avoit décoré son front. Cet exemple ne fut point imité. On l'exhorta à raisonner comme il écrivoit; mais Timon vouloit raisonner à sa manière. Pour le prouver, il résolut d'avancer dans son premier ouvrage, que les académies n'avoient pas fait moins de tort aux lettres, que les lettres aux mœurs.

Le génie usa du talisman ; alors Timon lui

avoua qu'il ne rompoit en vifière au genre humain que pour avoir fon eftime. Quiconque, difoit-il, paroît méprifer fes contemporains, à coup fûr les fubjugue. J'ai fu me faire admirer en défapprouvant tout, & me faire lire à force de médire des lettres; je ferois encore ignoré, fi j'avois voulu, (ce qui m'étoit facile,) avoir le fens commun.

Alaciel ne fut point tenté de commencer par Timon la lifte des fages, il crut devoir lui-même changer de forme; car celle qu'il avoit prife n'excitoit déja plus de concours. Les Frivolites lui préféroient un rhinocéros.

CHAPITRE III.

IL prit celle d'un ultramontain, & vit les Frivolites partagés à fon égard; il leur offrit tout ce que fa patrie avoit produit de meilleur. Rien n'en eft bon, difoient les uns; tout en eft admirable, s'écrioient les autres. Timon reparut encore. Venez, dit-il au faux Italien, défabufer ces gens-ci de la manie de chanter dans leur langue. Il y a près d'un fiècle qu'ils ont des opéra, & moi, je prétends qu'ils n'ont pas encore de mufique, qu'ils n'en auront jamais, ou que s'ils en ont une, ce fera tant pis pour

pour eux. Forcé par le talisman, il ajouta : j'ai moi-même composé un opéra, que je crois très-bon dans le genre que je condamne ici; mais j'y tiens beaucoup moins qu'à l'honneur de combattre toute une nation, & d'être seul de mon avis.

Timon étoit suivi d'un petit homme qui faisoit profession de chiromancie. Alaciel voulut savoir de lui-même qui il étoit. Je suis, répondit le petit homme, Bohémien d'origine, & partant prophète. Mais malgré cette qualité, & même celle de bipède, que je crois devoir conserver, je suis le très-humble disciple du grand-homme que vous voyez marcher à quatre pattes.

Alors Timon battit la mesure de son mieux, & le petit prophète chanta, en grimaçant quelques airs d'une musique bouffonne : il fut secondé de quelques Frivolites. Un plus grand nombre gardoit le silence; & Timon leur crioit, qu'ils devoient chanter comme ses disciples, & marcher comme lui.

Plusieurs musiciens de l'île Enjouée interrompirent le concert par des injures; quelques amateurs, & beaux-esprits, y joignirent des raisons; Timon répliqua par des paradoxes, & la dispute finit par ne convenir de rien.

Survint alors un homme, que les Frivolites

G

admiroient, quoiqu'il fût né parmi eux. Il avoit étudié son art en philosophe, & l'avoit perfectionné en homme de génie. Il fit exécuter en présence des combattans quelques morceaux de ses opéra. Il sembla que cette harmonie enchanteresse fût pour les Ultramontains le bruit de la foudre; tous s'enfuirent, & repassèrent les monts & les mers.

Alaciel jugea lui-même à propos de se couvrir d'un autre déguisement. Il se promenoit, vêtu à l'orientale, quand un homme, vêtu comme lui, l'aborda : ce fut pour lui demander en quel état il avoit laissé Constantinople. C'est une ville, ajouta-t-il, où mes galans aphorismes m'ont procuré plus d'une bonne fortune. Vous êtes donc médecin, lui demanda le génie ? Oui, reprit le docteur ; je porte avec moi les secours les plus rares & les plus utiles ; je sais guérir la tristesse, l'ennui, la misantropie, la folie & jusqu'à la sottise. De plus, j'ai l'art de prévenir les rides du front & la chûte d'une gorge, de rendre au teint la fraîcheur que des plaisirs répétés lui ont fait perdre, ou de lui procurer celle qu'il n'eut jamais ; en un mot, je suis le médecin de l'esprit & de la beauté.

Je pense, lui dit Alaciel, que votre art n'est rien moins qu'oisif. Pardonnez-moi, répliqua le docteur, tout le monde ici croit son esprit en fort bon état. A l'égard de la beauté, je débutai mal; je m'annonçai comme ayant l'art de chasser la laideur. Nulle femme ne crut avoir besoin de mes secours. Un de mes rivaux prit une autre route. Il fit graver au-dessus de sa tête, en lettres d'or : *Secret pour conserver la beauté*. Toutes les femmes y accoururent, depuis la jeune & brillante Eglé, jusqu'à la laide Barsine & la vieille Livie.

Alaciel excitoit lui-même la curiosité de beaucoup de femmes : les unes lui demandoient s'il étoit vrai que dans sa patrie deux cent femmes n'eussent quelquefois qu'un mari, & pas un amant? si les murs du serrail étoient inaccessibles? les eunuques si difficiles à séduire ou à tromper sur tout? par quelle raison un seul homme suffisoit pour tout un serail? si le prophète y avoit bien pensé? d'autres eussent volontiers porté la curiosité plus loin. Alaciel satisfit de son mieux les premières, & s'éloigna des secondes.

Le génie enfin s'écria : Frivolités ! je viens de m'instruire parmi vous de tout ce qu'un Turc ignore. C'est fort bien fait, reprit un jeune homme, qui avoit long-tems ri en le contemplant. Vous méritez qu'on vous pardonne d'être né Turc, & je me charge de votre éduca-

G ij

tion : vous aviez besoin d'un mentor tel que moi. Premièrement défaites-vous de cette gravité qui nous fait rire, de cette simarre qui vous ensevelit, de ce turban qui vous enterre ; substituez-y un habit court à longue taille, une frisure élégante & une bourse à la Mahon ; sachez, quand il le faut, prendre du linge sale le matin & du blanc le soir ; paroître fatigué après le repos, & frais après la fatigue ; gardez-vous d'avoir trop bonne opinion des femmes ; réservez cette estime pour vous-même, & qu'elles s'en apperçoivent : c'est le moyen de les subjuguer. Sur-tout n'aimez point. Une liaison parmi nous n'est guère qu'un essai. On se prend sans goût, sans regret on se quitte, & rarement l'un des deux s'apperçoit de la rupture.

Il me semble, reprit Alaciel, que c'est aimer un peu à la turque. Avec cette différence, répliqua le Frivolite, qu'ici la loi est égale, & que les femmes ne se contraignent pas plus que nous. Je veux sur le champ vous en faire connoître une du bon ton ; elle pourra contribuer, pour sa part, à vous rendre tel que vous devez être.

Le génie se laissa conduire, & ils trouvèrent la Frivolite à sa toilette. Un jeune magistrat y présidoit. Alaciel n'eut pas de peine à deviner qu'il entendoit mieux l'application d'une mouche, que celle d'une loi. Pour lui, il s'apperçut que sa longue robe & son turban n'effarouchoient point la Frivolité. Elle lui prodigua les égards & les questions. Il répondit aux unes & aux autres. Il eut tout l'esprit qu'il voulut avoir, & en eut beaucoup. Un laquais vint demander si madame étoit visible? Sur l'affirmative, un homme de bonne mine entra. Il salua toute l'assemblée de l'air le plus cordial & le plus poli, tint à la Frivolité quelques propos légers & galans, la trouva belle à ravir, lui promit les plus brillantes conquêtes, en fut à son tour caressé, loué, & sortit pour se rendre chez la *petite* : il appelloit ainsi une jeune danseuse qu'il entretenoit. Je le trouve charmant, disoit la comtesse, (c'étoit le titre que portoit la Frivolité, & que prenoient dans cette île beaucoup de femmes nobles, ainsi que beaucoup d'autres qui ne l'étoient pas.) Je le trouve charmant ; je n'ai pas au monde un meilleur ami la nouvelle maîtresse qu'il vient de faire, lui inspire une gaieté que je partage sincèrement. Oserai-je, madame, lui dit le génie, vous demander le nom de ce mortel privilégié? Eh! monsieur, lui répondit-elle, cela s'entend, c'est mon mari.

Alors le conducteur du génie le tira à l'écart.

Que vous semble, lui dit-il, de la comtesse ? Elle est assez bien ; & entre nous, je suis au mieux avec elle. Je l'ai désantichée d'un plat marquis, dont le bon sens nous l'eût infailliblement gâtée.

Jaloux de mieux connoître ce nouveau mentor, Alaciel dirigea contre lui le fatal talisman. Il ne résista point à son influence. Entre nous, poursuivit-il, malgré lui, mes nombreux triomphes ont été accompagnés de quelques disgraces. Certaines femmes que je n'avois pu séduire, & que j'ai décriées, ont semé l'alarme dans toutes les sociétés où j'allois figurer & médire. Le plus grand nombre me redoute, jusqu'à ne vouloir souffrir ma présence. Je me venge de mon mieux, en publiant qu'on s'en est avisé un peu tard. Je suis encore admis ici, poursuivit-il, grace à l'humeur de la comtesse, qui ne redoute point les propos, & qui s'amuse des miens ; car c'est jusqu'à ce jour le seul amusement que je lui ai procuré ; ce qui ne m'empêche pas de publier le contraire.

Cet aveu forcé fut suivi des regrets de celui qui l'avoit fait. Il fut s'en dédommager ailleurs, en déshonorant une femme qu'il ne connoissoit que de nom.

Le génie apprit que ce jeune homme & ses pareils étoient surnommés petits-maîtres, espèce au-dessous de la définition, & qui se croit au-dessus des bienséances. Il jugea la manie de ces personnages plus condamnable encore que celle de marcher à quatre pattes, de se ruiner pour des magots, & même de se tuer pour une alouette. Il crut toutefois qu'il suffiroit de les noyer comme les autres.

Alaciel voulut connoître un peu mieux la comtesse. Il la questionna avec sa précaution ordinaire. Elle lui avoua, que, sous un extérieur de galanterie, elle n'aimoit point; mais qu'elle vouloit qu'on l'aimât. Elle eût préféré la perte de sa fortune à celle d'un hommage. elle n'accordoit rien, & laissoit tout espérer. Jamais on ne sortoit d'auprès d'elle ni méconnu, ni satisfait. Alaciel lui sut gré de ne porter pas l'ambition plus loin. Il en vit d'autres, dont les vues étoient plus intéressées sans être plus sincères. Mais il reconnut qu'il pourroit les tromper toutes, sans craindre d'être poignardé par aucune.

CHAPITRE IV.

ON lui dit qu'un Turc, pour se former, devoit fréquenter la bonne compagnie. Quelqu'un l'introduisit dans un lieu où vingt personnes, rangées autour d'une table, ne s'apperçurent point de son arrivée. Quelques morceaux de carton, qu'elles se jettoient réciproquement, attiroient toute leur attention. C'étoit la seule manière de converser parmi la bonne compagnie. On épargnoit les paroles, mais on y suppléoit par de l'or. Celui que le hasard favorisoit avoit souvent le plaisir de ruiner son meilleur ami. Le génie remarqua un homme qui ne prenoit nulle part à cette conversation, qui regardoit sans voir, & qu'à son air décontenancé on eût pris pour un sot. Il demanda qui il étoit. C'est, lui dit-on, un bel-esprit, un homme de lettres, un savant. Il écrit supérieurement en prose, fait très-bien des vers & parle avec facilité. Mais il lui manque un talent essentiel, talent unique & sans lequel tous les autres ne sont rien ; en un mot, le talent de jouer. Aussi n'est-ce que par une tolérance particulière qu'on lui permet de venir quelquefois s'ennuyer ici.

Alaciel étudioit avec soin les mouvemens de cette assemblée. Il vit une jeune frivolité s'attendrir pour un joueur malheureux, ou qui savoit l'être à propos. Un autre moins adroit que le premier, gagnoit impitoyablement une femme qui l'aimoit, & dont la tendresse diminuoit à proportion du nombre de ses fiches.

Une autre joueuse, régulièrement belle,

L'ISLE ENJOUÉE. 105

effrayoit le génie par l'abattement qui régnoit sur son visage. Depuis trois jours elle veilloit, jouoit & perdoit sans relâche. Elle immoloit le soin de ses charmes à l'avidité d'un gain sordide, lui sacrifioit des nuits que revendiquoit l'amour, & laissoit voir la crainte & le désespoir dans des yeux qui n'auroient dû être animés que par le plaisir.

Le génie tourna le talisman vers un des plus déterminés joueurs. Celui-ci lui avoua qu'il avoit plus d'une fois exposé sa fortune au hasard d'une carte, ou d'un coup de dés. Mais, ajouta-t-il, je suis heureux : je gagnai hier à un de mes amis, sa maison, ses équipages, & jusqu'à sa maîtresse. Il y a quelques jours, qu'un joueur, que j'avois ruiné, perdit encore contre moi la succession future de son père, & un père la dot de sa fille. Actuellement, je suis occupé à réduire le fils d'un riche traitant au même état que son aïeul.

Toujours plus persuadé que la fin des Frivolités approchoit, le génie alloit quitter cette assemblée. Une joueuse l'invita à faire sa partie. Il s'en défendit, sur ce qu'il ignoroit les règles du jeu. Elles vous sont inutiles, reprit la joueuse, (que le talisman rendoit sincère,) sachez perdre, c'est tout ce qu'un étranger doit savoir pour être considéré. Alaciel s'acquitta assez bien de ce devoir.

Le jeu fut suivi d'un souper où l'abondance étoit unie à la délicatesse. Les vieillards mangeoient beaucoup & s'enivroient ; les jeunes gens buvoient de l'eau & mangeoient peu ; les femmes attendoient avec impatience le dessert & le Champagne. Cet instant venu, la gaieté redoubla. Des traits heureux, ou hasardés, remplissoient la conversation. Les femmes rioient de tout, & ne s'offensoient de rien. Celle même qui avoit toujours perdu, reprit sa gaieté en songeant qu'il lui restoit encore une terre à vendre. Chacun, en un mot, se retira content des autres, & sur-tout de soi-même. Alaciel de son côté s'étoit un peu alouci ; mais il n'ouvrit point le livre des sages.

Il vit, quoique la nuit fut déja fort avancée, la plus grande partie des Frivolites en mouvement. Tous avoient changé de forme, & accouroient vers un lieu où le plaisir consiste à paroître tout ce qu'on n'est pas. Le génie y pénétra comme les autres. Il s'occupa sur-tout à examiner cette assemblée en détail. Il vit à ses côtés deux masques, qui paroissoient fort contens d'eux-mêmes. L'un étoit un petit-maître bourgeois, qui tranchoit du marquis ;

l'autre, une grisette, qui prenoit des airs de petite-maîtresse. L'un croyoit tromper l'autre, & tous deux étoient trompés. Le génie les questionna à sa manière. Ils racontèrent tout haut leur histoire, & finirent par se tourner le dos.

Un masque, en domino, accabloit de douceurs une jeune Espagnole, dont la taille le ravissoit. Le génie tourna vers eux le talisman. Je suis le marquis D.... dit l'un. Je suis la marquise D.... dit l'autre. Quoi ? ma femme, reprit le premier ? Aussi-tôt il disparut.

Un Turc suivoit de près une jeune Circassienne, qu'un Tartare lorgnoit. Ils éprouvèrent l'effet du talisman. Chère Hortence, disoit la Circassienne au Turc, voici le tems de vous venger des infidélités de Damis.... Oh, oh ! reprit le Tartare, la belle Circassienne en veut à ma femme ? Je vois qu'elle n'est pas mon fait. Aussi-tôt il aborda une vestale, qui ne parut pas avoir envie de s'éloigner. Le génie voulut qu'elle imitât la franchise des autres. Je suis, disoit la vestale au Tartare, danseuse de l'opéra. Je vous aimerai aussi constamment que j'en ai aimé mille autres ; mais je mets ma tendresse à haut prix. Elle a épuisé la générosité de gens de la plus haute distinction ; elle a ruiné plus d'un financier assez sot pour marcher sur leurs brisées. A l'égard de mes menues faveurs, elles ont envahi toutes les guinées de dix milords Taciturniens, & triplé les dettes de vingt marquis Frivolites. Ces quatre personnes se séparèrent assez peu satisfaites.

Le génie fut agacé par une arlequine d'une extrême gaieté. Il résolut de la mieux connoître, & l'interrogea toujours avec la même précaution. Je viens ici, dit-elle, me dédommager du sérieux que la bienséance m'impose ailleurs.

Eh pourquoi, lui demanda le génie, pourquoi vous imposer cette gêne perpétuelle ? En même-tems, il la toucha avec le talisman, car il s'étoit apperçu que son influence ordinaire ne suffisoit pas. Je suis, poursuivit-elle, ce qu'une coquette nomme une prude, & ce qu'elle devroit nommer une femme prudente. Je conserve une supériorité réelle sur mon sexe : je condamne hautement ses foiblesses, & fais lui dérober les miennes. Tous mes plaisirs sont cachés ; mais ils n'en sont que plus vifs, & je choisis pour confidens des personnages intéressés à être discrets.

Ce discours lui étoit à peine échappé qu'elle disparut, honteuse & désespérée d'en avoir tant dit. Alaciel fit d'autres découvertes peu différentes des premières. C'étoient des maris trompés, & qui s'en moquoient; des intrigues ébauchées, & presque aussi-tôt finies. Il fut tenter ailleurs des recherches plus heureuses.

Attiré par quelque bruit, il pénétra dans une maison de peu d'apparence. Il vit un vieillard agité de fureurs convulsives. Un vase renversé sur un fourneau ardent paroissoit en être le motif. Alaciel tourna le talisman vers le vieillard désolé. Voilà donc, s'écria-t-il soudain, voilà donc cinquante années de soins & cent mille pistoles inutilement employées? Je touchois au moment décisif, Mercure alloit devenir soleil; ma gloire & mes trésors alloient me rendre égal au sage & opulent Salomon. Détestable animal, poursuivit-il, (en s'adressant à un chat qui se tenoit à l'écart,) c'est toi qui cause ma ruine, & la honte en va retomber sur le grand Hermès!

Pressé de nouveau par le talisman, il ajouta: heureux encore si je survivois à tous mes enfans richement pourvus; je pourrois fondre leur patrimoine dans mon creuset. Fortuné mogol! à ta place, je dissiperois tout ton or pour parvenir à l'honneur d'en faire! Alaciel reconnut aisément que le vieillard étoit alchimiste, & n'étoit rien moins qu'un sage.

Il se glissa dans un appartement voisin, où tout annonçoit la volupté. Deux femmes, faites pour l'inspirer, y disputoient avec fureur, & se disposoient à s'arracher les yeux. Un homme à demi vêtu, s'opposoit de son mieux à cette fougue. Elles se joignirent malgré lui. Alors il discontinua ses bons offices, s'habilla promptement, prit, d'un air de connoissance, une bourse qui chargeoit une table, & disparut. Son absence, & sur-tout celle de la bourse, mit fin au combat des deux rivales.

Alaciel n'eut pas besoin de recourir au talisman pour être informé du sujet de leur dispute. Il apprit que l'une & l'autre étoient déesses à certaines heures du jour, & s'humanisoient volontiers la nuit. L'une avoit écouté les offres & les vœux d'un étranger. Mais pour satisfaire ce nouvel amant, il falloit en tromper un ancien. C'étoit peu de chose, & la déesse ne s'occupa d'abord que des moyens d'y réussir. Elle chargea sa compagne de remplir auprès du nouveau venu cet intervalle, mais sans la remplacer entièrement. Celle-ci outrepassa cette convention, & accepta l'encens destiné pour un autre autel. La déesse outragée étoit survenue un peu trop tard, & prétendoit venger l'honneur de son culte. L'ingrat mortel, dont les vœux avoient été en partie exaucés, avoit profité de ce conflit pour emporter son offrande.

Le jour paroissoit, & le génie crut devoir suspendre des recherches superflues. Il s'apperçut bien-tôt qu'il étoit tems de renoncer à sa figure ottomane. Le bruit se répandit qu'un Turc nouvellement débarqué forçoit les gens à dire tout ce qu'ils pensoient. Il faut bien vîte le brûler, disoit charitablement une dévote. C'est une peste publique ! s'écrioit le complaisant d'un homme riche en or & pauvre en vertus. Où en seroit-on s'il falloit toujours être sincère ? Chacun fuyoit les questions du génie, & même sa présence. Il fut obligé de changer de forme.

CHAPITRE V.

Il prit la figure & le nom d'un milord Taciturnien célèbre par son esprit. Il s'attendoit à être mal reçu. Quelle fut sa surprise de voir une centaine de Frivolites l'entourer avec vénération ? Messieurs, leur crioit Alaciel, vous vous trompez, je suis Taciturnien. Nous ne l'ignorons pas, reprenoient les chefs de la troupe, & c'est ce qui vous attire nos hommages. C'est chez vous que réside la vraie sagesse, la vraie philosophie. Là nuls préjugés qui flétrissent les sages qui osent penser, nulle bastille qui renferme ceux qui osent écrire. Vos aïeux, qui ne vous valoient pas, avoient du génie ; les nôtres, qui valoient mieux que nous, n'avoient que de l'esprit. Nous sommes des esclaves accoutumés à respecter nos fers; nous rampons au lieu de marcher, & sans votre appui nous ne pouvons nous soutenir. Pourquoi les mers nous séparent-elles ? Pourquoi nos guerriers n'ont-ils pas la même docilité que nous ? Bien-tôt nous serions vos très-humbles sujets, comme nous sommes dès aujourd'hui vos très-humbles disciples.

Cet aveu parut au génie un peu trop modeste. Il félicita toutefois les Frivolites d'avoir surmonté cette haine nationale, ces préjugés de patrie.... De patrie ? reprirent-ils vivement, c'est un vieux mot qu'il faut laisser à des républicains enthousiastes & ignorans. Nous sommes philosophes, & comme tels citoyens du monde. Peu nous importe qui le gouverne, pourvu que nous puissions le réformer, écrire librement, être lus, & sur-tout admirés, même de ceux qui ne nous entendent pas.

Ces derniers mots furent cause qu'Alaciel cessa de croire à la modestie de ces philosophes, & crut pouvoir au moins douter de leur sagesse.

Un

Un homme, qui traînoit à sa suite un grand nombre de matelots, pionniers, manœuvres & autres ouvriers de différente espèce, le salua en passant. Le génie lui demanda à quoi il destinoit tout ce monde. Je suis malade & philosophe, répondit celui qu'il questionnoit, & pour égaier mon loisir, je vais renverser les pyramides d'Egypte. J'ai rêvé qu'elles renfermoient bien des secrets merveilleux, & vous verrez que l'honneur de cette découverte m'est encore réservé.

Ce n'est pas tout, poursuivit-il ; de-là, je m'embarque pour les terres Australes, où l'on m'a dit que je trouverois des Patagons, des hommes merveilleux, qui portent de longues queues par derrière. Je veux les voir, & je préférerois leur conversation à celle du plus bel-esprit de l'Europe.

Ce n'est pas tout encore, ajouta le philosophe. Je suppose les Patagons une fois réunis & policés par mes soins, aussi-tôt je les emploie à creuser la terre jusqu'au noyau ; entreprise qui exige le concours de toute une nation, qu'aucun des souverains, à qui je l'ai proposée, n'a osé même tenter, & qu'aucun philosophe n'avoit imaginée avant moi.

Alaciel lui souhaita un heureux voyage,

H

& sur-tout un prompt retour de santé, espérant par-là sauver les pyramides.

Il trouva ce genre de philosophie un peu taciturne; il en conclut que les deux nations rivales se ressembloient plus qu'elles ne le vouloient croire.

Il parut vouloir se fixer chez la Frivolité, se logea dans un vaste hôtel, où l'on payoit fort cher de petits appartemens; & vit redoubler pour lui les égards & la cherté. Il prit en outre un nombre de domestiques, moins pour faire ses affaires, que pour l'instruire de celles d'autrui. Son attente ne fut point trompée. Il vit toute cette canaille empressée à déchirer ceux qui avoient daignés la faire vivre. C'est encore, disoit-il, comme à Sombre.

On lui annonça un inconnu. C'étoit un composé du bramine & de l'homme du monde, ou, pour mieux dire, ce n'étoit ni l'un ni l'autre. Cet être amphibie joignoit à un air de complaisance pour autrui un parfait contentement de soi-même. Il offrit au génie de lui apprendre la langue & les usages du pays, les anecdotes les plus secrettes & les plus scandaleuses, de lui indiquer les hommes les plus célèbres, les femmes les plus galantes, les cercles & les ruelles les plus fréquentés,

J'ai d'autres talens, ajouta-t-il, je sais prévenir les cabales des domestiques, les friponneries d'un intendant, la dissipation d'une maîtresse : j'ai su rendre économe une danseuse qu'un financier entretenoit.

Alaciel lui demanda si cette île renfermoit beaucoup d'êtres aussi intelligens que lui. Environ vingt mille, répondit l'amphibie. Voilà, dit Alaciel, vingt mille hommes de plus parfaitement bons à noyer, & il le congédia.

Survint ensuite un homme, qui s'anonnça pour un médecin. Il descendit d'un leste équipage, qui tournoit encore dans la cour vingt minutes après son arrivée. Il offrit au génie de lui rendre la santé s'il étoit malade, ou de la lui conserver s'il se portoit bien. Alaciel lui objecta qu'on avoit fait de l'art de guérir quelque chose de plus effrayant que la maladie même. Oui parmi vous, répondit-il, trompé par l'extérieur du génie ; mais ici nous avons simplifié la médecine. Vos médecins guérissent avec des mots barbares, & nous avec des termes élégans. J'arrive, je passe la main sous le menton d'une femme-de-chambre qui se porte bien, je tâte le pouls de la maîtresse malade, j'ordonne & je sors. J'en suis, poursuivit-il, à ma trentième visite, & il m'en reste le double à faire. De-là le docteur prit occasion de vanter ses chevaux, son cocher, sa berline, son vis-à-vis, & jusqu'à son cabriolet. Il finit en disant qu'on ne doutoit jamais de la science d'un médecin, qui a six chevaux dans son écurie & quatre voitures sous sa remise.

Alaciel convint que ces deux derniers personnages ne ressembloient en rien à ceux de l'île Taciturne. Une autre voiture en vomit un troisième. Le génie lui demanda s'il étoit aussi médecin. Le ciel m'en préserve, répondit-il ; je crois valoir un peu mieux que ces gens-là. Leur science n'est qu'arbitraire ; mon art est certain. Il y a dans cette ville deux cens eunuques de ma façon, qui ne seroient plus rien s'ils eussent confié leur santé à la médecine. J'excelle à conserver la partie saine en extirpant celle qui ne l'est pas. Une belle gorge, est-elle dégradée par un cancer, je l'ampute & le mal disparoit avec elle.... Ah barbare ! s'écrioit à demi-voix Alaciel.... Sur-tout, poursuivoit le boucher, j'ai peu d'égaux dans l'art de couper un bras, une jambe, une cuisse & même deux. J'aimerois mieux, lui dit Alaciel, que vous en eussiez peu dans l'art de ne les couper pas.

Il ne douta point que ce personnage ne pût figurer dans l'île Taciturne.

On lui dit que rien n'étoit plus commun chez les Frivolites qu'un livre & qu'un auteur. Il en est de même chez les Taciturniens, reprenoit le génie. Un de ces hommes, qui vendent mystérieusement des ouvrages souvent très-peu mystérieux; lui en apporta un grand nombre. Alaciel les parcourut presque tous. Il fut surpris de ne voir que des tablettes & des almanachs. C'est le protocole des lecteurs, & la ressource des auteurs de cette nation. Vers, prose, morale, histoire, &c. tout est almanach, tout passe à la faveur du calendrier.

Il y avoit aussi quelques brochures où l'auteur n'avoit voulu rien dire, & disoit mal des riens; quelques romans faits pour amuser, & qui s'acquittoient mal de leur devoir; quelques satyres ignorées, même de ceux qu'elles attaquoient. Alaciel s'informa si le génie des Frivolites se renfermoit toujours dans des bornes aussi étroites. On le mit bien-tôt à portée de juger du contraire. Il vit arriver une voiture chargée de plusieurs centaines d'in-folio. C'étoient de vastes commentaires, qui servoient à obscurcir certains passages fort clairs, mais qui n'étoient entendus que des ignorans: de gros volumes de jurisprudence, qui enseignoient l'art d'éterniser les procès: des recherches savantes & qui prouvoient tout; hors ce que l'auteur avoit voulu prouver. Il vit aussi les ouvrages de certaine société, qui accable journellement le public de volumes monstrueux. Le génie compara ces sortes d'écrivains aux habitans de l'ancienne Egypte, qui, ignorant les belles proportions de l'architecture, cherchoient à se signaler par des monumens d'une élévation gigantesque.

Alaciel se rendit chez un de ces savans infatigables. Il n'avoit pas quarante ans, & avoit déja eu le malheur d'enfanter cinquante volumes. Il étoit alors occupé à prouver que l'âne de Silène & celui de Balaam sortoient d'une même lignée. Il avoit découvert aussi que l'âne, dont la machoire opéra tant de merveilles dans les mains de Samson, descendoit directement de celui qui contribua à la mort d'Abel. De-là ce savant homme devoit passer à l'histoire générale de l'âne, depuis l'origine des tems jusqu'à lui, & ce grand ouvrage devoit être enrichi de notes curieuses & de citations intéressantes.

Alaciel ne voulut pas interrompre plus long-tems des travaux si utiles, & il fut visiter un poëte, dont le nom lui étoit connu. C'étoit un homme à fort méchante mine, portant dos, bouche, œil & perruque de travers. Le génie le questionna obligeamment sur ses occupations. Les voici, reprit-il, appointé par le talisman. Je compose des ouvrages qui me paroissent toujours excellens, je déchire ceux qu'on dit en faire de meilleurs, & je loue ceux qui en font de mauvais. Je chansonne la Laïs & la Lucrèce ; mon grand plaisir, surtout, est de couvrir d'une calotte les têtes couronnées de laurier. Voici des vers contre l'Eschyle de nos jours, & un libelle contre un autre qu'on qualifie de notre Homère. Alaciel, sans rien dire, lui demanda encore si ses confrères en usoient comme lui. Presque tous, répondit le poëte ; du moins ceux qui méritent de l'être. Ce discours fit perdre au génie l'envie de les visiter, & lui fit naître celle de les anéantir.

Il entra dans un lieu où l'on débitoit journellement de bonnes liqueurs & de mauvais propos. Il vit plusieurs vieillards qui écoutoient attentivement quelques jeunes gens. Ceux-ci parloient de tout, combattoient tout, jugeoient tout. Si quelque vieillard osoit proposer son opinion, il étoit aussi-tôt redressé par les jeunes gens comme un écolier par ses maîtres. Plus loin, un ex-Bonze très-zélé pour la bonne cause, mais malheureux dans ses conséquences, prodiguoit les injures au défaut de raisons. Plus loin encore un nouvelliste, désespéré de n'avoir pas menti depuis sa digestion, s'écrivoit à lui-même une lettre, par laquelle il détrônoit le prêtre-Jean. Alaciel le fit remarquer à un jeune homme, qui d'abord lui avoit adressé la parole. Celui-ci n'en fut point surpris. Sachez, dit-il au génie, qu'un nouvelliste, qui se pique d'être instruit, doit plutôt prévoir les événemens que de s'exposer à la honte de n'en être pas informé le premier. Quoiqu'il en soit, adoptez les nouvelles que cet homme va débiter, préférablement encore aux principes de ce froid métaphysicien, qui, entouré là-bas de quelques sectateurs, raisonne comme il combine, & parle comme il écrit.

Celui qui parloit ainsi écrivoit lui-même quelquefois, mais il avoit l'adresse & le bonheur de faire adopter ses ouvrages par un autre. Alaciel sortit, persuadé qu'il chercheroit vainement un sage parmi cette assemblée, & toujours plus convaincu que, sous un extérieur différent, les travers des deux nations rivales étoient presque les mêmes.

Il s'arrêta pour entendre deux hommes qui disputoient avec chaleur & avec esprit. Jugez-nous, dit l'un des deux au génie, vous pouvez prononcer sur cette matière. Je me propose de charger notre noblesse du soin de fournir la Chine, le Japon, les Indes,

&c. de ferremens & de clincailleries ; & moi, reprenoit l'autre, je veux qu'elle ne soit occupée qu'à battre l'ennemi en tems de guerre, & ses vassaux en tems de paix. Un quatrième personnage vint les interrompre. C'étoit un militaire. Il vantoit ses bonnes fortunes, maudissoit les Juifs, & s'apprêtoit à partir gaiement la nuit suivante pour une expédition des plus dangéreuses. Il donna gain de cause à celui qui avoit parlé le dernier. Vive la guerre, poursuivit-il, elle me coûte déja les deux tiers de mon bien, le reste suffira pour cette campagne. Alaciel lui demanda s'il étoit indispensable de se ruiner pour bien servir l'état. Que voulez-vous ? reprit le militaire, fera-t-on la guerre à la Tartare ? N'y a-t-il pas des faux frais ? Par exemple, je viens d'acheter quelques mulets, que je ne paierai pas ; mais ce soir, je soupe avec une danseuse que je paierai bien. Elle m'attend seul, & de ses bras je vole aussi-tôt dans ceux de la gloire. Alors il s'éloigna en chantant :

Sangaride, ce jour est un grand jour pour toi !

Pour le coup, dit Alaciel, ce caractère est entièrement Frivolite, mais il n'en est pas plus sage. La liste que méditoit le génie étoit encore à commencer. Il étudia avec le même succès & aussi peu de satisfaction des hommes de divers états. C'étoient des jurisconsultes, qui ne voyoient rien au-dessus du talent de débrouiller une affaire obscure & d'en embrouiller une claire ; des philosophes, qui tous les matins créoient un nouvel univers; des savans, qui méprisoient les poëtes ; des poëtes, qui vouloient plaire à tout le monde, & qui n'estimoient qu'eux ; des guerriers, qui ne se comparoient à rien ; des bonzes, qui se préféroient à tout.

CHAPITRE VI.

IL jugea que la fin de ses recherches & celle des Frivolites approchoit. Il examina toutefois cette capitale qu'il alloit détruire. Elle lui parut un composé de magnificence & d'irrégularité. Tout y annonçoit un peuple ingénieux, mais peu attentif. Alaciel vit de superbes monumens couverts par de viles masures, des temples qui n'étoient qu'élégans, d'autres qui n'étoient que rustiques, des places publiques sans étendue, des fontaines sans extérieur & sans eau.... D'un autre côté, il admira ces monumens qu'on avoit peine à voir. Il contempla des palais majestueux, des maisons qui valoient des palais, des bibliothèques immenses, des établissemens aussi utiles que magnifiques. Alaciel sentit qu'il détruiroit à regret toutes ces choses.

Il parvint jusqu'à la campagne. Un agréable valon le conduisit dans une retraite plus agréable encore. L'art n'y paroissoit que pour perfectionner la nature, & non pour la cacher. Ce séjour étoit habité par un homme d'un âge mûr, qui après avoir essuyé les fatigues de la guerre & les intrigues de la cour, pensoit en sage & vivoit en citoyen. Il reçut le génie avec cette aisance qui décele la franchise. Alaciel l'étudia avec soin. Il reconnut qu'il parloit à un philosophe, & que ce philosophe étoit un sage.

Ariste (c'étoit son nom) avoit eu le bonheur d'éprouver quelques foiblesses & d'en triompher. Il avoit aimé, avoit été trompé par sa maîtresse, n'aimoit plus, & souffroit patiemment qu'on aimât. Il avoit été ambitieux, avoit échoué dans ses projets, n'en formoit plus, & permettoit d'en former. Sa philosophie étoit indulgente, ses mœurs étoient douces; on se plaisoit à l'entendre parler, on profitoit toujours de ses conseils, & jamais on n'étoit fâché qu'il eût raison.

Sans l'instruire du motif de ses recherches,

Alaciel lui en apprit le réſultat. Ariſte n'en fut point ſurpris. Toutefois il pria le génie de ſuſpendre ſon jugement. Peut-être, lui dit-il, ma nation a-t-elle plus de travers à corriger que de vertus à acquérir ; peut-être lui reſte-t-il moins de loix à établir que d'abus à ſupprimer. Modèle de tous ſes voiſins qui la haïſſent, elle n'en hait aucun ; elle ne ſait pas même haïr. La légèreté préſide à toutes ſes actions, elle eſt la ſource de ſes vertus, de ſes vices, de ſes plaiſirs, de ſes travaux. La même cauſe lui fait mouvoir un pantin & meſurer les cieux.

Alaciel ſe détermina à de nouvelles recherches, & d'abord Ariſte lui fit jouir d'un ſpectacle aſſez rare dans cette île, ainſi qu'ailleurs. C'étoit un mari & une femme, qui s'aimoient comme s'ils n'euſſent été qu'amans.

Damon (c'étoit le nom de l'époux) eut cette vivacité de paſſions, preſque inſéparable des grands talens. Il avoit de la jeuneſſe & la fortune. Il vit Conſtance & en fut épris. Peut-être ſongea-t-il d'abord à la ſéduire ; mais bientôt il la reſpecta. Il reconnut qu'une femme née vertueuſe, eſt à l'épreuve des tems & des lieux. Il fit plus. Pour s'unir à elle il oſa braver un préjugé reçu, le couroux de ſes proches, & les ſuites de ce couroux. Damon épouſa Conſtance, & perdit ſa fortune. Condamné par les loix, il le fut à regret par ses juges. D'autres malheurs l'attendoient. On força son éloquence à se taire, on lui interdit jusqu'à l'usage de ses talens. Rien ne put ébranler son courage. Dépouillé de tout il aima Constance comme s'il n'eût rien sacrifié pour elle, & Constance ne paroît regretter que d'avoir moins sacrifié pour lui.

Cet exemple frappa le génie. Il s'adoucit en faveur des époux de cette contrée. Mais il n'oublioit point l'orgueil & la bifarrerie de ses philosophes. Alaciel le conduisit chez une femme qui faisoit journellement succèder le compas d'Uranie au poinçon de sa toilette. Elle étoit entourée d'une foule de savans, dont l'aspect n'avoit rien de sauvage. Cette assemblée, en un mot, formoit un cercle des plus agréables. On y parloit de tout : de Newton & de la Du Chap, d'un nouveau système & d'une nouvelle mode. On daignoit y douter de beaucoup de choses, & n'y affirmer que ce qu'on savoit bien. Un des savans plaça fort élégamment une mouche sur le front de la dame, qui, tandis qu'on la coëffoit à la Tronchin, démontra un paralogisme dans la dissertation du célèbre M....... sur les forces vives & mortes.

Alaciel fut charmé que la science se récon-

ciliât avec la douceur & l'urbanité. Infenfiblement la lifte prenoit forme. Le génie &
fon guide fe trouvèrent dans une petite rue
& proche d'un petit bâtiment, où fe préci-
pitoient un grand nombre de chars & de gens
à pied. L'infanterie fe mêloit parmi la cavalerie
avec une intrépidité digne de remarque & de
cenfure. Arifte apprit au faux milord que ce
petit hôtel renfermoit un grand fpectacle. Ils
y entrèrent à leur tour. L'affemblée étoit brillante & nombreufe. Quelques femmes, affez
pourvues d'agrémens pour fe paffer de beauté,
en faifoient le principal ornement. Toutes
s'entre-regardoient d'un air critique, & fixoient
d'un œil de complaifance les hommes qui les
lorgnoient le plus indécemment. Ceux-ci, moins
curieux de jouir du fpectacle que de s'y donner,
couvroient le théâtre, cotoyoient les acteurs,
& faifoient voir Achile ou Brutus environné
de petits-maîtres Frivolites.

Alaciel vit une autre partie de ce public occupée de foins différens. Les uns fongeoient à applaudir, les autres à fiffler la pièce qu'on alloit repréfenter. Car dans cette ville le fuccès,
ou la chûte de ces fortes d'ouvrages ne dépend
ni de leur fupériorité ni de leur foibleffe. Rarement le fentiment y juge, prefque toujours
la cabale y décide. Un poëte dramatique,

gêné par les entraves des règles, par les difficultés de l'art, par l'épuisement des sujets, & sur-tout des idées, après avoir surmonté tous ces obstacles, n'a rien fait pour sa gloire s'il n'a le bonheur de s'assurer d'avance d'un grand nombre de suffrages, ou le crédit de les acheter. Combien de talens étouffés dès leur naissance, pour avoir cru que le talent se suffisoit à lui-même.

Le génie sentit que cette assemblée auroit besoin de toute son indulgence. Il n'en fut pas ainsi de la pièce. Avec quelques défauts inséparables des meilleurs ouvrages, elle avoit des beautés que les plus excellens n'offrent pas toujours. Alaciel cherchoit parmi cette multitude le poëte qu'elle applaudissoit. Ariste lui apprit que c'étoit en vain. Cet homme célèbre, poursuivit-il, vit loin de sa patrie dans une retraite, que nos neveux visiteront avec respect. Inimitable dans sa prose, souvent sublime, & toujours élégant & harmonieux dans ses vers, ses défauts même (& quel mortel en fut exempt?) ont un éclat qui nous séduit. Enfant de prédilection de la nature, elle fit briller à ses regards tous les talens, tous les genres. Il put choisir entr'eux, mais il les embrassa tous, & supérieur dans le plus grand nombre, il ne voit dans les autres que très-peu d'égaux & moins encore de maîtres.

Vóyez-vous, continua-t-il, ce vieillard qui porte encore sur son front des traits de vigueur? On l'environne avec une vénération mêlée de joie. Génie, véritablement tragique, il parut souvent préférer la terreur à la pitié, la force à l'élégance. C'est un tiran, qui nous asservit en étalant à nos yeux l'horreur & le carnage.

Cet autre qu'un prince poussa dans la carrière, & qui pouvoit y entrer de lui-même, s'est pour ainsi dire frayé une route nouvelle en ne suivant que des chemins battus. Je veux dire qu'il nous a forcés d'admirer les anciens trop oubliés parmi nous. Génie heureux, facile & modeste, digne enfin d'un protecteur, qui joint le discernement à la magnificence.

A ses côtés, vous voyez l'auteur du plus charmant badinage qui ait encore enrichi notre langue, & de quelques autres productions où la philosophie perce à travers les roses & les fleurs. Mais content de sa gloire, après avoir été couronné sur la scène comique, il s'est arrêté au milieu de sa carrière, & semble ne vouloir plus sacrifier qu'à la paresse, qu'il n'a que trop chantée dans ses ouvrages.

Je pourrois, ajouta le sage Frivolite, vous parler aussi de cet homme si célèbre par l'agrément & la vivacité de ses saillies, lui que

Melpomène

Melpomène & Thalie ont couronné tour à tour. De cet autre qui, dans ses drames comme dans ses romans, parle également au cœur & à l'esprit: de plusieurs enfin qui ne sont ni moins connus ni moins dignes de l'être. On nous crie depuis long-tems, & trop de voix le répètent, que ce siècle dégénère, qu'il baisse, qu'il est tombé. C'est une question qui mériteroit sans doute un plus mûr examen.

Tandis qu'Ariste parloit, la scène avoit changé. Vous allez, dit-il au génie, juger d'un genre créé par un de nos contemporains, & qui sera difficilement imité par nos descendans: au pinceau de Raphael va succéder celui de l'Albane. Alaciel redoubla d'attention. Il en fut bientôt dédommagé par le plaisir. Jamais action plus simple ne produisit un intérêt plus vif; jamais le cœur ne parla mieux son langage. Chaque scène étoit un tableau neuf & varié, chaque expression un sentiment.

Le génie se lia avec une grande partie de ses auteurs. Il vit que leurs talens étoient accompagnés de quelques foiblesses. Aucun n'aimoit les succès de ses rivaux, mais presque aucun ne s'y opposoit. Alaciel leur sut gré de ne pas porter la foiblesse plus loin.

Il parcourut d'autres spectacles, & en vit un tout merveilleux. Là paroissoient tour-à-tour, sur un théâtre de vingt pieds, des forêts, des déserts, des fleuves, des montagnes, les mers, la terre, les enfers & les cieux. On y dansoit peu, on y sautoit beaucoup; tout s'y chantoit depuis *je vous aime*, jusqu'à *je vous hais*, jusqu'à *je me meurs*. Un génie est difficile à contenter. Ce spectacle lui parut bisarre ; mais on représentoit l'ouvrage d'un grand maître. Alaciel écouta les récitatifs, applaudit aux ariettes & admira les symphonies. Il jugea que les Frivolites pouvoient chanter dans leur langue, qu'ils avoient une musique, & que ce n'étoit pas tant pis pour eux.

Toutefois il n'oublioit point les almanachs, & sur-tout les in-folio. Ariste lui présenta quelques petits volumes qui l'adoucirent. C'étoient des chefs-d'œuvres d'éloquence & de poésie, des histoires écrites par des philosophes, des traités courts, profonds & clairs sur des matières abstraites; des romans sans fadeur, de la morale sans pédantisme, de la politique sans artifice & sans cruauté, &, ce qui le frappa davantage, des in-folio dont l'utilité surpassoit encore l'étendue.

Il apprit aussi que tous les militaires ne bornoient pas leurs soins à se ruiner & à se battre. Plusieurs étudioient avec succès l'art d'obéir & de commander. Il en vit un, qui, après avoir vaincu les ennemis de l'état & les siens, savoit être philosophe au milieu d'un repos qui avoit interrompu ses victoires. Un autre élevé par son mérite à tous les honneurs qui flattent l'ambition du guerrier, privé de tous les siens, morts pour défendre ou venger la patrie, la servoit encore comme si tout lui restoit à espérer pour les siens & pour lui. Alaciel espéra enfin pouvoir sauver une petite partie des Frivolites.

Ariste le conduisit dans un séjour qui ne ressemble à nul autre. Là, presque tout le monde est mal à son aise & paroît content, tait ce qu'il pense, dit ce qu'il ne pense pas, offre tout haut ses services & son amitié à ceux qu'il jure tout-bas d'anéantir. Là, tous les hommes, & presque toutes les femmes briguent un regard du maître. Un courtisan à qui le souverain fait la question la plus indifférente, se voit envié & complimenté par tous ceux qui l'environnent. Une femme que le monarque fixe deux fois est regardée de travers par toutes les autres, & les regarde elle-même avec mépris.

Alaciel sentit renaître ses idées fâcheuses. Il jugea que ce séjour lui offroit encore des vices & des travers nouveaux; mais bientôt il y reconnut des vertus qui ne se trouvoient point ailleurs: de la piété, de la franchise, de l'humanité, dans un rang qui approche l'homme des dieux; un prince, ami de la vérité, au milieu d'une foule de courtisans flatteurs. Il peut tout ce qu'il veut, dit Ariste au génie; mais il ne veut pas tout ce qu'il peut; plus d'une fois sa bonté modéra son pouvoir. Heureux à la guerre, il aime la paix. Jamais monarque ne chérit plus la véritable gloire, & n'ambitionna moins les éloges. Il a toutes les vertus de son prédécesseur; mais il s'avance à l'immortalité par des routes différentes. On dira: l'un fut la terreur de ses voisins, l'autre fut, tour-à-tour, leur vainqueur, leur arbitre & leur appui. L'un eut en partage une magnificence éclatante, l'autre une générosité sensible: l'un mit un air de grandeur dans les plus petites choses, l'autre une noble simplicité dans les plus grandes.

A l'instant même, le monarque ordonnoit d'élever plusieurs temples & plusieurs palais magnifiques, encourageoit les artistes par des récompenses & des éloges, tendoit une main bienfaisante à une foule de jeunes nobles, secouroit des princes opprimés, & croyoit ne faire en cela que des choses ordinaires.

Alors tout le courroux d'Alaciel s'éteignit. Il résolut de faire grace aux sujets en faveur du monarque, &, qui plus est, de réformer tous ceux qu'il vouloit d'abord anéantir.

CHAPITRE VII.

Il suivit Ariste dans sa solitude, & daigna ne plus dissimuler avec lui. Je ne suis point, lui dit-il, tel que je parois à vos yeux. J'habite une région que vous ne parcourerez jamais qu'en idée, & mon essence n'a pas plus de rapport avec la vôtre, que l'air avec la terre. En même tems il lui fit part & du motif de ses recherches chez les deux peuples rivaux, & de la destinée différente qui les attendoit.

Le génie avoit quitté sa forme taciturne. Ariste vit alors briller en lui quelque chose de surnaturel, & dont il ne put soutenir l'éclat. Il s'étoit prosterné. Mais Alaciel voulut qu'il reprît avec lui sa liberté ordinaire. Le sage Frivolité en profita pour intercéder en faveur des Taciturniens.

Non, reprenoit Alaciel, jamais peuple ne fut moins sage, & n'eut une folie aussi triste.

Suprême intelligence, ajoutoit Ariste, parcourez tous les climats du globe que nous sommes condamnés d'habiter, vous y trouverez des ridicules, trop souvent des vices, & nulle sagesse exempte de folie. L'univers seroit bientôt anéanti, si, pour se conserver, il falloit qu'il produisît un homme, ou parfaitement sage, ou parfaitement heureux.

Le génie consentit à ne point détruire les Taciturniens ; mais il décida qu'ils seroient esclaves des Frivolites.

Ariste eut encore le courage de lui observer, qu'anéantir entre ces peuples toute rivalité, c'étoit anéantir le peu de vertu qui leur restoit. Tel est l'homme, poursuivit le sage Frivolite, il n'aspire à valoir quelque chose, que pour valoir mieux qu'autrui.

Enfin le génie se contenta de réformer les deux peuples. Il consentit même qu'Ariste joignît encore ses remarques aux loix qu'il alloit leur tracer. Voici les unes & les autres, telles qu'un célèbre cabaliste nous les a transmises.

I.

Le luxe sera banni de chaque contrée (1).

II.

Il ne sera plus permis aux grands de se ruiner. Ils auront soin de choisir un intendant & une maîtresse désintéressés (2).

---

(1) Leur opulence le rend nécessaire.
(2) Choix impossible. D'ailleurs un grand qui se ruine, enrichit vingt petits.

III.

Les Taciturniens auront un spectacle régulier, ou n'en auront aucun (1).

IV.

Les Frivolites supprimeront les farces & les parodies (2).

V.

Timon marchera debout & renoncera aux paradoxes (3).

VI.

Tout philosophe préférera l'honneur d'être raisonnable à celui d'être singulier (4).

VII.

Les savans disputeront sans chaleur (5).

VIII.

On conviendra de l'essence des choses, on cessera de disputer sur des mots (6).

IX.

On se mariera pour vivre avec une femme,

---

(1) Le pis encore seroit de n'en point avoir.

(2) Il faut satisfaire tous les goûts. L'ours qui danse, la marmite qui bout, enchantent nos philosophes. Un heros transformé en paysan amuse le peuple.

(3) Ce seroit renoncer à son existence.

(4) Il seroit alors aussi rare de vouloir être philosophe, qu'il l'est aujourd'hui de prétendre ne l'être pas.

(5) Dès-lors plus de disputes.

(6) Plus de docteurs. Tout le monde seroit instruit.

& non pour la condamner au célibat (1).

X.

Les femmes joindront à un air de galanterie moderne, toute la bonne-foi du vieux-tems (2).

XI.

Les femmes, chez les Frivolites, seront moins libres déformais (3).

XII.

Le médecin Frivolite s'occupera plus de ses malades que de ses chevaux.

XIII.

Le vieillard osera parler en présence du jeune homme; le jeune homme écouter le vieillard.

XIV.

Tout petit-maître, honoré des faveurs d'une femme aimable, cachera modestement cette bonne fortune, & cessera de s'en attribuer de fausses.

XV.

Les Frivolites ne tueront plus leurs amis par honneur. Les Taciturniens ne se tueront plus eux-mêmes par caprice.

---

(1) Le célibat n'est pas bien prouvé.
(2) Veuille le souverain génie indiquer la date de ce tems.
(3) On prie le souverain génie de calculer le nombre des maris trompés soit à Ispahan, Constantinople ou Pé-

XVI.

Chez les seconds, les femmes aimeront beaucoup moins; chez les premiers, beaucoup plus.

XVII.

Celles-ci ne renonceront point aux spectacles, mais seulement à l'usage d'y faire des nœuds.

XVIII.

Le jargon des petites-maîtresses sera relégué avec celui des précieuses ridicules; à sa place on rappellera le sentiment qu'il a fait exiler.

XIX.

Les préceptes seront moins sévères, les mœurs plus pures. On se piquera d'édifier plutôt que de reprendre. Ce qu'on nommoit zèle disparoîtra, & l'esprit de paix & d'humanité prendra sa place (1).

---

kin. On se flatte que ce nombre, quoique considérable parmi nous, ne l'est pas moins parmi eux.

(1) Tous ces préceptes sont dignes de la sagesse du souverain génie; mais celle de l'homme ne s'étend pas si loin. Il lui faut des travers & des illusions; les uns lui cachent ses infirmités; les autres remplacent ce qui lui manque. Il faut que l'homme s'occupe, ou plutôt qu'il s'amuse, & l'on sait trop qu'un sage n'amuse point son semblable. Deux peuples uniquement composés de sages pourroient ne point s'entregorger, mais ils périroient d'ennui.

Cette dernière raison parut convaincante au génie. Il permit à chaque nation de garder ses ridicules, & de croire valoir mieux que sa rivale.

Fin de l'Isle Taciturne & de l'Isle Enjouée.

VOYAGE
DE LA RAISON
EN EUROPE.

Par M. le Marquis DE CARACCIOLI.

VOYAGE DE LA RAISON EN EUROPE.

CHAPITRE PREMIER.

Lucidor commence ses voyages par la Turquie.

CE fut au milieu des modes qui nous tyrannisent, que la raison entreprit de nous visiter, & ce fut au printems de 1769 qu'elle exécuta ce généreux dessein.

Voyons, dit-elle, si les lumières que j'ai départies aux Européens, comme à ceux d'entre les hommes que j'affectionne de préférence, ne sont point obscurcies, & s'ils révèrent encore mes loix. Aussi-tôt elle prit la taille & la physionomie d'un philosophe aimable, tel que

Minerve parut aux yeux de Télémaque, & elle s'achemina vers l'empire des Ottomans.

Son équipage n'avoit ni le délabrement de nos fiacres, ni l'élégance de nos cabriolets. Il consistoit dans une voiture commode, sur laquelle on n'appercevoit ni dorures, ni vernis.

Un seul domestique, moins considéré comme un esclave que comme un ami indigent, formoit tout son cortège. La raison n'est ni vaine, ni tyrannique.

Les premiers pays que Lucidor parcourut, (c'est le nom que la Raison se donna,) furent d'affreux déserts. Il eut occasion d'y voir un vieillard innocent, que le despotisme tenoit dans les fers. Il s'appelloit Nabal, & sur des délations clandestines dont il ignoroit lui-même le sujet, il étoit condamné depuis trente ans à vivre loin de sa famille, ou plutôt du monde entier.

Cependant le Sultan se croyoit le prince le plus clairvoyant; mais le moyen d'être détrompé, lorsqu'on n'a pour conseil que des courtisans artificieux, qui accréditent le mensonge, & qui repoussent la vérité. L'innocence n'a qu'une voix, l'injustice en a mille.

Il n'y a personne qui n'eût été attendri à la vue du vénérable prisonnier. Outre une barbe plus blanche que l'yvoire, qui lui donnoit l'air

Voyage de la Raison. Tom. 27 pag. 143

de la candeur même, il le voit continuellement les yeux au ciel, & le conjuroit avec la plus vive ardeur de pardonner à ses délateurs. Tout est pour le mieux, disoit-il, & la providence a ses desseins, lorsqu'elle me tient en captivité. J'avois une place brillante qui auroit pu m'éblouir, je ne m'occupe ici que de mon ame qu'il est impossible d'enchaîner. Je l'élève au-dessus de ce corps que vous voyez captif, & je la promène dans des espaces mille fois plus vastes que la Turquie.

Il n'y a ni prison ni exil pour une ame élevée, lui répliqua Lucidor, les murs tombent au aspect d'un homme qui regarde la terre comme un atôme, & qui ne tient qu'à son devoir. Après avoir quitté le vertueux Nabal, il passa plus d'une heure à réfléchir sur les avantages de la sagesse, qui est de tous les climats.

Voilà une contrée, disoit-il, où il semble qu'on ne devroit trouver que de l'ignorance & de la barbarie, & j'y rencontre un sage digne de gouverner les rois. Le bel exemple ! que n'est-il connu de ces enthousiastes orgueilleux, qui s'imaginent qu'il n'y a de mérite que dans leurs pays !

Bientôt Constantinople s'offrit aux yeux de notre philosophe ; mais ce fut un spectacle qui, quoique ravissant, ne lui rappella que les masfacres & les horreurs qu'on lit dans l'histoire. Les exploits de Constantin, les catastrophes de Mahomet, furent le seul point de vue qui le fixa. On joint le passé au présent, lorsqu'on voyage avec réflexion.

A peine eut-il pénétré dans la ville, qu'il se conforma aux mœurs des habitans. On ne l'entendit ni plaisanter sur leurs usages, ni se plaindre de leurs façons. Il se contenta de déplorer en secret l'esclavage de la nation, & l'ignorance qui en est une suite, en reconnoissant néanmoins que le bon sens des Turcs est moins offusqué que celui des hommes qui lisent avec excès. On prend l'esprit de tout le monde, & l'on perd le sien, lorsqu'on veut tout savoir.

L'appareil effrayant avec lequel on aborde le Sultan, l'effaroucha. Il ne vit qu'une dégradation de l'humanité, & dans l'humiliation des sujets, & dans la fierté du souverain. Ce sont-là des statues, dit-il en lui-même, & non des êtres pensans.

Il s'apperçut que les femmes, si dignes d'être aimées pour leur esprit & pour leur aménité, n'étoient chéries chez les Musulmans que par rapport à leur beauté, & qu'en cela ils outrageoient le sexe au lieu de l'honorer.

C'est ce que lui fit entendre une Circassienne, qu'on avoit sacrifiée à la passion d'un bacha.

Je

Je fus, difoit cette jeune fille, auffi belle que modefte, enlevée dès l'âge d'onze ans pour être ici le jouet des caprices & des fureurs de l'homme le plus bifarre & le plus cruel : il m'étouffe de careffes & m'accable de coups.

En prononçant ces mots, elle s'arrachoit des cheveux que les Graces avoient treffés. Enfuite elle ajouta, en humectant fes joues vermeilles de quelques pleurs, qui reffembloient moins à des larmes qu'à des gouttes de rofée, que fans fon malheur, elle auroit nourri du travail de fes mains une mère qu'elle aimoit plus que fa vie, & qu'elle auroit confervé une innocence qu'on lui avoit dit être plus précieufe que tous les tréfors. La vertu eft de tous les pays.

Lucidor, en s'attendriffant à ce récit, releva fon courage, l'affura que tous les efforts des hommes ne pouvoient nous rendre coupables malgré nous, que le ciel, tôt ou tard, la délivreroit de fa captivité.

L'oracle fe vérifia quelques jours après. Le bacha fut étranglé pour avoir commis des injuftices, & l'infortunée Circaffienne mife en liberté.

Ses premiers pas la conduifirent chez Lucidor, qui, loin d'abufer de fes charmes & de fon malheur, la fit partir pour rejoindre fa

K

mère, après lui avoir donné quelques pièces d'or, quelques conseils relatifs à sa situation, & après l'avoir recommandée au capitaine d'un vaisseau prêt à mettre à la voile.

Le navire étoit déja loin, & l'on appercevoit du milieu des flots des mains plus blanches que l'albâtre qui s'élevoient vers le ciel, & qui sembloient le solliciter de répandre ses dons sur un si généreux bienfaiteur. La reconnoissance est l'ouvrage du cœur plutôt que celui de l'éducation.

Lucidor passa le jour à savourer le plaisir qu'on goûte à faire du bien, & le lendemain il eut un entretien avec le visir sur la politique & sur les mœurs du pays. Ce ministre, homme habile, lui avoua que des préjugés enracinés dans l'esprit de la nation, empêchoient le gouvernement de prévenir les pestes & les incendies; que la molesse qui énervoit leurs troupes étoit le tombeau de la valeur; qu'on traînoit dans leurs armées un luxe incompatible avec les marches & les combats; & que pour faire de bons militaires de leurs officiers, il leur faudroit des chefs Prussiens qui vinssent les former, ou qu'ils allassent eux-mêmes prendre des leçons chez l'étranger.

On ne fait plus la guerre, dit-il, comme on la faisoit il y a cinquante ans, & nous n'avons que l'ancienne méthode, moyen assuré d'être toujours battu.

Lucidor enchanté de la justesse de ces réflexions, lui demanda s'il ne trouvoit pas que le despotisme abrutit les ames; mais son bon sens n'alloit pas jusques-là: il pensa même se fâcher.

Les hommes paient toujours par quelqu'endroit un tribut à l'humanité.

CHAPITRE II.

Il passe en Russie.

PÉTERSBOURG parut à ses yeux une ville calquée sur Vienne & sur Paris, excepté que la plûpart des maisons n'étoient point aussi commodes que les nôtres.

On l'introduisit chez les plus grands seigneurs: ils sont d'un facile accès. Il observa que les commodités de la vie y étoient beaucoup moins connues que le faste; que sans y avoir le nécessaire, on avoit le superflu; qu'en un mot les détails domestiques ne répondoient point à la magnificence extérieure. Les hommes mettent rarement une juste proportion dans leurs dépenses.

La société des Russes plut beaucoup à notre philosophe. Il trouva dans leur commerce cette justesse & cette sagacité qui constituent l'homme d'esprit, & il reconnut que quoiqu'ils n'eussent été créés que du tems de Pierre-le-Grand, ils étoient déja au niveau des peuples les plus instruits & les plus policés.

On n'étoit occupé que de la guerre contre les Turcs, & il eût voulu qu'on ne se fût occupé que de la paix. Il prévoyoit que cela n'aboutiroit qu'à des massacres & à des horreurs, & que chaque puissance belligérante, selon la destinée de presque toutes les guerres, finiroit par se retirer chez soi épuisée de forces & d'argent. La paix seroit durable, si avant de la rompre on vouloit calculer.

Lucidor ne s'en tint pas à ces réflexions. Il voulut connoître le vrai motif qui faisoit agir les Russes, & il crut découvrir qu'ils n'avoient réellement commencé cette guerre, que pour s'entretenir dans l'art de se bien battre & de bien manœuvrer; les circonstances les menoient plus loin qu'ils n'avoient prévu, ils ne combattoient plus que par honneur.

La profession des armes est un métier qu'il faut réellement exercer. Les hommes se rouillent ainsi que les fusils, si on ne les tire de l'inaction. Les Turcs ne sont ordinairement battus, que parce qu'ils ne se battent que rarement.

Le nouveau code des loix, ouvrage immortel de l'impératrice régnante, excita son attention. Par-tout il y trouva des traces de sagesse & de génie. Heureux, ce peuple, s'écria-t-il, si ses mœurs ressemblent à ses loix; mais il craignit qu'on ne poussât trop loin l'amour de la dépense, & que le luxe n'appauvrît enfin la nation. Il y a une grande distance entre des préceptes & leur exécution.

Après la visite de Petersbourg, il se rendit à Moscou, ville immense où il ne manque que de la police & des habitans, mais où l'on trouve des hommes érudits. Les sociétés de gens-de-lettres érigées dans la Russie avoient une réputation bien méritée. Il les vit par lui-même, & il ne put leur refuser son suffrage. Il n'est rien tel que les yeux du maître.

Il eût désiré que Pierre-le-Grand, en dépouillant le patriarche de Moscou d'une autorité trop absolue, se fût occupé de l'instruction du clergé. Excepté quelques évêques Grecs, qui en qualité de moines basiliens, ont quelque savoir, les prêtres du pays, vulgairement appellés popes, sont enveloppés d'épaisses ténèbres. Ils mettent saint Nicolas presqu'au-dessus de Dieu, & soutiennent comme article de foi, que la sculpture dans les Eglises est une violation manifeste du premier commandement, parce qu'il y est ordonné de ne point faire d'images taillées pour les adorer, & que la peinture au contraire est très-permise. L'ignorance fut toujours la mère de la superstition.

La Sibérie, cette terre d'exil où languissent tant d'infortunés, ne pouvoit échapper aux regards de Lucidor. Il s'y rendit avec célérité: mais quel coup d'œil! On ne découvre en Sibérie que des deserts effrayans, où des ordres émanés de la cour retiennent des malheureux qu'on a voulu punir ou sacrifier. Ils y vivent éloignés les uns des autres, sans nulle communication.

Il visita presque tous les exilés, & dans ce long & pénible voyage, il ne recueillit que des plaintes & des sanglots. Ici, c'étoit un seigneur qui se voyoit enseveli dans une tannière, sans autre compagnon que le désespoir; là, c'étoit un courtisan qui avoit joui du plus grand crédit, & qui ne pouvoit apprendre le sort de sa femme & de ses enfans.

Il semble, disoient tous ces infortunés, que cette malheureuse contrée ne tient point à l'univers: il n'y a pas plus de commerce avec les vivans qu'avec les morts. Nous n'appercevons que de la neige & des traces d'animaux,

Ce qui toucha davantage Lucidor, fut la vue d'un jeune officier âgé de vingt-sept ans, & qui, pour avoir parlé d'un ministre avec indiscrétion, se trouvoit là depuis vingt-deux mois. Son visage noble & gracieux annonçoit une belle ame, ses yeux baignés de larmes exprimoient son chagrin. Il s'étoit fabriqué une espèce de grotte, qu'il avoit tapissée d'images de la mort. Ces images, faites de terre & travaillées de ses mains, le consoloient par la vue de sa dernière fin. Il ne me reste plus que cette espérance, disoit-il, & je tâche d'en faire mon bonheur.

» Cependant, ajouta-t-il, qui que tu sois,
» aimable voyageur, qui viens visiter ici des
» vivans enterrés, si tu dois jamais retourner
» à Petersbourg, employe ton crédit ou tes
» pleurs pour représenter nos maux à l'impé-
» ratrice. Surement on lui cache l'horreur de
» ce pays qui deviendroit supportable, si les
» exilés pouvoient au moins se rapprocher &
» mettre leurs peines en société : ce seroit un
» avantage & pour la patrie & pour nous. En
» réunissant nos forces, nos lumières, notre
» activité, nous fertiliserions ces déserts, &
» l'empire en feroit son profit ; mais il y auroit
» de l'humanité, & l'on veut des punitions
» barbares, comme s'il ne suffisoit pas de nous

» arracher à nos biens, à nos familles, à nos
» emplois. »

» Hélas ! continua-t-il, je suis encore plus
» malheureux qu'un autre, ayant parcouru les
» pays étrangers, & vécu six mois à Paris,
» séjour enchanteur dont le souvenir ne fait
» qu'augmenter mon mal. »

Il finit par demander s'il étoit lundi ou mardi.
Il avoit perdu la suite des jours. Ses adieux
pénétrèrent Lucidor. Il les accompagna de ce
que la douleur a de plus touchant.

Cependant il parut se consoler, quand notre
philosophe lui dit que la vie n'étoit qu'un instant, que tout devenoit égal au moment qu'elle
finissoit, qu'il n'y avoit que le bon usage des
peines qui les rendît supportables, que la vue
du ciel étoit la meilleure perspective pour
calmer les chagrins.

Lorsqu'il le vit plus tranquille, il s'échappa,
& prit la route de Tobolsk, capitale de la
Sibérie, & il regagna Petersbourg. On lui
montra sur sa route l'hermitage du fameux
prince Menzikof, qui, de garçon pâtissier, étoit
devenu sous Pierre-le-Grand, général d'armée
& ministre, & que l'abus de son crédit fit reléguer à Yakouska. Il descendit pour visiter
cette mémorable solitude, & il la parcourut
avec un sentiment mêlé d'admiration & de

douleur, d'autant mieux que Menzikof expia sa faute dans les pleurs, & finit par être le plus zélé disciple de la raison.

A quelque distance de-là, Lucidor apperçut l'endroit où le comte de Munich, pendant la longueur de son exil, exerça le métier de laboureur & de jardinier, & quitta la bêche & la charrue pour revenir triomphamment à la cour. Il y a des hommes nés pour des choses extraordinaires.

A peine notre voyageur eut-il revu Pétersbourg, qu'il eut avec les ministres un entretien secret. Il leur dit librement que l'esclavage devroit s'abolir en Russie; que ce pays ne seroit qu'à demi civilisé tant que les hommes n'y jouiroient pas de leur liberté; que la rigueur de l'exil dont on punissoit les coupables étoit pire que la mort ; qu'il falloit travailler à empêcher pour toujours qu'un empire aussi étendu continuât d'être le théatre des horreurs & des révolutions ; qu'enfin ils ne pouvoient ignorer que le despotisme fut toujours voisin de l'anarchie. Ils convinrent de tout ; mais c'étoit le grelot de la fable que personne n'osoit attacher. On ne refond pas facilement les constitutions d'un état.

Il s'étonna de ce qu'après tant de réformes, & sur-tout après l'exemple de l'Angleterre, on s'en tenoit encore à l'ancien calendrier. La routine est une loi chez presque tous les hommes.

Mais ce qui remplit Lucidor d'admiration, fut d'entrevoir les grands projets dont l'accomplissement produiroit les plus étonnantes révolutions : après avoir long-tems médité sur cet objet, il sortit comme d'un profond sommeil, pour s'écrier : ô trop heureuse Russie, que de grandes destinées te sont réservées !

Il prévit que le partage de la Pologne deviendroit l'aurore d'un grand jour, & que Catherine, non moins illustre que Pierre lui-même, rendroit son empire le plus florissant, qu'elle asserviroit les Tartares sans coup férir, & que se frayant un passage à travers des glaces, des abîmes, des rochers, elle entreroit en Tauride plus puissante & plus courageuse que jamais.

Il fit des pronostics qui se réalisèrent. La raison perce jusques dans l'avenir ; mais il craignit pour l'Europe entière que Constantinople ne devînt un jour le trône des Czars. Ce n'est pas, dit-il, que les Ottomans, par leur despotisme & par leur ignorance, ne l'eussent bien mérité ; mais le système de l'équilibre n'auroit plus lieu, & les Russes finiroient par être les dominateurs des nations, comme le furent autrefois les Romains. Il est vrai, ajouta-t-il, que

Catherine ne régnera pas toujours, & que dans les empires il faut voir passer une suite de monarques avant d'en trouver qui aient assez d'ambition & d'énergie pour aller détrôner des voisins.

CHAPITRE LI.

Il passe par la Livonie, & visite la Pologne.

ON n'avoit jamais vu un voyageur aussi sage & aussi judicieux. Ses paroles étoient précises, ses démarches mesurées ; rien n'échappoit à ses regards.

Il trouva dans la Livonie quelques Seigneurs instruits, mais ils vivent si loin les uns des autres, qu'ils ne peuvent se communiquer leurs réflexions. Il en est de la science comme du feu : il lui faut de l'aliment, ou elle s'éteint.

Il se détourna pour visiter la Courlande, sans en retirer d'autre fruit que d'y rencontrer par hasard quelques personnes lettrées. La terre s'y cultive plutôt que l'esprit.

Bientôt il se vit dans la Lithuanie, qui n'a rien de remarquable que ses vastes forêts. C'est-là qu'il apperçut au milieu des neiges un jeune homme en bas de soie, marchant à pied &

fredonnant une arriette. Il se défia que c'étoit un François, & il ne se trompa point. Il se fit un plaisir de l'interroger sur les hasards qui l'avoient amené dans un pays aussi éloigné.

« Mon histoire est toute simple, répondit l'élégant pélerin. J'étois garçon perruquier, lorsqu'un gentilhomme Moscovite m'emmena de Paris à Moscou, pour être son valet-de-chambre. A peine y fus-je arrivé, que j'apperçus la plus grande misère sous les dehors les plus brillans. Il me falloit vivre avec des domestiques qui n'avoient ni chemises, ni chaussures, & qui ne se nourrissoient que de ce qu'ils pouvoient escamoter. La terre leur servoit de lit, & toute leur toilette consistoit à se peigner avec les doigts. Il y a des détails de ménage dans les maisons moscovites, qui paroissent incroyables à des François.

Cela m'a déterminé à regagner Paris, où j'aimerois mieux être chien dans la rue des Boucheries que d'avoir un palais à Moscou. J'entrai dans une église avant de partir, & je vous avoue que je desirois pouvoir emmener avec moi tous les saints que j'apperçus à diverses chapelles, tant je les trouvois mal placés dans un pays si maussade & si ridicule. » Il n'y a qu'un François qui puisse avoir ces idées.

Cette petite aventure amufa beaucoup Lucidor. (La raifon fait rire à propos.) Il paya la narration du perruquier, elle en valoit la peine, & il continua fon chemin.

Les premiers Lithuaniens qui s'offrirent à fes yeux, lui prouvèrent que le gouvernement du pays avoit quelque chofe de vicieux. C'étoient autant de miférables qui fembloient moins des hommes que des fpectres, & l'on ne pouvoit en attribuer la caufe qu'à leur qualité de ferfs. L'efclavage eft le père de l'indigence. En détruifant l'émulation, il étouffe l'agriculture & le commerce.

La Pologne offre par-tout des preuves de cette trifte vérité : notre philofophe y trouva des pelottons de Juifs qui faifoient tout le négoce. Pour gîter les voyageurs, ils transformoient des étables en cabarets, où l'on couchoit pêle-mêle avec les animaux; mais encore cela vaut-il mieux que de dormir au bivac.

Après avoir parcouru l'Ukraine, qu'il appelle un paradis terreftre, habité par des vagabonds, il vint à Léopold, qu'on prendroit pour un amas de ruines, & c'eft-là qu'il dit, qu'il s'étonnoit comment on donnoit le nom de villes à une multitude de villages perdus dans la boue, & qu'il défapprouva ces entraves qu'on met à la république fous prétexte de liberté, & qui l'empêchent d'agir & de juger; je veux dire ce *liberum veto*, par lequel le plus mince gentilhomme peut arrêter les délibérations du sénat.

Cracovie lui parut une ville grave où l'on imitoit les mœurs des Allemands; Varsovie, une ville élégante, où l'on copioit les modes des François. Il visita les seigneurs, & il les trouva très-affables & très-instruits; mais cela ne fit qu'augmenter ses regrets au sujet du Palatin de Cracovie que les Russes avoient enlevé. Il fut vivement affligé de voir que la Pologne étoit privée d'un sénateur si vertueux & si éclairé. Pourquoi la persécution est-elle ordinairement la récompense du mérite?

Les collèges attirèrent l'attention de Lucidor, & ils en étoient dignes. On y enseignoit la philosophie de Newton, & des maîtres intelligens s'appliquoient avec zele à bien instruire leurs éleves.

Il passa quelque tems à parcourir les annales de Sobieski, & souvent il s'écria: ô le grand roi! s'il n'eût point écouté les conseils d'une reine intéressée qui avilissoit la royauté. Il ne faut qu'une femme intriguante pour ruiner un empire. Le souverain qui se rend son esclave, devient ordinairement despote.

Il fut très-satisfait de la bibliothèque publique qui enrichit Varsovie, mais en même tems affligé de n'y pas trouver le bibliothécaire. Des raisons d'état le retenoient captif chez les Russes: événement d'autant plus fâcheux, que Joseph Zaluski, évêque de Kiovie, est un prélat qui connoît tous les livres, & que la Pologne lui doit l'avantage d'en avoir une superbe collection.

Lorsqu'on lui parla de la guerre qui enfantoit des confédérations dans tous les palatinats, il s'étonna qu'avec aussi peu de discipline & aussi peu d'artillerie, on mît des troupes en campagne & l'on marchât contre un ennemi puissant. Mais ce qu'il y avoit de singulier, c'est que la plûpart des gentilshommes qui sonnoient l'alarme & qui se battoient, ne savoient pas ce qui les animoit. On crioit de toutes parts que les loix étoient violées, & sur cela chacun montoit à cheval & guerroyoit.

C'est ce qu'un noble Lithuanien dit à Lucidor, qui lui parloit de son ardeur à courir au combat.

« Je vas me faire tuer, lui répliqua-t-il, sans savoir si le parti que je prends est bon ou mauvais. La multitude m'entraîne, & ce sera le ciel qui décidera si j'ai tort ou raison. »

Le courage engendré par l'enthousiasme est toujours témérité. Cependant notre philosophe, en gardant l'*incognito*, examinoit attentivement les coutumes & les mœurs, & s'il eût pu se faire écouter, il auroit répandu chez les seigneurs moins de faste & plus de commodités; & au lieu de cette multitude de valets qu'ils ont à leurs gages & qui meurent de faim, ils n'en eussent conservé qu'un tiers, qu'on eût bien nourri & bien habillé. Il auroit supprimé ces longs & somptueux dîners qui consument le tems & la santé : il auroit établi une justice capable de faire payer promptement un malheureux créancier, & il auroit donné plus d'autorité au roi, en lui associant néanmoins un sénat pour nommer aux palatinats & aux starosties, puisqu'il est incontestable qu'on vient à bout de tout, lorsqu'on a toutes les places & toutes les dignités de la république à sa disposition.

Enfin, il conclut, après avoir bien examiné les forces & les loix de la Pologne, que c'étoit un pays où il y avoit beaucoup de souverains & point d'autorité.

Plusieurs Polonois en convinrent, & surtout la palatine de ***, femme aussi belle que savante, & qui eut avec notre philosophe un long entretien. En bonne patriote, elle lui détailla les maux du pays. « Il nous manque, lui dit-elle, cette harmonie propre à maintenir l'ordre l'ordre & à faire le bien. Chacun s'attribue parmi nous le droit de décider, & juge selon son caprice ou sa passion. On s'imagina autrefois que les voyages refondroient les coutumes & les mœurs, & nos façons naturelles disparurent pour faire place à des ridicules. En devenant plus poli, on devint plus dissimulé. Pour acheter des modes, on vendit des vertus, & la générosité qui étoit autrefois notre partage, est absorbée par un luxe frivole. Il nous faut maintenant des dorures, des bijoux & des dettes pour mieux ressembler aux Parisiens. Nous ne mangerions plus, si nous n'avions des cuisiniers François. »

Il se trouva là un vieux Polonois habillé selon l'usage du pays, qui éleva la voix, & qui dit : « Je n'ai jamais porté ni velours ni dentelles, n'ayant jamais eu d'autre parure qu'un sabre & des moustaches ; mais j'ai toujours tenu ma parole & je me suis toujours bien battu. Plusieurs de nos sénateurs qui tiennent encore à nos mœurs antiques, vous parleront le même langage. Ils vous diront qu'une tête qui ne s'annonce que par des papillotes, est ordinairement une tête vuide, qu'il y a plus de cœurs à la glace sous des habits brodés, que sous des peaux de buffle, & que notre malheur vient de ce qu'éblouis par un prétendu

L

bel esprit, nous n'écoutons point assez la raison. »

A ce mot Lucidor sourit, & convint sans peine, que les hommes ne se comportoient bien, que lorsqu'ils étoient raisonnables, & qu'il y auroit une excellente réforme dans l'univers, si le bon-sens avoit assez d'empire pour devenir réformateur.

« Cependant, je dois avouer, dit la palatine, que malgré nos misères, nous sommes encore le pays où l'on trouve des maris plus fidèles, des épouses plus soumises, des enfans plus dociles, & que bien des nations, en troquant leurs mœurs avec les nôtres, ne pourroi[en]t y gagner. »

Les femmes en Pologne, que l'éducation civilise, sont des plus charmantes. Notre philosophe se disposoit à partir, lorsqu'on vint lui apprendre que le peuple s'assembloit dans le voisinage pour voir un cadavre qu'on disoit être vampire. Il s'y rendit, & quoiqu'il n'apperçut qu'un homme très-mort, sans mouvement & sans vie, mais ayant seulement le visage enflammé, des religieux lui soutenoient qu'il remuoit, & même qu'il crioit, tant on est prévenu lorsqu'on se laisse dominer par la superstition. Ils sont bien venus à faire croire ce qui leur plaît; car il n'y a guères de faimille polonoise qui n'ait un moine pour conseil.

Lucidor eut beau leur expliquer que la rougeur qui les frappoit, n'avoit point d'autre cause que la qualité de la terre où l'on déposoit les corps. Loin de déférer à son avis, ils le traitèrent d'impie, & pensèrent le lapider. Ainsi le fanatisme a coutume de répondre.

Il s'échappa très-prudemment, & dans sa route il n'apperçut que des plaines immenses, des forêts de pins, qui lui certifièrent que la Pologne, loin d'être peuplée, n'a tout au plus que cinq millions d'habitans. Aussi fait-elle sortir la plus grande partie de ses grains pour avoir des denrées & de l'argent. C'est-là sa richesse, en y joignant les salines de Cracovie & la cendre de certain bois, nommée *potave*, qui sert à diverses teintures.

Lucidor ne rencontra point de voleurs, puisque les Polonois s'accordent aussi difficilement pour faire le mal que pour faire le bien.

CHAPITRE IV.

Il observe la Suède & le Dannemarck.

Un vent favorable, un vaisseau commode eurent bientôt transporté à Stockolm le judicieux voyageur. Il y parut avec une modestie qui plut beaucoup aux Suédois. Sans être simples, ils aiment la simplicité. On trouva toujours parmi eux les meilleurs soldats. Ses premiers regards se fixèrent sur le sénat, qui, comme tous les tribunaux du monde, a ses avantages & ses inconvéniens ; mais il avoua que cette voix qu'on accorde aux paysans prouvoit la sagesse de la nation. Le bon-sens est toujours respectable, de quelque manière qu'il soit habillé.

Il eût fallu, selon son avis, qu'il ne dît qu'avec la plus grande réserve, qu'il y eût moins d'altercations dans le sénat, plus de déférence pour le roi ; mais la liberté n'y eût pas trouvé son compte ; on sait que son empire consiste dans l'indépendance. Ni Christine, ni Charles XII ne furent point oubliés ; celle-ci comme ayant éclairé le Nord, celui-là comme l'ayant embrasé.

Lucidor rappella plusieurs époques de leur règne, & il les accusa d'avoir été trop remuans. L'imagination sympatise rarement avec l'art de gouverner. Il faut du flegme pour conduire les hommes, plutôt que du génie.

Descartes qui mourut en Suède, fut quelquefois le sujet des entretiens. Notre voyageur observa que ce philosophe qui exclut le vide de l'univers en laissa souvent dans ses écrits, & qu'en nous enrichissant de l'histoire de l'ame, il nous donna le roman de la nature.

Un jour que Lucidor se promenoit autour de ces mines dont la seule description fait horreur, & dont les abîmes servent de retraite aux criminels qu'on destine sagement au travail, plutôt qu'à la mort, il fit rencontre d'un paysan digne d'être cité. Fier de sa qualité de Suédois, il n'auroit pas changé son état pour les meilleures conditions. » Par-tout ailleurs, disoit-il, » on me regarderoit comme un objet de mé- » pris; ici l'on m'écoute, & je fais partie du » sénat. Tant que les sociétés d'agriculture, » ajouta-t-il, dédaigneront d'avoir des labou- » reurs pour aggrégés, elles ne feront que des » livres, & les campagnes n'en seront pas » mieux cultivées; car tel que vous me voyez, » monsieur, dit-il à Lucidor, j'ai un peu lu, » & j'ai appris que la raison toute crue des » paysans valoit bien les ragoûts du bel-esprit ».

Ce bon laboureur étoit chef d'une nombreuse famille, à laquelle il ne cessoit de répéter, que le plus beau titre de l'homme est celui d'être homme, & que l'honneur d'avoir une ame immortelle l'emporte sur toutes les dignités.

On le consultoit dans son village comme

l'oracle du lieu, & ses vertus le faisoient encore plus respecter que son bon sens. Sa femme offrit à notre philosophe un repas agreste. Il y assista avec plus de plaisir qu'aux plus superbes festins. La sérénité qui brilloit chez les convives avoit ramené l'âge d'or. Le père, la mère, les enfans jouissoient d'un bonheur inaltérable : c'étoit la confrairie des heureux. Ils avoient un petit domaine, où par un travail opiniâtre ils forçoient la terre à leur remettre ce qu'elle a de plus précieux. Il n'y a point de trésor comparable à la médiocrité : elle laisse l'ame dans un calme, qu'il vaut beaucoup mieux sentir que définir.

Il en coûta plus à Lucidor pour quitter ces bonnes gens, que pour s'éloigner des personnes les plus qualifiées. Il leur dit un adieu qui exprimoit toute son estime & tous ses regrets. Une famille de cette trempe valoit pour le moins une société d'agriculteurs.

Les Suédois, que leur amabilité a fait nommer les petits François, goutèrent beaucoup l'aimable voyageur. Plusieurs d'entr'eux l'accompagnèrent jusqu'à la mer ; & ce fut alors qu'il leur fit l'éloge de la reine comme d'une princesse qui par son génie méritoit réellement d'être sœur du roi de Prusse, & qui avoit le bonheur d'être mère des princes les plus accomplis. On se salua, on s'embrassa, & bientôt Lucidor se vit au milieu de Coppenhague.

Il fut charmé d'y trouver un jeune monarque qui avoit la maturité des vieillards, & dont l'esprit formé par des voyages & par des lectures, deviendroit la lumière de ses états. Il eut plusieurs entretiens secrets avec lui, & il en résulta que le faste devoit être banni du Danemarck comme d'un royaume où il étoit dangereux ; qu'il falloit toujours qu'un état dépensât moins que son revenu, & qu'il eût des sommes en réserve.

Les ministres parurent à Lucidor dignes de leur emploi : ils servoient la patrie pour l'honneur de la servir : gloire d'autant plus estimable, qu'elle n'est pas commune.

Notre philosophe passa de la cour à la ville : c'est le moyen de bien connoître les mœurs & le caractère d'une nation. La connoissance des hommes exige des détails. Qui n'a vu que les grands, n'a souvent apperçu que de la dissimulation. Les petits se dévoilent plus facilement.

Les Danois, au rapport de Lucidor, oublient ce qu'ils sont pour paroître Allemands. Cela leur donne un air gêné & d'autant plus déplacé, qu'ils ne peuvent que gagner à se faire connoître.

On s'occupe parmi eux de l'agriculture & du commerce, comme de deux objets qu'on avoit négligés par le passé, & qui sont le pivot d'un état; mais on s'en occupe en agissant, & non en faisant des brochures qui ne servent qu'à l'amusement des hommes désœuvrés.

Quelques jeunes gens revenus de Paris s'efforçoient de mettre en honneur l'afféterie des petits-maîtres, ce qui ne prenoit pas. Le Danois revient au sérieux malgré lui, le bon sens ne s'accomode point de la frivolité.

Les arts avoient des amateurs, & le gouvernement travailloit à les multiplier. On voyoit dans les maisons royales quelques chef-d'œuvres sortis des mains des Danois, ces maisons qui sans être superbes, offrent à l'œil plusieurs beautés, mais, comme dit très-bien un homme du pays, tous les royaumes d'où la religion Romaine est bannie, n'ayant pas avec Rome des relations, sont ordinairement dépourvus de bons artistes. Il faut entretenir des correspondances avec cette capitale pour se former le goût: la Russie elle-même, malgré ses académies, se ressent de cette privation.

Les collèges étoient bien tenus à Coppenhague, mais le pédantisme alloit trop loin. On ne fait de bonnes études, que lorsqu'on les fait gaiement.

Ainsi pensa notre philosophe qui quitta le Danemarck, après en avoir scrupuleusement observé le physique & le moral, & après avoir déclaré que rien n'étoit plus important pour le pays, que de s'allier avec des puissances respectables par leur force & par leur prudence, attendu qu'un pacte fait à la légère pouvoit lui causer les plus grands maux.

CHAPITRE V.

Il voit la Prusse & la Saxe.

La Raison connoît le prix du tems, & n'en perdit jamais une minute. Lucidor passa très-rapidement de Hambourg (ville intéressante) à Berlin.

Le roi fut le premier qui apperçut l'aimable voyageur, & qui lui parla. La chose n'est point surprenante; c'étoit un effet de la sympathie.

Ils conversèrent long-tems l'un & l'autre sur la meilleure administration d'un état, & ils furent toujours d'accord. Il parut que le monarque devinoit Lucidor, il a l'œil le plus pénétrant. On convint qu'il falloit avoir égard aux climats, aux usages, aux loix, aux circonstances, mais qu'il y avoit des pratiques de tous les pays & de tous les tems ; celles, par exemple, de ne pas toujours viser au mieux, dans la crainte de trop varier, de simplifier les ordonnances au lieu de les multiplier ; de donner à la justice une continuelle activité ; de régler le luxe d'un état sur son étendue & sur ses revenus ; de fixer le prix du pain ainsi que celui de l'argent d'une manière irrévocable, attendu que l'homme n'a rien de plus précieux que ce qui forme sa subsistance, d'entretenir la discipline militaire dans toute sa vigueur. L'amour de l'ordre fait le bonheur des peuples.

Le roi fit voir lui-même sa bibliothèque à Lucidor : elle étoit enrichie des observations du monarque. Il y avoit beaucoup de livres intéressans, dont il avoit augmenté la valeur par des notes importantes, marquées au coin du génie.

Dom Pernetti, bénédictin de la congrégation de St. Maur, faisoit les fonctions de bibliothécaire ; il prouvoit à tous les étrangers que le roi de Prusse ne se prévient contre personne, qu'il lui importe peu, qu'on soit moine ou laïque, pourvu qu'on ait du mérite ; & qu'il n'y a que de petits esprits qui puissent mépriser un homme, uniquement parce qu'il porte un capuchon.

On donna des ordres pour que Lucidor visitôt tout ce qui pouvoit exciter la curiosité. Les sciences & les savans tenoient un rang distingué. On les révéroit comme des dieux tutélaires, dont l'influence féconde l'ame & l'élève. Les manufactures étoient florissantes, sans que l'agriculture en souffrît; le commerce entretenoit un heureuse circulation, les ouvriers vivoient avec facilité. L'art de gouverner peut s'appeller une science harmonique.

Berlin est une ville extrêmement peuplée. Les impôts n'y appauvrissent personne, & les dépenses de la cour n'enrichissent aucun courtisan. La tempérance subsiste à l'aide d'une sage économie. L'œil du souverain déclare la guerre à tout ce qui s'appelle profusion.

Cependant comme il est impossible qu'il n'y ait point de défauts dans une administration, un officier que sa bravoure avoit exposé à toute la rigueur des combats, se plaignit à notre voyageur de ce que la noblesse & le peuple n'étoient point assez libres.

Je sers mon prince, lui dit-il, avec le plus grand zèle & le plus vif attachement: Il me connoît ainsi que tous ses officiers, & il n'en doute pas; mais malgré l'admiration que j'ai pour ses talens & pour sa valeur, je ne puis m'empêcher d'avouer, qu'il est dur pour un citoyen de se voir enrollé, dès qu'il peut se connoître. Un gouvernement doit être plus civil que militaire, le principal objet des hommes ne fut jamais de tuer les autres, ni de se faire tuer. Je ne redoute ni le fer, ni le feu. Je suis couvert de cicatrices, & dans l'instant j'irois gaiement à la tranchée, si mon devoir m'y appelloit; mais n'y auroit-il pas moyen, sans éteindre la valeur, de s'occuper moins de la guerre & de tout ce qui s'y rapporte? On accoutume insensiblement les hommes à devenir cruels, & rien n'est aussi précieux que l'humanité.

Lucidor se contenta d'écouter. La raison ne condamne ou n'approuve qu'avec beaucoup de circonspection.

Il assista à une revue. Jamais il n'avoit vu manœuvrer avec autant de dextérité. Le roi étoit l'ame de ce brillant exercice; il se répandoit parmi tous les soldats, leur donnoit des avis, les appelloit par leurs noms, les encourageoit par son exemple, & savoit les contenir par sa fermeté. un prince équitable, mais qui ne connoît guères de péchés véniels.

Plusieurs régimens réunis sembloient n'être qu'un seul homme. Il n'y avoit qu'un tems, qu'un mouvement, qu'un geste; la promptitude des évolutions étoit rapide comme l'éclair.

Si cela n'est pas praticable un jour de bataille, c'est au moins beau pour le coup-d'œil, & bon pour entretenir la souplesse & l'agilité.

Il n'y avoit plus à Berlin ni à Postdam des poëtes & des physiciens comme par le passé, mais il y avoit la paix.

Lucidor partit après avoir fait un journal de tout ce qu'il avoit vu : la chose en méritoit la peine : & s'il ne se répandit point en éloges ni sur le souverain, ni sur le gouvernement, c'est que la raison n'est pas complimenteuse.

Il traversa la Silésie, dont les campagnes & les manufactures indiquent la richesse ; & il trouva dans Breslau, cette ville prise & reprise avec tant de célébrité pendant la dernière guerre, des négocians instruits & très-opulens.

La Saxe devint un nouveau point de vue pour notre aimable philosophe. Le pays est intéressant, & il étoit bien gouverné. On avoit entouré le jeune prince de ces hommes habiles & vertueux, qui ne peuvent donner que de bons conseils.

La dernière guerre qu'on voit empreinte sur les murs de Dresde & sur ses bâtimens, fit juger à Lucidor que les résidences des souverains ne devroient jamais être fortifiées. Il vaut beaucoup mieux qu'un prince se retire, s'il n'est pas en état de se défendre, que de voir sa propre ville devenir la proie des flammes, & ses meubles les plus magnifiques être le butin de l'ennemi. Il y a des pertes en ce genre qu'on ne peut réparer.

Un peu moins de hauteur chez les Saxons, & ils seroient accomplis. Le fleuve de l'Elbe a quelque chose de la Garonne.

Leypsic où se tient la plus belle foire de l'Europe, avoit quelques érudits, & ses libraires, gens connoisseurs, étoient pourvus de très excellens livres, déparés à la vérité par toutes ces brochures ridicules & pitoyables que la licence accrédite, & que la faim produit. C'est distribuer des poisons que de répandre de mauvais ouvrages. Le cœur de l'homme n'est par lui-même que trop corrompu, il n'y a personne au monde qui n'en sache quelque chose par expérience.

Le roi de Prusse se présenta souvent à l'esprit de Lucidor, comme un monarque qui avoit fait de grandes choses, mais qui n'avoit pas tout fait. Il le blâma hautement de n'avoir pas assez respecté la religion, qui est la sauvegarde des rois, & d'avoir été trop intéressé. Il engagea son neveu à faire moins la guerre, qui, malgré toutes les victoires qu'on peut remporter, est toujours extrêmement onéreuse. Si le gouvernement eût été moins tyrannique, Lucidor eût parlé plus librement ; mais la prudence, sur-tout en voyage, exige que l'on conforme sa conduite & son langage aux différens pays qu'on parcourt.

CHAPITRE VI.

Il se rend à Vienne en Autriche.

Vienne ne pouvoit être un objet indifférent pour Lucidor. Outre que cette ville a été le théâtre de plusieurs évènemens, la souveraine qui gouverne mérite elle seule la plus grande attention.

Il fut admis à son audience avec une facilité qui l'auroit surpris, s'il eût ignoré que Marie-Thérèse n'est pas moins affable que bienfaisante. Chaque jour elle fait des heureux, plus contente d'avoir répandu des libéralités, que d'avoir remporté des victoires. C'est une tendre mère qui n'apperçoit que des enfans dans tous ses sujets.

Notre philosophe d'après tout ce qu'elle lui dit, la mit beaucoup au-dessus de la reine Elisabeth. Il fut ravi d'apprendre qu'elle se levoit régulièrement à cinq heures, qu'elle ne perdoit pas une minute dans le cours de la plus longue journée; qu'elle veilloit sur le clergé, sur la magistrature, sur la noblesse, sur tous les citoyens avec un zèle infatigable, & que la multiplicité des détails n'affoiblissoit en rien ses grandes vues.

Nul sujet n'étoit exclus de son audience, nul placet n'étoit rejetté. Cette grande princesse qu'on peut appeller roi, aussi magnifique dans les cérémonies d'éclat, que simple dans son extérieur, n'a pour cortège ordinaire que sa vertu. Les monarques ne peuvent avoir une plus belle garde; mais la manière dont elle avoit fait élever son auguste famille, mettoit le comble à ses rares qualités. Elle avoit elle-même présidé à cette importante éducation, & elle a si bien réussi, que sa magnanimité a passé chez tous ses enfans; ils la feront revivre sur les différens trônes où le ciel les a placés; & quels avantages pour l'Europe!

Lucidor à la vue de ces merveilles, ne marchoit qu'avec un crayon. Toujours il écrivoit, & c'est sur ses tablettes qu'on lit, » Que l'im-
» pératrice reine de Hongrie n'écoute ni la flat-
» terie, ni la prévention, que sa piété est
» mâle comme son courage, & que son règne
est

» est si merveilleux, que la fable n'y pourra rien
» ajouter ».

Quelle satisfaction pour la raison de voir ses lumières si bien mises à profit, ses conseils si bien exécutés !

On ne se défioit point à Vienne que l'inconnu qui paroissoit tout simplement un étranger, avoit tant d'influence dans la manière de gouverner.

Cependant la noblesse Autrichienne, quoique très-haute, lui fit un gracieux accueil. On l'invita à de somptueux diners. On traite à Vienne magnifiquement. C'est une profusion des meilleurs vins, sans en excepter celui de Tokai. Les femmes ont le plus grand air, parlent françois comme à Paris, & s'habillent avec beaucoup de goût.

Lucidor eût désiré qu'on ne distinguât pas trois sortes de noblesse, qu'on supprimât des étiquettes, & qu'on eût enfin moins de morgue, & plus de cordialité. Il n'y a point de franchise, là où il y a de l'orgueil.

Les finances étoient sagement administrées, & les fortunes parmi ceux qui en avoient la régie, ne faisoient point murmurer la nation. Le gouvernement savoit les taxer. Tout est à sa place quand un souverain sait règner.

Le conseil Aulique mérita l'admiration de

M

notre voyageur par sa sagesse, & par son immutabilité. Il n'y trouva point ces changemens bisarres, ces alternatives de mal & de bien, de pis & de mieux, qui rendent un état mobile comme le vif-argent. Chaque ministre est obligé de se conformer à des règles sages, qui ne varient pas plus que le cours du soleil.

Il n'est rien tel que le flegme des Autrichiens pour bien gouverner.

L'empereur eut de fréquens entretiens avec Lucidor. Il s'y dévoila comme un prince qui opéreroit un jour de grandes choses, mais qui ne sépareroit jamais la valeur de l'humanité.

Les encouragemens prodigués aux écoles militaires, ainsi qu'aux collèges, par le moyen des récompenses & des éloges, produisoient un merveilleux effet. L'émulation remuoit tous les esprits, & l'on voyoit naître la lumière. Le collége Thérésien est le meilleur modèle pour toutes les écoles de l'univers. Tout cela fit augurer à notre voyageur qu'on ouvriroit les yeux sur la nécessité de permettre aux commandans des armées de livrer bataille lorsque l'occasion s'offriroit sans attendre des ordres précis ; qu'on rendroit les manufactures de soierie plus solides & plus florissantes ; qu'on diminueroit le prix des Douanes ; qu'on supprimeroit la taxe qu'il faut payer toutes les fois qu'on rentre dans la ville après le foleil couché ; qu'on embelliroit les places & les maifons, dont l'afpect eft gothique & lugubre ; qu'enfin on auroit foin d'établir des auberges propres & commodes. Dans prefque toute l'Allemagne on couche entre deux lits de plume, on n'a point de rideaux ; on trouve une cuifine déteftable. C'eft la coutume des cabarets, & elle durera long-tems. Le célèbre Wanfvieten, élève & commentateur de l'immortel Boerhaave, ne put échapper à l'admiration de Lucidor, malgré fon air de fimplicité. Il étoit l'ame des écoles & de toutes les opérations qui ont rapport aux fciences & aux arts. Il ne faut qu'un grand homme pour porter la lumière dans tous les efprits.

Un jour de gala mit notre philofophe à portée de voir d'un coup-d'œil tous les grands du pays. Il feroient aimables, s'ils n'étoient point fi folemnels. La cour parut alors dans tout fon éclat, & Lucidor jugea que les gala, qu'on regarde en France comme des étiquettes affujettiffantes, étoient fagement imaginés pour rendre les princes acceffibles, & pour leur faire connoîtres les nobles & les officiers.

Lucidor ne parut point au caffé. C'eft une efpèce d'indécence à Vienne que d'y paroître.

Le sanctuaire que les sciences ont dans cette ville, fut souvent visité par notre respectable voyageur. C'est une des plus belles bibliothèques du monde, & pour les livres, & pour le vaisseau. Il y trouva quelques manuscrits précieux, dont il fit des extraits. La raison met tout à profit.

De l'Autriche il passa dans la Hongrie, où il rencontra plus de bravoure que d'esprit, quoique tout le monde jusqu'aux palfreniers parlent Latin. On le pria souvent de boire de cet excellent vin qui est presqu'une divinité du canton, mais sa sobriété ne lui permit que d'y goûter. » Voilà, lui dit un ancien mili-
» taire, en lui montrant ses vignes, où notre
» courage s'aiguise, où notre cœur s'échauffe,
» & où les braves Polonois viennent chaque
» année puiser ce qui les maintient dans l'amour
» de la franchise & de la liberté. Ils font des
» lieux de parade des caves où ils placent
» nos vins, & ils en ont conservé jusqu'au de-là
» de cent ans, léguant à leur postérité une aussi
» délicieuse succession ».

De la Hongrie Lucidor passa dans la Transilvanie, où il vit de bons soldats. Quant à la Croatie, elle ne lui offrit d'autres avantages que des vivres à bon marché. Les mœurs n'y sont pas moëleuses.

Marie-Thérèse ne sortoit point de son esprit. Il pensoit qu'il faudroit des siècles pour la reproduire, & que sa douceur qu'on prit quelquefois pour foiblesse étoit indispensable au milieu d'un peuple qui passe pour avoir de la rudesse. On guérit les maux par les contraires. Il entrevit quelques abus, parce qu'il n'y aura jamais un gouvernement sur la terre tel que la république de Platon, où il n'y ait des inconveniens. Mais il y avoit tant de bonnes choses, tant d'actes de bienfaisance, tant de sages établissemens, qu'on ne pouvoit qu'applaudir au règne de Marie-Thérése.

Ce qu'il y a de sûr, c'est qu'on ne pourra mieux faire que de l'imiter, & que tout prince qui voudra règner avec sagesse, & gagner le cœur de ses sujets, la prendra pour modèle. Lucidor prévint qu'elle placeroit ses enfans sur tous les trônes de l'Europe ; & il fit des vœux pour qu'ils y portassent ses vertus.

CHAPITRE VI.

Il parcourt la Bavière & quelques autres Electorats.

APRÉS avoir visité la Moravie, pays remarquable par sa fertilité & par ses beaux chemins, avoir observé la Bohême, célèbre par ses guerres, & par sa capitale où l'on trouve une noblesse aussi sociable que distinguée, il se rendit à Munich, ville fondée par des moines, & qui par cette raison s'appelle Monaco. La cour de l'électeur qui y réside le surprit par sa magnificence. Ses palais sont enrichis des plus belles peintures, & des ameublemens les plus précieux. On y voit des chef-d'œuvres qu'auroient enviés les plus grands rois.

Les femmes s'empressèrent de bien accueillir l'inconnu. Elles aiment les étrangers, & leur conversation est intéressante. L'éducation des Allemands mérite d'être citée. On apprend aux jeunes personnes tout ce qu'elles doivent savoir.

On régala notre philosophe d'une comédie, calquée sur les mœurs du pays. C'étoit un tissu de bouffonneries dont les François ne se seroient sûrement point amusés. Les pièces Allemandes n'ont d'autre mérite qu'un mauvais burlesque. Plus les nations sont sérieuses, plus elle aiment les farces. On veut sortir de son caractère, lorsqu'on court au spectacle.

Il lut les dernières ordonnances du pays, & il les trouva très-sages. Elles concernoient les écléfiastiques & les moines. » Il faut les » respecter, disoit le cardinal Ximenès, qui

» devoit bien les connoître, mais il faut les
» tenir dans la médiocrité & dans la dépen-
» dance ».

Les habitans de la ville & de la campagne
étoient contens de leur sort ; dans la crainte
d'être plus mal ; ils se trouvoient bien. Il n'y
a de bonheur sur la terre qu'en idée.

Ausbourg, séjour ennuyeux comme toutes
les villes Anséatiques, n'offrit aux yeux de
Lucidor qu'un air morne & lugubre, malgré
la beauté de ses édifices & la largeur de ses
rues. Il en fut dédommagé par le bon sens
des habitans. Dans les plaisirs comme dans
les affaires, les Allemands conservent une judicieuse gravité. Aussi ne faut-il leur demander
ni ces saillies ni cette légèreté si communes
parmi les François. Ce qui passe à Paris pour
un trait d'esprit leur paroît une folie. Tels sont
les hommes. Cent lieues de plus ou de moins,
différencient leur manière de voir & de penser.

Il trouva quelques érudits amis de l'antipathie, mais qui se perdoient dans des *in folio*.
Ils passoient les jours & les nuits à compiler,
& à faire des ouvrages aussi longs que fastidieux. Il y a peu d'écrivains qui connoissent
l'art de faire un livre. Les uns n'y mettent
que de la pésanteur, les autres qu'un esprit
volatil. On écrit comme on est affecté.

Manheim connut bientôt le mérite de notre philosophe ; on y est éclairé. A Mayence, à Cologne, à Tréves on l'invita beaucoup à manger ; mais ce n'est pas ce qu'il cherchoit. Il aima beaucoup mieux se répandre de tous côtés, pour voir des physiciens, des jurisconsultes, des politiques, des orateurs, des poëtes qui avoient de la célébrité, & il en trouva.

Il conçut, après les avoir entendus, que les Allemands de 1769 n'étoient pas ceux de 1700 ; que leur bon goût répondoit à leurs lumières, & que malgré la rudesse de leur langue, ils avoient trouvé le secret de faire les vers les plus moëlleux & les plus élégans. Qui écrivit mieux en ce genre que l'auteur du poëme d'Abel !

On lui montra des productions récentes dont toutes les académies du monde se feroient honneur ; mais en petite quantité. Toutes les nations n'ont pas le talent de faire des livres par milliers.

Ce qu'il y avoit de mal, c'est que dans la plûpart des universités, les études s'y font pésamment. On ne sait point encore les dégager de ce fatras d'érudition, ni de toutes ces questions scholastiques qui étouffent l'imagination, & qui absorbent l'esprit.

Les alimens étoient un autre boulevard contre

le génie. Ne se nourrir que de légumes, de viande trop succulente, ne boire que de la bière, c'est le moyen d'avoir le sang globuleux, & de ne penser qu'avec difficulté. Le physique influe prodigieusement sur le moral. Ce furent les réflexions d'un moine Allemand qui eut une longue conversation avec Lucidor, & qui lui avoua qu'à force de charger l'estomach d'une nourriture trop substantielle, il y avoit nombre de ses confrères qui ne faisoient que végéter.

Il lui raconta à ce sujet une histoire divertissante. Il lui dit que dans une maison de son ordre, le supérieur ne sachant comment préserver les viandes salées de la rapacité de ses religieux qui ne s'occupoient que de manger, & qui furetoient dans tous les endroits, s'avisa de les mettre à la bibliothèque, & que dès ce moment les provisions restèrent en sûreté.

Notre philosophe ne manqua pas dans toute l'Allemagne de jetter un coup-d'œil sur les campagnes & sur ceux qui les cultivent. Les paysans ne connoissoient point l'indigence: on les ménage comme des bras de l'état qu'il ne faut point accabler.

Quant aux commerçans, ils étoient avec raison des protégés, mais malgré cette protection, on ne les estime point assez. La noblesse Allemande fut toujours très-fière à l'égard des négocians, même en leur demandant crédit.

L'électorat d'Hanovre & tous les Landgraviats fournirent à notre voyageur plusieurs réflexions. C'est-là qu'il reconnut que les souverains d'Allemagne sont aussi affables que les seigneurs sont hauts, & que la considération qu'ils donnent aux uniformes, en obligeant les officiers de les porter en tout tems, même aux jours de gala, ne peut être que très-utile à l'état militaire.

S'il n'a point fait mention de tout ce qu'il remarqua dans les différens cercles, c'est qu'ils se ressemblent tous à quelque chose près : même bon sens, même cordialité.

On lui procura souvent l'occasion d'entendre les plus agréables concerts. Les Allemands ont les oreilles faites pour la musique. Les princes font venir des symphonistes de l'Italie & les gentilshommes trouvent parmi leurs gens des joueurs de flûte, & des violons capables de les amuser. On y excelle sur-tout dans l'art de donner du cor, & c'est pendant la table qu'on se procure ce plaisir, d'autant plus agréable; que le bruit en est extrêmement adouci.

Tout ce qui a rapport à l'harmonie, est digne d'une ame réfléchissante.

CHAPITRE VII.

De la Flandre.

Après avoir traversé Spa, pour lors rempli de gens de toute epèce qui prenoient les eaux, ou qui affectoient de les prendre, il se rendit à Aix-la-Chapelle. On y jouoit des jeux d'autant plus dangereux, que l'industrie déterminoit les coups.

Liège parut à notre philosophe une ville qui avoit besoin de la police la plus surveillante. Le monde y est affable. C'est une seconde Rome pour le nombre des moines & des couvens, & une situation qui ressemble à celle de Lyon.

Bruxelles captiva pendant quelques jours l'attention de Lucidor, comme un endroit remarquable par la cour du prince Charles de Lorraine, (universellement aimé) par la beauté des édifices, par le nombre des habitans, par une noblesse distinguée, par un cours enchanté, mais il observa que cette ville avoit le désagrément des frontières. C'est un flux & reflux d'étrangers, souvent très-honnêtes gens, mais dont on se défie presque toujours, à moins qu'ils ne soient munis de lettres de recommandation.

Les personnes distinguées ne se promènent qu'en équipage, selon la rubrique des Espagnols & des Italiens. Elle croiroient compromettre leur grandeur en marchant à pied. Il n'y a point de plus cruel esclavage que celui de l'étiquette.

On lit à Bruxelles ou des livres trop frivoles, ou des ouvrages trop chargés d'érudition. C'est un mérite peu commun que de savoir tenir un juste milieu.

Les écoles de Louvain étoient hérissées de questions trop pointilleuses, pour laisser un libre cours à l'imagination : elle s'y amortissoit. Quel dommage, lorsque l'esprit se trouve étouffé par ce qui devroit l'exciter !

L'opulence sembloit germer dans les campagnes & se promener par les chemins. Ils sont aussi-bien entretenus, que les champs bien cultivés. Lucidor entra sur cet article dans les plus grands détails, & il fut charmé d'entendre dire que pour fertiliser la terre, il ne falloit que de l'engrais & des bras. Il y a de vieilles routines qui valent beaucoup mieux que des nouveautés.

Le pays est peuplé de laboureurs, & dont la vigueur répond à la taille. On ne les arrache point à la charrue pour en faire des laquais. La guerre qui défole ordinairement les pays, enrichit celui-là. Ce fut la remarque de notre voyageur.

Il parcourut plusieurs monastères. La Flandre en est remplie. Plus d'amour pour l'étude y rendroit les moines plus intéreffans.

Gand lui parut un amas confus de champs & de maifons; Anvers un beau défert. Cette dernière ville enrichie des plus belles peintures qui fortirent de l'école Flamande, est un féjour de délices pour les amateurs. On y trouve des chef-d'œuvres, quoiqu'inférieurs à ceux d'Italie.

Il vifita les béguinages, ces efpèces de cloîtres où des filles, fans faire aucun vœu, vivent fous une même règle, & font tirées de la bourgeoifie, comme les chanoineffes de la nobleffe. Il fut étonné de ce que ces établiffemens fi fages & fi utiles n'étoient pas multipliés dans tous les pays Catholiques. Il y auroit moins de victimes facrifiées à l'ambition.

Malines intéreffa notre voyageur beaucoup moins par fes dentelles fi juftement renommées, que par une belle bibliothèque formée par les foins du cardinal d'Alface, & léguée par fa générofité à tous les archevêques fes fucceffeurs. C'eft un tréfor pour un pays, lorfqu'il fait en profiter ; mais le peuple en Flandre n'aime point à faire des efforts d'esprit, on diroit qu'il craint d'user son ame en se donnant la peine de penser. Lucidor lui en fit des reproches qui furent bien reçus. Les Flamands ont pour caractère la bonté, & ce n'est pas une petite vertu aux yeux d'un philosophe qui a de la candeur.

Cependant la Flandre abonde en libraires qui sont très-bien fournis ; mais c'est une branche de commerce dans un pays où il passe continuellement des étrangers.

La noblesse Flamande donna des marques de distinction à l'aimable étranger. Elle est honnête, généreuse, & vraiment faite pour la société. Les dames ont un maintien qui annonce une excellente éducation, & notre philosophe se fit un plaisir de les fréquenter.

Ostende lui parut le lieu le plus commode pour voir la mer, mais il n'y trouva point une société capable de l'arrêter.

Il voulut voir par lui-même les fortifications du pays, pour apprendre à tout voyageur qu'il n'y a point de sujet d'instruction ni d'objet de curiosité qu'on doive négliger, lorsqu'on passe d'un endroit à l'autre. Il se fit tout expliquer, quoiqu'il sût tout, prenant un plaisir singulier à entendre parler des militaires fort habiles dans leur métier.

Il ne put quitter la Flandre, sans gémir sur tant de guerres inutiles qui la rendirent le tombeau d'une multitude innombrable d'Allemands, d'Espagnols, de François & d'Anglois. Il lui sembloit voir tous ces guerriers, sacrifiés à la fureur de l'ambition, nous rappeller leur mort tragique, pour nous engager à aimer sincèrement la paix.

Lucidor s'apperçut que la Flandre-Autrichienne étoit un pays où l'on étoit extrêmement jaloux des privilèges & des constitutions, que les innovations même en mieux, étoient odieuses aux habitans ; que le voisinage de la Hollande leur donnoit un goût pour l'indépendance & pour la liberté ; qu'ils avoient enfin une franchise incompatible avec la politique. Il en est des nations comme des particuliers, dont chacun a son caractère distinctif, & qu'il est presqu'impossible de changer.

CHAPITRE IX.

De la Hollande.

L'ARRIVÉE de Lucidor à Rotterdam fut une époque pour les Hollandois. Quoique très-indifférens à l'égard des étrangers, ils distinguèrent celui-ci. Ils remarquèrent dans son air & dans son langage un ton de raison dont ils furent vivement affectés. Aussi convinrent-ils sans peine qu'il pensoit très-sainement lorsqu'il leur dit que la frivolité commençoit à s'emparer de leurs jeunes gens, qu'ils donnoient aux écrivains trop de liberté, que leur gouvernement changeroit insensiblement par les arrangemens qu'ils avoient pris, que les troupes n'avoient point assez de considération parmi eux, & que les paysans étoient trop opulens. Un laboureur trop riche est presque toujours impertinent.

Il ne pouvoit se rassasier de voir ces digues qui tiennent les eaux en arrêt, & qui font la sûreté du pays. L'industrie dans ce genre opéra des miracles.

Il comprit que cette excessive propreté dont on se moque assez communément, & qui consiste à laver chaque jour les escaliers & les parquets

parquets, étoit absolument nécessaire pour empêcher le bois de moisir & de se corrompre; mais il eût voulu que cette propreté passât jusques sur les personnes.

Bien-tôt la Haye, Leyde, Harlem, Amsterdam, Utrecht, furent le théâtre de ses observations. En habile scrutateur à qui rien n'échappe, il découvrit que le commerce s'y faisoit avec un intérêt trop sordide & trop passionné; que l'argent y étoit presqu'adoré, & que les Hollandois sortoient de leur caractère quand ils se donnoient du superflu.

» Nous ne sommes point faits, lui dit un
» bon vieillard qui fumoit sa pipe avec beau-
» coup de réflexion, pour occuper toutes ces
» maisons de plaisance que vous voyez. On
» a voulu donner quelque chose au luxe &
» à la mode, mais notre élément est notre
» comptoir. Par-tout ailleurs nous nous trou-
» vons dans un état violent ».

Lucidor chercha par-tout des savans; leur nombre étoit comme celui des élus. On vivoit sur la réputation des grands hommes qui avoient illustré la Hollande, & l'on se contentoit de les citer.

Cependant les écoles publiques avoient des professeurs éclairés. L'université de Leyde ne fut jamais sans lumières, & il en sortit toujours d'excellens sujets.

C'est dans cette ville que notre voyageur eut une conférence avec deux quakers; mais au lieu d'en tirer quelque bon raisonnement, il ne trouva chez eux que de la singularité. On n'en impose point à la raison. Retranchez en effet les manières inciviles & le langage grossier de presque tous les quakers, & vous n'appercevrez que des hommes fanatiques de leurs usages, & très-bornés. La franchise dont on les décore, n'est souvent que dans leur ton. Lorsqu'on est brusque, on passe assez communément pour être vrai.

Lucidor fut plus content d'un rose-croix, ce disciple d'une secte qui est presqu'aux abois. Il avoit beaucoup de connoissances & beaucoup de secrets.

Il disoit qu'un Hollandois fondu avec un François, feroit un homme parfait; que les Juifs en qualité d'usuriers & de receleurs, ne pouvoient que nuire au commerce du pays: que les états généraux n'avoient point assez pourvu aux besoins des voyageurs, en les laissant à la discrétion des gens affamés d'or: que les magistrats changeoient trop souvent d'emploi pour avoir le tems de bien voir & de bien juger.

Il avoit un système singulier sur les suites de la mort. Il prétendoit que nous passions de planette en planette, en prenant des corps toujours plus subtils, jusqu'à ce que nous fussions arrivés au trône de l'Eternel, & que la vie de l'homme doubloit à mesure qu'il avançoit dans les sphères célestes, de sorte que parvenu à la plus élevée, il devoit vivre environ deux mille ans. Il appuyoit cela de tout ce qu'une forte imagination pouvoit lui suggérer, & il le disoit d'un ton si décisif & d'un air si confiant, que dans un autre siècle il auroit sûrement fait secte. Mais le tems des sectaires & des réformateurs est passé.

Après toutes ces idées, il vanta son secret pour faire de l'or avec une certaine poudre de projection, & ce fut alors que Lucidor le quitta. La raison veut qu'on dise des choses au moins vraisemblables.

L'uniformité de la Hollande auroit lassé la vue de notre voyageur s'il eût été changeant. Ce ne sont que des prairies, des arbres, des canaux, sans collines, sans vignobles, sans vergers, sans forêts, & ce pays qui a les quatre élémens contre lui, ne peut être que très-mal-sain.

Les bâtimens, excepté quelques édifices, tels que l'hôtel-de-ville d'Amsterdam, n'annoncent ni goût, ni solidité ; on les prendroit pour des barques fabriquées à la hâte au milieu des eaux ; mais comme ils sont égayés par des plantations qui bordent les rues, on les trouve agréables.

Le port d'Amsterdam est la plus belle chose du monde. La multitude de navires dont il est rempli, lui donne l'air d'une forêt flottante au milieu des mers. Rien de plus agréable que des perspectives qui favorisent l'illusion.

Il eût souhaité que les Hollandoises naturellement gaies, eussent répandu plus d'aménité dans l'esprit de leurs maris, & qu'un contraste aussi singulier n'eût plus révolté les voyageurs. Une pipe à la bouche fait toute la récréation des négocians. S'ils passent de la ville à la campagne, c'est pour y fumer ; (la bizarrerie des goûts formeroit une histoire bien volumineuse,) aussi n'ont-ils guères d'autre entretien qu'une conversation toute en monosyllabes, à moins que quelque nouvelle importante (car ils aiment beaucoup à politiquer) ne les rende un peu plus parleurs.

Ils supputent ordinairement ce qu'une visite doit leur rapporter, & s'ils s'apperçoivent qu'on n'a que des complimens à leur faire, ils font sentir qu'on les embarrasse. On s'accommode de leur franchise quand on les connoît, mais il faut y être accoutumé. Leur adresse à écarter les guerres & faire fleurir leur commerce, prouve que leur bon sens vaut beaucoup mieux que l'esprit.

Ils invitèrent souvent Lucidor à dîner, comme un homme rare qu'ils vouloient approfondir; il leur donna des lumières relatives à leur commerce, dont ils furent très-satisfaits.

L'excès avec lequel ils boivent du thé, sans que cela les incommode, persuada notre philosophe que M. Tissot avoit de l'humeur lorsqu'il a tant invectivé contre cette boisson. Les Chinois en font un usage continuel, & ils ne connoissent ni la gravelle, ni la goutte. La vérité est presque toujours loin des systêmes.

Grotius, disoit que la Hollande est le plus beau pays du monde, quoiqu'il ait les quatre élémens contre lui. L'air y est extrêmement malsain; l'eau communément mauvaise, le feu un résultat de charbon de terre, plus propre à incommoder qu'à échauffer; & enfin la terre elle-même qui est toujours au moment de manquer, à raison de la juste crainte qu'on a d'être submergé. Le même auteur ajoutoit qu'on peut faire le tour de la Hollande avec une bourse remplie d'or sans crainte d'être volé, mais qu'il n'en restera rien pour peu qu'on parcoure le pays, tant on y paie chèrement les besoins de la vie. Et ce qu'il y a de plus singulier, c'est que plus on marchande, & plus on est rançonné. Les magistrats qui veillent à la police, devroient abolir ce dangereux usage. Il n'est pas naturel de laisser un voyageur à la discrétion d'un peuple avide, & qui n'a d'autre frein que sa cupidité.

La Hollande sans cet inconvenient qui la rend redoutable aux étrangers, seroit encore plus souvent visitée. L'on craint d'y aborder.

L'excessive propreté dont on se fait une loi est la chose la plus incommode. On n'ose ni marcher dans les appartemens, ni cracher; ce qui seroit d'autant plus ridicule, que les Hollandois sont moins propres sur eux-mêmes que toutes les autres nations. Outre qu'ils changent rarement de linge, ils ne se baignent presque jamais ; tant il est vrai qu'il suffit d'avoir les choses en abondance pour n'en pas user; car aucun pays du monde n'est aussi-bien pourvu d'eau que la Hollande. Il semble que les enfans y viennent à la nage, disoit Boérave, lorsqu'ils sortent du sein maternel. Ces eaux trop abondantes répandent une humidité extrêmement nuisible, & qui produiroit dans les appartemens des insectes & des champignons, si l'on n'avoit soin de les laver continuellement.

Lucidor fit ces remarques, & il en conclut que la Hollande n'étoit habitable que cinq mois de l'année. Il est vrai qu'elle jouit en été des jours les plus sereins, & qu'on y trouve alors les plus beaux fruits.

L'avantage de voir dans un même jour, & à peu de frais des villes confidérables flatte infiniment le voyageur. Il est facile en partant d'Amsterdam, de visiter depuis six heures du matin pendant l'été, jusqu'à neuf du soir, Harleem, Leyde, Rotterdam & la Haye. La distribution des barques qui ne cessent d'aller & de venir sur les canaux procure cet avantage. On est assuré d'en trouver dans chaque ville, de deux heures en deux heures, au point qu'il en part tout exprès pour une personne seule, si par hasard la barque passagère se trouve remplie ; & ce qu'il y a de commode, c'est qu'on ne paie que sa place, sans la moindre augmentation de prix.

CHAPITRE X.

Il arrive à Londres.

L'ANGLETERRE, selon la coutume du pays, étoit dans une grande fermentation. Il s'agissoit de quelques affaires relatives au sieur Wilkes, qui dans un autre royaume n'eussent fait aucun bruit, mais qui dans celui-ci échauffoient tous les esprits. Il en est de certaines régions comme du ciel où le plus petit nuage forme un orage.

Il n'y a point d'homme à Londres qui en criant que les loix sont violées, & qu'il faut les reclamer, ne vienne à bout de former un parti & d'exciter une sédition.

C'est-là ce que les Anglois appellent liberté, & ce qui parut à Lucidor une licence effrenée. Il ne put comprendre que le malheureux pouvoir de former des révoltes, est regardé comme un avantage, & que la brutalité d'une populace insolente fût nécessaire pour maintenir les privilèges de la nation. Les états politiques, comme la nature, ont leurs phénomènes.

Il en conféra avec plusieurs lords & milords, qui lui parlèrent très-sensément sur cet article, mais que le torrent de l'opinion entraînoit comme les autres. Il n'y a point d'arbres qui jettent des racines aussi profondes que le préjugé.

Après avoir passé plusieurs jours à examiner les constitutions du royaume, il observa que le roi dans certaines circonstances avoit trop d'autorité, que dans d'autres il en avoit point assez; que le vice étoit la source de presque tous les débats; que le peuple confondoit la licence avec la liberté, n'étant point instruit sur un point aussi essentiel; que les grands affectoient souvent de regarder comme patriotisme ce qui n'étoit que le fruit de la cabale, & l'amour d'un intérêt personnel. Mais il fut très-satisfait de voir qu'on ne payoit d'impôts qu'à raison de ses facultés, & que tout citoyen étoit respecté.

Il dîna souvent avec les Anglois, ils aiment à boire & à manger, & pendant leurs repas qui durent au moins trois heures, & qui sont humilians lorsque l'ame ne dit mot, il discouroit sur les mœurs & sur les usages du pays. Un homme habile profite de toutes les circonstances.

Londres, malgré l'éloge pompeux qu'en font les habitans, ne parut point à notre philosophe digne d'entrer en parallele avec Paris. Il n'y vit que des maisons sans apparence, il n'y trouva qu'une promenade champêtre sans nul ornement. Soit qu'il en imposât par sa physionomie aussi douce que majestueuse, soit qu'il fut vêtu très-simplement, il ne fut point insulté; le peuple le respecta. Quelquefois il a le coup-d'œil assez juste.

On le conduisit à l'église de Saint-Paul;

qu'on ne peut comparer à Saint-Pierre de Rome que par enthousiasme ou par ignorance, mais qui passe avec raison pour un des plus beaux édifices de l'Europe.

L'Angleterre n'étoit plus garnie de savans comme autrefois, il falloit les chercher : cela affligea Lucidor. Il voulut en pénétrer la cause, & il crut la trouver dans la vie molle & sensuelle qui absorbe aujourd'hui presque tous les hommes, & qui dégrade leur être. L'intempérance est le plus grand ennemi de la science & du génie. Quand on se met à table dès le matin, l'ame fait tout le jour abstinence.

On crut obliger notre philosophe, en lui procurant la connoissance d'un personnage qu'on disoit penser fortement. Il l'approfondit, & après avoir bien creusé, il ne trouva qu'un vuide. L'esprit humain a des bornes qu'il ne peut dépasser, mais les incrédules s'imaginent qu'on pense toujours très-bien lorsqu'on pense librement.

Les académies, les universités, les bibliothèques sembloient être dans leur centre, en ayant leur place dans le sein de l'Angleterre. Elles rappelloient tant de grands hommes qui illustrèrent ce royaume, & dont le nom vivra autant que les sciences mêmes.

On pressa Lucidor d'assister aux spectacles;

mais il n'eut pas le courage de voir une pièce toute entière. Le tragique avoit quelque chose de trop révoltant. Pour peu qu'on soit délicat, on n'aime pas à voir les passions en deshabillé.

Les femmes beaucoup plus instruites en Angleterre que par-tout ailleurs, captivèrent souvent son attention. Elles ne paroissent point faites pour le *Spleen*, tant elles sont vives & parlantes. L'éducation que les mères donnent aux filles y contribue. Elles les élèvent avec beaucoup de liberté, & la sagesse n'en reçoit aucune atteinte.

Il se reconnut dans ces sentimens d'honneur & de probité qui caractèrisent les Anglois, & qui les rendent esclaves de leur parole, mais il désiroit que cela fût accompagné de cette gracieuse aménité, sans laquelle les vertus les plus respectables perdent une partie de leur éclat.

Comme ils aiment singulièrement la franchise, il ne leur fit point de peine en leur disant, qu'il lui sembloit que c'étoit une petitesse chez une nation qui a naturellement de la grandeur, de mépriser presque tous les autres peuples, de vouloir quelquefois faire la guerre plutôt par haine que par nécessité; de permettre le cours d'une multitude d'ouvrages remplis d'invectives contre les ministres & contre les particuliers.

Il ajouta, qu'ils dépendoient trop du peuple pour être libres, & que cela devoit leur prouver qu'il n'y avoit point de gouvernement dans l'univers sans quelque inconvénient ; mais des gens systématiques ne se rendent pas facilement à l'évidence.

On lui fit voir des maisons de campagne vraiment enchantées, où, pour retracer les ruines des anciennes villes de Grèce & d'Italie, on avoit construit des édifices qu'on avoit fait sauter par la mine. Notre voyageur vit le célèbre Pitt (aujourd'hui le comte de Chattam) comme un ancien ami, & ils s'entretinrent longuement sur l'état actuel de l'Europe. La conversation devoit être intéressante ; c'étoit la raison qui discouroit avec un de ses plus zélés disciples.

Il se trouva-là un milord fort instruit & fort aimable, qui s'égaya lui-même sur son propre pays. « Nous sommes inconstans, » disoit-il, comme l'élément qui nous environne ; nous n'avons de stable qu'un fond » de taciturnité dont il est difficile de nous » dépouiller. Nous arrivons dans une ville » pour y demeurer six mois, & nous en partons

» dès le lendemain. Cela vient d'une inquié-
» tude naturelle qui nous tourmente, & dont
» nous ne sommes pas maîtres, malgré notre
» fanatisme pour la liberté. On nous aimoit
» autrefois pour notre argent, mais on nous
» a si souvent trompés, que nous sommes
» devenus aussi économes que défians.

» Nous voudrions toujours voyager, &
» pour l'ordinaire dans nos courses, nous ne
» voyons que des Anglois. Usage ridicule qui
» vient d'une trop grande prévention en fa-
» veur de nous-mêmes, & de la crainte de
» nous communiquer. Nous aimons la France,
» & nous haïssons les François ; nous nous
» efforçons d'apprendre leur langue pour ne
» point la parler. Nous n'estimons que notre
» pays, & nous ne pouvons y demeurer ; les
» femmes mêmes courent chercher d'autres
» régions que leur patrie. Nous ne manquons
» à personne, mais nous sommes toujours sur
» le qui-vive, dans l'appréhension qu'on ne
» nous manque. On ne trouve jamais après
» nous des dettes & des plaintes, mais nous
» ne laissons point de regrets. Nos adieux sont
» aussi secs que notre arrivée ; nous cédons
» au sexe le soin de s'attendrir.

» Si nous parlons peu, c'est qu'on nous ré-
» pète continuellement que la femme est faite

» pour babiller, & l'homme pour penser. Nous
» lisons volontiers ; mais dans nos lectures
» comme dans nos façons, nous préférons ce
» qui est singulier.

» Nous ne sommes humains que par goût
» pour l'héroïsme, & nous aimons le plaisir
» sans connoître la volupté. Il est rare que
» nous approuvions ce qui ne ressemble point
» à nos loix & à nos mœurs ; mais nous nous
» conformons sans peine aux usages des diffé-
» rens pays, en voulant toujours néanmoins,
» soit dans la coupe de nos habits, soit dans
» la manière de nous présenter, qu'on nous
» reconnoisse pour Anglois.

» On nous flatte rarement en nous louant.
» Les éloges à nos yeux ont quelque chose
» de rampant.

» Le patriotisme est notre passion, la liberté
» notre élément ; & si l'on nous traite d'en-
» thousiastes sur ces deux points, c'est que
» nous n'avons pas l'art de persuader. Il y a
» toujours en nous quelque chose d'austère
» qui diminue le mérite de nos sentimens &
» de nos goûts.

» Nous sommes capables des hautes sciences,
» quoique trop esclaves de nos auteurs.

» Nous poussons l'amitié jusqu'au dernier pé-
» riode ; mais quand nous nous sommes assurés

» un ami par une longue suite d'années ; ainsi
» l'on meurt très-souvent avant d'avoir notre
» confiance ».

Lucidor reconnut à plusieurs traits la vérité
du tableau, & ne quitta Londres qu'après avoir
rendu justice aux qualités de ses habitans, qui,
dans la vertu comme dans le vice sont toujours extrêmes.

La vue de l'Ecosse & de l'Irlande fut un nouveaux coup-d'œil qui n'intéressa guères moins
notre voyageur. Il vit avec satisfaction que
le bon sens y étoit révéré, & qu'on y trouve
des hommes dont l'ame inaccessible à tous les
maux ne connoît de douleur que celle de manquer à son devoir. Il ne put comprendre que
les Anglois, qui reprochent si fortement aux
Catholiques l'intolérance, fussent si ardens à
vexer les Irlandois dans ce qui concerne la
religion. Il est rare de trouver des hommes qui
ne soient pas inconséquens.

Les montagnes d'Ecosse avoient pour habitans plusieurs respectables vieillards blanchis
dans les combats, dont la mémoire étoit un
livre très-ample & très-curieux. Il les interrogea, & ils lui rendirent un compte si fidèle de
quelques guerres dont ils avoient été acteurs,
& que nous lisons tout différemment dans
l'histoire. Presque tous les récits sont ceux

des historiens, & non la narration des événemens.

La Raison opina que l'Angleterre étoit le pays qui inspiroit le plus le désir de penser. Elle trouva qu'il y avoit des choses admirables dans le gouvernement, mais que ceux qui en dirigeoient la marche aimoient trop les grandes places & l'argent. Que sous prétexte de maintenir la liberté, ils se rendoient eux-mêmes esclaves de l'ambition, & de la cupidité; ce qui mettoit le parlement toujours dans l'agitation. Il lui parut que, si le gouvernement devenoit jamais monarchique, l'Anglois cesseroit d'être redoutable à ses voisins, & qu'il n'y avoit que la forme d'administration qui donnoit du nerf aux habitans, & qui les rendoit aussi fiers.

Cependant comme tout s'altère, & tout change, il ne seroit point extraordinaire qu'on vît un jour trois monarques pour les trois royaumes. C'est alors, disoit plaisamment Bayle, qu'on feroit la fête des trois rois; mais il n'y a pas d'apparence que l'Angleterre fît alors gaiement la cérémonie du roi boit.

Il est fâcheux que ce pays qui fut jadis si fertile en grands hommes, paroisse maintenant se reposer. Il seroit difficile d'en assigner la cause, à moins qu'on ne s'en prenne aux bisarreries

reries, qui depuis plusieurs années dominent les Anglois. Ils devoient se garantir du goût des modes, plus qu'aucune nation, d'autant plus que cela ne sympathise point avec leur caractère, comme il paroit dans les nouveautés qu'ils imaginent, & qui sont presque toutes ridicules. On voit qu'en ce genre un Anglois se contrefait, & qu'il n'y a que la gravité qui soit son élément.

CHAPITRE XI.

Il visite le Portugal.

La mer favorable aux désirs de notre philosophe, le mit à Lisbonne en très-peu de tems. L'aspect de cette ville toute en amphithéâtre a quelque chose de séduisant ; mais l'intérieur ne répond point au-dehors, & sur-tout depuis le trop fameux tremblement de terre qui causa tant de dégât.

Les Portugais ne cessèrent d'examiner Lucidor. Ils sont fins. Ce qui lui fit dire que s'ils vouloient s'appliquer aux sciences, ils iroient fort loin ; mais ils ne connoissent que la théologie scholastique. La routine met presque toujours des entraves à l'esprit.

On le promena chez les seigneurs, où il apperçut une opulence dont on ne savoit pas tirer parti. On se contentoit d'être riche & d'étaler ce qui peut éblouir, sans se procurer les aisances de la vie. C'est un art que celui de dépenser à propos.

A voir le sérieux des habitans, on eût présumé qu'ils méprisoient tous les plaisirs; mais Lucidor qui ne jugeoit pas des choses par leur superficie, découvrit que leur amour pour la volupté étoit un feu caché sous la cendre, & qu'il s'enflammoit avec violence, lorsqu'il n'y avoit ni jour ni témoins. Les hommes ont différentes manières de se masquer. L'oisiveté faisoit le malheur du pays; il n'y avoit que les commerçans qui s'appliquoient au travail.

Notre voyageur engagea le ministère à répandre des encouragemens par le moyen des récompenses. On fait des hommes ce qu'on veut, lorsqu'on les prend par l'intérêt.

On lui proposa d'assister à un combat de taureaux & à un autodafé, & il se contenta de répondre que ces deux spectacles lui étoient odieux; qu'il n'étoit ni cruel pour prendre plaisir au premier, ni fanatique pour supporter le second.

Cependant il ne put s'empêcher d'avouer que la lumière se répandoit vivement à Lisbonne,

& que les Portugais commençoient à s'éclairer sur plusieurs articles essentiels. Les bibliothèques, qui jusqu'alors n'avoient été composées que de légendes ridicules & de misérables bouquins, se meubloient de manière à contenter la raison. La science est un astre qui se promène, & dont les influences ne se font pas sentir par-tout également. Pour certains pays il est plus oblique, pour d'autres plus perpendiculaire; mais tôt ou tard, les différens climats ont part à ses bienfaits.

CHAPITRE XII.

Il juge de l'Espagne & des Espagnols.

Il étoit midi lorsqu'il entra dans ce Royaume, & la plupart des habitans n'avoient encore rien fait. La paresse mêlée à la chaleur du pays retient leur ame captive, & leur esprit né pour de grandes choses, ne se repaît que de l'honneur d'exister.

De-là vient que l'agriculture est si négligée en Espagne, & qu'au lieu de mettre sa confiance dans l'industrie & dans le travail, on ne compte que sur l'arrivée des gallions.

Malgré ce nuage épais qui offusque les Espagnols, on découvre parmi eux des hommes rares, & même sublimes.

Le mal est, que les études qui se font dans le pays resserrent l'esprit au lieu de l'étendre. Lucidor s'en plaignit à quelques Docteurs de l'université de Salamanque, & ils en convinrent. On doit aux lumières du siècle un pareil aveu. On n'eût osé le faire il y a quatre-vingt ans.

Il parcourut tous les livres composés par les Espagnols, & si l'on en excepte une multitude de sermons burlesques & de romans dévots, il trouva que leur nombre étoit fort exigu, & il en gémit. Aussi les Espagnols ne sont connus que par leurs guerres. L'indifférence qu'ils affectèrent pour les muses, leur fit long-tems garder l'*incognito*.

Quant à ce qu'on leur reproche du côté de l'orgueil, il crut appercevoir qu'il y avoit plus de fierté que de vanité, & que c'est-là ce qui rendoit la nation singulièrement généreuse. D'ailleurs quand on ne fait pas le bien par les motifs épurés de la religion, il importe peu que ce soit par ostentation, ou par magnanimité.

Les dépenses de Madrid consistoient dans une multitude de domestiques & de mulets. On y aime le cortège & la pompe, hors de là on y respecte beaucoup la tempérance.

Le monarque qui eut toujours le coup-d'œil

juste dans le choix de ses ministres, en s'associant des hommes aussi sages qu'intelligens pour partager avec eux le poids de la royauté, avoit donné une nouvelle existence à sa capitale, & une nouvelle forme aux habitans. On ne voyoit plus ces immondices qui déshonoroient la résidence du souverain, ni ces immenses chapeaux qui obombroient les visages, & qui très-souvent masquoient des forfaits. On sait créer, lorsqu'on sait gouverner.

Il ne manquoit plus à la gloire du roi, que de ranimer les campagnes stériles & languissantes, par une culture analogue au sol & au climat, & de pourvoir aux besoins des voyageurs, en faisant ouvrir des chemins & construire des auberges. On ne feroit plus de châteaux en Espagne, si l'on y trouvoit des cabarets propres & commodes.

Lucidor entendit avec plaisir les plus grands éloges donnés au comte d'Arenda, comme au ministre le plus intelligent, le plus équitable, & le plus désintéressé.

Les Espagnols ont un germe de grandeur qui ne cherche qu'à se développer, comme il paroit chez plusieurs magnats, dont la générosité n'a point de bornes.

Il est fâcheux que cela ne soit pas décoré de cet extérieur agréable qui donne du prix aux choses les plus communes. On a toute la peine du monde à se persuader que des hommes dont les dehors sont trop négligés, ayent une ame bien ornée.

La malpropreté des citoyens, dit un grand d'Espagne à Lucidor, fait que nous avons peu d'apologistes. Un siècle où l'on se pique de délicatesse & de raffinement, ne sert qu'à nous rendre encore plus extraordinaires; mais un peuple fier ne s'accommode point des modes étrangères; il veut être lui, & ne veut être que cela; de sorte que c'est arracher l'ame d'un Espagnol, que de le dépouiller de son manteau.

La conversation des femmes satisfit notre voyageur au-delà de ce qu'on peut imaginer. Elles pétillent d'esprit, & ce n'est point aux dépens de la raison. Elles badinèrent les premières sur toutes les intrigues amoureuses qu'on leur prête, sur tous les billets doux qu'on leur fait écrire, sur tous les soupirs qu'on leur fait pousser. Elles demandèrent à notre Philosophe s'il étoit François (il n'en avoit cependant pas la mine) afin de savoir s'il se vanteroit d'avoir eu leurs faveurs, & de les avoir enlevées; car nous savons, disoient-elles, qu'à Paris on s'amuse ainsi à nos dépens. Lorsqu'il est question d'Espagnoles, il y a toujours sur la scène quelque historiette de cette espèce.

Lucidor parcourut les principales villes du royaume sans y trouver rien d'intéressant, excepté dans les ports de mer où le concours des marchandises & des étrangers répand l'abondance & la gaieté. La circulation des espèces fait la circulation de la vie. L'Espagnol de Barcelone ou de Cadix est tout différent de l'Espagnol de Grenade ou de Cordoue.

Les cloîtres avoient des hommes de génie capables des plus grandes choses, si d'heureuses circonstances les eussent tirés de l'obscurité. Il en est de l'esprit comme de la poudre, plus on le resserre, plus il a d'explosion.

Lucidor observa que le Portugal n'étoit guères plus étendu que la Bretagne, & que ce pays ainsi que l'Espagne, avoit besoin de secouer le joug de l'inquisition. Ce tribunal absolument contraire à l'esprit de dieu, qui ne veut pas qu'on achève de rompre le roseau déjà brisé, ni d'éteindre la mêche qui fume encore, a tellement abruti les ames, que le Portugal pétillant d'esprit, n'ose pas dire le moindre mot.

Il en est de même des Espagnols. On les prendroit pour des êtres ineptes au premier coup d'œil, quoiqu'ils ayent en général beaucoup d'esprit. L'arrivée de leurs gallions les empêche de se livrer au travail; on en est d'autant plus surpris, que dans le catéchisme qu'ils ne doivent pas ignorer, on regarde l'oisiveté comme un des péchés les plus capitaux. L'Espagne a des possessions trop étendues pour être par-tout également bien administrée. Il est impossible que l'œil d'un monarque puisse embrasser tant d'objets. D'ailleurs l'Espagnol, à raison du climat, ne sait pas supporter la fatigue, & la peine, & encore a-t-il une fierté qui l'éloigne de tout ce qu'on appelle méchanisme. S'ils font le commerce, & s'ils cultivent les arts, ce n'est que parce qu'ils s'y trouvent forcés par le besoin. On dit que le roi de Prusse regretta souvent de n'être pas roi d'Espagne. Il savoit qu'il y a de l'étoffe chez les Espagnols pour en faire une nation grande, & puissante. Ce n'est point en les asservissant qu'il auroit réussi, mais en ménageant leur fierté naturelle, & en l'employant pour les mettre au niveau d'eux-mêmes.

CHAPITRE XIII.

Il voyage en Italie, & il s'arrête à Gênes.

C'EST un beau pays pour la raison que toute l'Italie, qui fut le théâtre de tant d'évènemens, & qui est la plus belle perspective de l'univers. C'est-là que tous les esprits se portent, dès qu'on parle d'une superbe région, & d'un heureux climat; mais les gouvernemens n'y répondent pas; & dans ce contraste de différentes administrations, tantôt la raison se retrouve, & tantôt elle disparoît.

On est encore barbare dans quelques contrées de l'Italie pour la forme du gouvernement. Rome elle-même, quoique la métropole de l'univers, pêche essentiellement dans ce point, comme n'ayant jamais pour chef qu'un homme au moins sexagénaire, & qui, presque toujours, n'a nulle idée de la souveraineté.

Il est beau, sans doute, de voir la vraie religion assise à Rome sur les débris du paganisme, & de voir le successeur de S. Pierre à la place de ces tyrans, dont l'histoire ne parle qu'avec horreur; mais il faut convenir que les superstitions qu'on joignit au christianisme, ne servirent qu'à le défigurer. Quelques pontifes eux-mêmes, ne firent pas difficulté de l'avouer, & par là, ils méritèrent la haute distinction qu'on leur accorde à juste titre parmi les savans, tels furent les Lambertini, dont la mémoire ne se perdra jamais.

Le ciel eût trop donné à l'Italie, disoit le maréchal de Villars, s'il n'y eût rien eu de défectueux dans son gouvernement. Tant de princes différens qui partagent son sol, ne font que l'affoiblir au lieu de le consolider, & le privent des récompenses dont elle auroit besoin, par la raison qu'ils ne sont point assez riches pour répandre des libéralités. Il en est des empires comme des fleuves dont le cours se rallentit, si on les divise en plusieurs canaux. L'Italie gouvernée par un seul potentat, qui auroit autant de grandeur d'ame que d'énergie, deviendroit le pays le plus florissant, & l'on verroit renaître le génie des romains qui n'est qu'endormi ; mais comme ces révolutions ne peuvent arriver que par le moyen des guerres, peut-être même les plus sanglantes ; c'est une chose que la raison n'osa désirer. Elle se contenta de faire le parallèle avec ce pays, tel qu'il est maintenant, & tel qu'il étoit autrefois, sans y ajouter d'autres réflexions ; on peut croire que la raison, dès qu'elle se fit connoître, ou plutôt dès qu'elle parla, fut bien fêtée dans toute l'Italie. Elle y a beaucoup gagné de terrein depuis quelques années, au lieu qu'autrefois elle eût risqué sa liberté, comme l'infortuné Galilée.

S'il paroissoit maintenant à Rome, il ne subiroit sûrement pas le même sort qu'on lui fit éprouver dans les siècles d'ignorance. Quelques siècles de plus ou de moins font une grande différence pour la raison. Aussi n'eût-elle pas voyagé aussi librement. Il y a toujours une différence énorme, entre un siècle, & sa postérité. Les tems amènent l'instruction, & plus le monde vieillit, plus il se rajeunit. N'y eut-il que l'expérience qu'on acquiert en avançant en âge, il s'instruiroit par lui-même d'une manière étonnante.

La république de Gênes, quoique composée de sénateurs intelligens, ne parut point aux yeux de notre inconnu avoir assez pourvu au bien des citoyens : ce qui lui fit juger que le pays n'étoit pas riche. Si l'on excepte en effet quelques nobles & quelques négocians qui affichent l'opulence, le reste vit malheureusement.

Le voyageur qui ne donne qu'un coup-d'œil, est ébloui par ces magnifiques palais, dont Gênes se glorifie ; mais un philosophe qui approfondit voit la misère malgré ces dehors. Les habitans de Sarzanne, de Lerici & des villages des environs ressemblent à des spectres.

Lucidor n'eut qu'à se louer de la politesse des Génois, & il remarqua que leur gravité qu'on prend pour de l'orgueil, n'étoit qu'un usage de cérémonie, & que dans le commerce ordinaire, ils avoient beaucoup d'aménité. Belle leçon pour ceux qui ne jugent des personnes que sur la surface.

Quant au peuple, il ne falloit pas trop s'y fier : il a toujours passé pour le plus mauvais de toute l'Italie.

Les sciences n'étoient à Gênes ni mortes ni vivantes. On les révéroit, mais on n'en faisoit pas l'objet de son application. La langue Italienne s'y trouvoit embarrassée ; on ne la parloit qu'avec contrainte.

Lucidor désapprouva tous ces sigisbés, autrement ces cavaliers servans qui ne cessent d'accompagner les femmes, & qui écartent insensiblement les maris. Il ne suffit pas pour une épouse d'être sage, il faut qu'elle ne soit pas même soupçonnée. Du moins c'est ainsi que pense la Raison, & ce ne seroit pas une petite entreprise que de vouloir prouver qu'elle a tort.

D'ailleurs, il y a des mœurs à Gênes comme dans tous les pays. Un peu de bien & un peu de mal, selon le proverbe Italien, *un poco di bene, un poco di male*. Ce mélange est inévitable parmi des hommes qui ont des passions.

Il voulut examiner si l'épithète de superbe qu'on accorde à Gênes venoit de la magnificence de ses palais ou de la fierté de ses habitans ; mais après son examen, il s'abstint de décider. La Prudence ne se sépare jamais de la Raison.

Il dit aux Génois avant de les quitter, que leur république exerçoit une petite tyrannie, en obligeant les aubergistes d'acheter sa mauvaise huile & son mauvais vin pour les débiter aux voyageurs. C'est une mauvaise politique que de mal accueillir les étrangers. Le concours fait souvent la richesse d'un pays.

CHAPITRE XIV.

De la Corse.

LUCIDOR trouva que la Corse étoit très-bien entre les mains des François, & que cet arrangement déchargeoit les Génois d'un grand fardeau : car pour soutenir le titre fastueux de roi, ils épuisoient toutes leurs forces, & ils n'étoient au bout du compte qu'un monarque *in partibus*.

Quand notre Philosophe vit les montagnes & les torrens dont la valeur Françoise avoit triomphé, il regarda la prise de Corse comme le nœud gordien qu'il avoit fallu couper. Ses premières interrogations eurent pour objet le Commandant Paoli ; il le connoissoit depuis long-tems, comme lui ayant communiqué des lumières sur les sciences & sur la politique, mais il ne savoit pas ce qu'on pensoit de lui dans son propre pays.

On lui dit que ce général pouvoit beaucoup mieux finir; qu'une capitulation lui auroit fait bien plus d'honneur qu'une fuite précipitée; que cela venoit de ce qu'il n'avoit point été secondé, & de ce qu'il connoissoit peut-être moins l'art de la guerre que les intérêts des diverses puissances.

Lucidor s'apperçut que la Corse avoit besoin d'une grande sobriété pour subvenir aux insulaires; que le terrein ainsi que l'esprit manquoit d'une certaine culture; que malgré les grands noms que certains habitans prenoient, comme des noms de baptême, ils avoient une sorte de rudesse dont ils ne se dépouilloient qu'avec beaucoup de peine; & que le commerce des François, bien différent de celui des Génois, viendroit à bout de les maniérer.

Il crut revoir dans l'humeur des Corses ces brouillards & ces inégalités qui altèrent l'air du pays, en avouant néanmoins que la dernière guerre les justifioit en partie du reproche qu'on leur fait d'être horriblement cruels. Il en est des nations comme des particuliers, elles se corrigent en vieillissant.

On sait que les Corses vouloient se donner à Louis XI; ce prince leur répondit, & moi je vous donne au diable. On les croyoit alors extrêmement méchans; mais ce qui consola les

Corfes, c'est qu'ils se dirent entre eux avec beaucoup de raison, il est encore plus méchant que nous.

CHAPITRE XV.

Ses remarques sur Venise.

Voici la ville du monde la plus curieuse & la plus étonnante, dit Lucidor en y entrant. On ne peut s'en former une juste idée que lorsqu'on l'apperçoit. En effet, bâtie au milieu des eaux qui forment ses carrefours & ses rues, elle paroît un assemblage de navires qui se reposent sur une mer tranquille.

Il examina le gouvernement du pays avec toute la prudence qu'on y exige; & il observa que pour détourner l'attention du peuple des opérations du sénat, on le lassoit de plaisirs. Ce n'étoit presque toute l'année que spectacles & mascarades. Les mœurs en souffroient, tandis que les loix politiques y gagnoient.

« On nous amuse il est vrai, disoient quelques
» gondoliers, mais ce n'est pas pour nous
» vexer. Les impôts sont modérés & n'ap-
» portent jamais l'indigence; de sorte qu'en
» examinant le soin que prennent nos maîtres

» & le bonheur dont nous jouissons, on peut
» nous définir un peuple libre gouverné par
» des esclaves. »

Cette manière de s'exprimer annonce un peuple aussi spirituel qu'éloquent. Il a le coup-d'œil juste & les plus heureuses réparties. Aussi lui laisse-t-on l'honneur de pouvoir demander aux spectacles la répétition des endroits qui lui paroissent intéressans.

Le sénat Vénitien semble retracer le sénat Romain : c'est la même exactitude & la même dignité. Le doge n'a au-dessus des sénateurs que des respects & des titres plus étendus. Soumis aux loix comme le dernier des sujets, il est comptable à la république, sous peine de mort, de sa conduite & de son administration.

Son mariage avec la mer paroît avoir quelque chose de bisarre ; mais le peuple a besoin de certaines cérémonies qui lui en imposent & qui fassent circuler l'argent. L'opinion est la reine du monde.

Il n'en est pas de même des jeux qui sont ruineux, & que la république laisse subsister mal-à-propos. Ils entraînent la ruine des familles, entretiennent l'oisiveté, engourdissent l'ame, & les études sont négligées. Il y auroit beaucoup plus de Vénitiens savans, s'ils étoient

moins

moins enclins au plaisir. Les sens ne peuvent gagner, que l'esprit n'y perde.

La liberté du pays qui consiste à aller sans gêne, à s'habiller sans façon, à pouvoir acheter & manger un fruit en passant dans la rue, fut fort applaudie de Lucidor. Il trouva que les hommes en sortant sans épée, les femmes sans suite, les sénateurs sans cortége, se débarrassoient de l'esclavage le plus assujettissant, & que rien ne ressembloit mieux à l'âge d'or que cette heureuse simplicité.

Mais ce qu'il y a de plus admirable, c'est que la république a sagement écarté le luxe de ses états. L'habit noir forme toute la parure, & les modes de Paris n'intéressent pas plus les Vénitiens, que les usages de Pékin. Ils se contentent d'en avoir quelques échantillons parmi les étrangers qui les visitent.

Lucidor cherchoit inutilement avec qui converser. Six théâtres ouverts tous les soirs étoient la ruine des conversations. Les Vénitiens se rendent au spectacle qui dure depuis six heures jusqu'à onze, pour ne s'entretenir dans leurs loges que de sonates & d'ariettes. Cependant les femmes firent valoir leur esprit. Elles ont des saillies, qui jointes aux graces de leur langage, les rendent très-agréables.

Il fut fort étonné de voir des membres du

P

sénat qui, les patentes à la main, visitoient les étrangers pour leur demander superbement l'aumône. Il semble qu'une république aussi illustre devroit au moins trouver dans ses épargnes de quoi soulager des membres distingués. La fierté ne s'accommode pas d'une pareille humiliation.

On voulut lancer le Philosophe dans des intrigues amoureuses. Il y a par-tout des gens officieux, & principalement en Italie; mais la Raison, quoiqu'amie du beau-sexe, ne donne pas dans les aventures.

Les libraires avoient des boutiques qui annoncent que les Vénitiens, malgré leurs affaires & leurs plaisirs, lisent quelquefois. Les cafés sont leurs rendez-vous ordinaires. C'est-là qu'on s'entretient de nouvelles & qu'on parle de tout, excepté du gouvernement. La ville est remplie d'espions, qui, comme autant d'argus, ont des yeux par milliers.

C'est une fâcheuse extrêmité de recourir à l'espionage pour conserver son autorité. La méfiance est sans doute mère de la sûreté, mais dès qu'elle est poussée trop loin, elle dégénère dans une terreur panique, & elle ne sert qu'à tourmenter les étrangers, & les citoyens. On s'est radouci dans Venise sur ce point; mais il n'y a pas un demi-siècle qu'on n'y alloit qu'en tremblant. On n'ofoit y rire, on n'ofoit y parler, & pour peu qu'on fréquentât un ambaſſadeur, on ne pouvoit plus voir les habitans. Cette république, quoique ſage, n'auroit pas dû permettre aux femmes de voyager. Elles rapportent dans leur patrie le goût de la dépenſe, & des modes les plus nouvelles, ſur-tout lorſqu'elles ont vu Paris; & leur pays ne leur ſemble plus qu'une priſon. Lucidor ne fut pas long-tems à s'en appercevoir, ce qui l'affligea d'autant plus, qu'on citoit Veniſe avec complaiſance, comme la ville où le luxe n'avoit point pénétré, & comme un lieu où les ſénateurs mêmes, ainſi que leurs épouſes, n'avoient point d'autre parure que le noir.

Il eſt à craindre, dit la Raiſon en quittant les Vénitiens, que pour vouloir trop s'agrandir, ils ne faſſent beaucoup de perte. Nous ſommes dans un ſiècle où les républiques ne peuvent ſe conſerver, qu'en ne faiſant point de bruit.

Lucidor voulut voir les moines. On les réformoit alors. Il leur trouva beaucoup d'eſprit; mais ils lui parurent très-intrigans, & conſéquemment dangereux. Quand on ſort de ſon état, on donne toujours dans les excès; ſi ce n'eſt du côté du cœur, c'eſt du côté de l'eſprit.

Après quinze jours paſſés à Veniſe, (c'eſt

assez pour quelqu'un qui n'a ni la passion des femmes, ni celle du jeu), il courut visiter Raguse, petite république sous la domination du grand-seigneur, où il y a du génie, & de-là il revint sur ses pas, & il se rendit à Naples.

Un voyage en Italie, n'est pas comme celui qu'on fait dans quelqu'autre région. Là ils font payer les Postillons pour aller lentement, comme on les paie par-tout ailleurs pour courir avec vitesse. Pas une petite ville, pas un seul bourg qui n'ayent quelque monument curieux, ou quelque savant qu'on est enchanté d'interroger.

Il n'y a que les gîtes dans les routes de traverses qui sont mauvais, mais on s'en garantit.

CHAPITRE XVI.

Il passe par Bologne & par Livourne.

FERRARE, ville où il y a plus de maisons que de personnes, & où l'on ne s'arrête ordinairement que pour donner un coup-d'œil sur quelques églises & sur quelques palais, lui parut une belle solitude. Après avoir visité le tombeau de l'Arioste, Poëte aussi renommé que le Dante, il se rendit à Bologne.

Ce séjour peuplé de gens de lettres & de savans, offre à l'esprit tout ce qui peut le satisfaire. Notre voyageur passa quelques jours avec eux, qui ne lui durèrent qu'une minute. Les uns lui dévoilèrent les plus intimes secrets de l'histoire naturelle, les autres lui montrèrent toutes les richesses de l'éloquence & de la poésie; & il n'y eut pas jusqu'à des femmes, qui en qualité d'académiciennes, l'occupèrent de la manière la plus intéressante & la plus agréable.

Il se félicitoit de voir ses connoissances si bien mises à profit; mais il parla peu, dans la crainte de trahir son secret. Des personnes aussi familiarisées avec ses instructions, pouvoient facilement le deviner.

L'académie de l'institut, abrégé de tout ce que la nature renferme de plus curieux, devint un sujet d'admiration & d'éloges pour Lucidor. Les quatre parties du monde avoient contribué à former ce précieux dépôt. C'est-là qu'on s'éclaire sur tous les phénomènes de l'Univers, & qu'on apprend à reconnoître cette Sagesse suprême qui créa tant de merveilles pour exercer notre reconnoissance & notre esprit.

François Zanotti, le Fontenelle de l'Italie,

ne vouloit plus quitter Lucidor. Il l'accompagna dans toutes ses visites, & par-tout il sut l'amuser. Un esprit agréable a la vertu de l'attraction.

La passion des Bolonois pour les spectacles, est celle de tous les Italiens. Le théâtre est leur élément. Le peuple même croit avoir besoin de ce passe-tems, & l'oisiveté y trouve son compte. Notre philosophe y parut quelquefois, comme un homme qui voit les choses sans passion. Il fut enchanté de la salle, dont l'architecture & les proportions forment une perspective ravissante.

Il y avoit au milieu de Bologne une maison que la noblesse loue, & où elle se rassemble pour jouer & pour discourir. Lucidor s'y fit présenter, & dans l'intervalle de deux heures il connut toute la ville : ce qui lui parut très-commode, & ce qu'on devroit imiter.

Il eut beau examiner avec des yeux critiques la conduite des maris, loin de les trouver jaloux, il vit sans beaucoup de peine qu'ils n'étoient que trop commodes. Mais la jalousie des Italiens a pris tellement racine, que quelque chose qu'on dise pour détruire cette opinion, on répétera toujours que les femmes en Italie ont des espions dans leurs époux. L'Italien n'est jaloux que de sa maîtresse.

Peu de personnes voyent avec les yeux de la vérité les magnifiques peintures dont Bologne est remplie ; elles arrêtèrent Lucidor plus qu'il ne croyoit. Le beau a le plus grand ascendant sur une ame réfléchissante.

Livourne où notre voyageur se rendit avec empressement, offrit une autre scène. On n'y connoît d'autre science que celle du commerce, & c'est la ville d'Italie qui paroît la moins Italienne. Les étrangers qui y abondent de toutes parts en ont fait une tour de Babel pour les mœurs & pour le langage.

» En voyant ce Port de mer, dit un capi-
» taine de vaisseau à Lucidor, vous découvrez
» la mine d'où les Médicis, grands ducs de
» Toscane, tirèrent leurs trésors. C'est-là qu'ils
» puisèrent le germe de leur grandeur, &
» qu'ils trouvèrent les moyens de former des
» artistes, de renouveller les arts, & d'en-
» richir leur pays des chefs - d'œuvres les
» plus précieux. » Il parloit encore lorsqu'on mit à la voile, & bientôt on se vit en pleine mer.

Lucidor ne put s'empêcher de rire, en se voyant par tout traité d'excellence, sur-tout lorsqu'il avoit gratifié de quelques pièces d'argent quelque malheureux. Les Italiens escaladent tous les superlatifs pour accueillir les étrangers pour être loués à leur tour. Leurs éloges ne sont que des acquêts. La Raison convint qu'ils étoient trop patelins, & qu'une ame ferme ne s'accoutumoit jamais à de pareilles démonstrations. On croit toujours que la fausseté est à côté des complimens. Au reste, il faut les prendre comme une pièce de monnoie, qu'on reçoit, & qu'on donne sans la décomposer, ni la peser.

Cette multitude d'académies qui se sont elles-mêmes donnés des noms ridicules, tels que les *Gelati*, les *Otioz*, &c., parut à Lucidor une précaution assez bisarre. Ils ont prévenu, dit-il, ce qu'on pourroit leur reprocher, de même qu'une personne contre-faite rit elle-même la première de sa grotesque figure, pour qu'on ne la plaisante pas.

CHAPITRE XVII.

Il arrive à Malthe & visite la Sicile.

LA navigation fut très-périlleuse, quoique le trajet ne soit pas long. Les ténèbres les plus profondes amenèrent la nuit en plein midi. Les vents se déchaînèrent, les flots s'amoncelèrent, & le vaisseau tantôt plus élevé qu'une montagne, tantôt plus abaissé qu'un précipice, annonçoit une ruine prochaine à tout l'équipage. Les uns maudissoient la mer, les autres imploroient le ciel; & au milieu de cette horrible confusion, Lucidor loin de murmurer, prit patience & manœuvra. Les plaintes ne guérissent point les maux, & la peur ne fait que les augmenter.

Malthe, cette Isle célèbre, faite pour donner des loix aux ennemis du nom chrétien, ou du moins pour arrêter leurs incursions, intéressa vivement notre voyageur par son gouvernement & par sa position. C'est-là qu'il vit la fleur de la noblesse s'épanouir sous l'empire d'un grand-maître, dont la souveraineté ne se fait sentir que par la clémence & par la politesse. Il commande à la portion la plus respectable de l'Europe, sans paroître commander, sachant que c'est l'amour du devoir qui conduit les ames bien nées, & non la crainte des punitions.

Lucidor en reçut le plus gracieux accueil. C'étoit alors Emmanuel Pinto, qui n'avoit d'autre défaut qu'une extrême vieillesse, & qui fut toujours l'interprète de la Raison. Ils discoururent ensemble de bonne amitié sur le sol du pays qui est assez ingrat, sur le caractère des Malthois dont les mœurs africaines respirent la débauche

& la férocité, lorsqu'ils ne sont pas civilisés; sur la qualité du climat qui rend l'air inflammable dans les jours d'été.

On le conduisit à la grotte de S. Paul, où l'on trouve une sorte de pierre qui végéte, & qui se reproduit. Les phénomènes de la nature n'échappent point aux regards de la Raison.

Il se répandit dans les différentes auberges où se rassemblent les chevaliers, & leur conversation lui prouva qu'ils s'appliquent sérieusement à leur métier, & que la lecture leur sert de récréation.

C'est ce qu'ils peuvent faire de mieux dans un pays où malheureusement on n'a point la ressource de ces femmes distinguées, qui constituent la bonne société. Excepté quelques baronnes, il n'y a guères dans la ville de Malthe que des personnes du commun. Les hommes s'ennuyent bien-tôt entr'eux si le sexe n'est de la partie; l'amabilité qu'il répand, jointe à la décence qu'il inspire, fait l'agrément des compagnies.

Le pape tient un nonce à Malthe, & Lucidor le vit. On gagne presque toujours à fréquenter les Italiens. Il y en a peu, sur-tout dans les places éminentes, qui n'ayent des connoissances & de l'esprit.

Les chevaliers enchantés du mérite & de

l'aménité de l'aimable inconnu qui venoit les visiter, le promenèrent de toutes parts, & lui firent voir des galères de la religion; mais lorsqu'ils cherchèrent à le deviner, il leur fit prendre le change très-adroitement sans mentir. On n'est pas obligé de dire toute vérité. La réticence n'est point une dissimulation.

Il partit après avoir observé les fortifications, qu'on peut mettre au nombre des monumens curieux, & il se rendit en Sicile, où il étoit attendu.

Palerme, ville très-belle, très-peuplée, & où brille une noblesse considérable, est à juste titre la capitale du pays. On y trouve plus d'esprit que de savoir. La vivacité paroît être le caractère dominant. Il est naturel que les Siciliens se ressentent d'avoir parmi eux le mont Etna.

Le faste, comme en Italie, n'est affiché qu'à l'extérieur. Les palais sont magnifiques, & les tables excessivement frugales. On y vit de chocolat & de rafraîchissemens.

Lucidor prenoit plaisir à voir des files de carrosses le long des rues. L'équipage est dans la Sicile & dans l'Italie une chose presqu'aussi nécessaire qu'une maison. Il est ignoble parmi les gens de condition de marcher à pied, ou s'ils y marchent, ce n'est qu'en ayant à leur suite un équipage, le signal de leur vanité.

Siracuse, berceau & tombeau tout-à-la-fois du célèbre Archimède, lui rappella le sort tragique de ce grand philosophe. Il n'y séjourna que pour honorer ses manes par des regrets. Il eût pu le faire par des libations. Le vin y vient avec profusion, & il y est excellent.

Notre voyageur s'occupa beaucoup de la fertilité du pays, qui par l'abondance de ses soies & de ses grains, correspond avec toute l'Europe; & après avoir vu Messine comme un port de mer où le commerce est nécessaire pour dissiper l'indolence & l'ennui, il passa dans la Calabre.

Il n'y vit que des insectes & des brigands, si l'on excepte quelques petites villes habitées par des gens honnêtes.

Ce pays est peuplé de religieux & d'évêques. Ils l'entretinrent sur les mœurs du pays qui ne sont point encore trop policées, & qui vraisemblablement attendront encore plusieurs siècles avant que cette métamorphose arrive. Les contrées qui tiennent aux extrêmités, & qui n'ont rien au-delà que des régions barbares, ne se civilisent que très-lentement. La Russie en est une preuve. Il a fallu des génétions sans nombre & des révolutions sans exemple, pour la rendre telle qu'elle est.

Lucidor étoit pris par des Algériens, si les chevaliers de Malthe ne l'avoient sauvé. La Raison eut été bien déplacée dans Alger. La Calabre lui servit de vestibule pour entrer chez les Napolitains. Ils s'annoncent par de très-beaux points de vue.

Naples, cette ville assise sur des volcans, paroît une fourmillère tant elle est peuplée. Ce ne sont de toutes parts que des hommes qui se pressent, qui se heurtent, & dont un tiers pour le moins n'a pour habit que des haillons. Il est triste qu'un séjour aussi agréable, soit défiguré par un semblable coup-d'œil.

Lucidor en conclut que la paresse occasionnoit cette étrange misère. Chose d'autant plus étonnante, que dans un port de mer il y a mille moyens de gagner sa vie; & que les ministres actuellement chargés de l'administration, ont beaucoup de zèle & de sagacité; mais on dira qu'il y a par-tout des abus, & que celui-là est le péché originel du pays.

L'éducation de la noblesse ne parut guères moins révoltante aux yeux de notre voyageur. Les jeunes-gens au lieu de s'appliquer à se former le cœur & l'esprit, ne perdent que trop souvent leurs premières années à s'occuper de chevaux, & à se familiariser avec la livrée, ce qui les rend grossiers dans les manières & dans le propos.

Le voisinage du mont Vésuve influe sur les têtes. L'imagination des Napolitains fermente comme un volcan. On voit dans leurs écrits le feu du génie, & leurs discours ressemblent à l'éclair. C'est ce qui fit dire à Lucidor qu'ils sont plus propres à former des poëtes & des orateurs, que des historiens ou des jurisconsultes.

Cependant il n'y a point de pays où l'on trouve plus d'avocats. Chaque maison a le sien qu'elle paye à l'année ; mais cela vient plutôt d'un goût décidé pour la chicane, que d'une disposition propre à faire des hommes de loi.

Notre philosophe ne put entendre sans frémir le murmure du palais. Cela retraçoit l'enfer, tant ceux qui plaidoient forçoient leurs gestes & leurs voix.

Mais quelle fut sa surprise, lorsqu'il vit des pelottons de moines dans toutes les rues. Les dominicains ont jusqu'à dix-huit maisons de leur ordre dans l'enceinte de la ville, & l'on compte jusqu'à trois cens franciscains dans un seul couvent, qui pillent tous les particuliers moyennant Dieu vous le rende, & qui tous auroient dénoncé la Raison comme hérétique, si elle eût seulement osé dire qu'ils étoient trop multipliés.

L'enthousiasme n'écoute que lui, & tout ce qu'il désapprouve lui paroît digne d'anathêmes.

Il voulut entendre les prédicateurs. La chose en méritoit la peine. Déclamateurs & pantomimes tout-à-la-fois, ils font rire & pleurer. Le génie néanmoins perce à travers le burlesque des expressions & des pensées. C'est une tempête mêlée de ténèbres & d'éclairs.

L'architecture trop chargée d'ornemens n'avoit point cette noble simplicité qui caractérise les bons ouvrages. En revanche on s'occupoit outre mesure de ce qu'avoient fait les anciens, & l'on cherchoit jusques dans le centre de la terre des monumens de leur savoir. Les excavations d'Ercolano en étoient la preuve. On tiroit journellement des ruines de cette ville, jadis abîmée par une éruption du mont Vésuve, des curiosités sans nombre, & l'on en conservoit la collection dans des salles du château de Portici, destinées à cet usage.

Candor les examina avec la plus sévère attention. C'étoit un spectacle digne de lui; mais il fut agréablement surpris lorsqu'il vit que plusieurs livres d'estampes, les mêmes morceaux de peinture & de sculpture rendus trait pour trait. Ouvrage immortel digne de Charles III roi d'Espagne, qui le fit entreprendre lorsqu'il étoit roi de Naples, & que son successeur son auguste fils, fait continuer à la grande satisfaction des amateurs.

Quelques auteurs célèbres écrivoient sur différens sujets, & leurs productions se ressentoient du terroir : ce qui aux yeux des gens vifs leur donnoit beaucoup de valeur, tandis que les flegmatiques en faisoient peu de cas. Les hommes dans leurs jugemens comme dans leurs goûts, sont souvent la dupe de leur tempérament.

Lucidor n'approuva point le fanatisme des Napolitains pour les spectacles. La raison veut de la modération dans les plaisirs. Mais il trouva que les théatres étoient de toute beauté. C'est dommage que les pieces, excepté celles de Métastase qu'on donnoit par fois, n'y répondissent point. Ce n'étoit qu'un amas d'insipides épisodes, ou qu'un tissu de mauvaises plaisanteries. On applaudissoit par habitude, & l'on rioit par désœuvrement.

Il fréquenta plusieurs assemblées ; elles sont majestueuses. Il y entendit avec satisfaction une improvisanta, c'est-à-dire, une jeune fille qui chantoit en même-tems qu'elle composoit des chansons dont on lui indiquoit les sujets.

On

On en rencontre souvent dans l'Italie qui ont cette étonnante facilité, & qui par l'habitude qu'elles ont de faire des *impromptu*, disent quelquefois des choses fort ingénieuses & fort agréables. Cela leur sert de métier, pourvu que leur jeunesse ou leur beauté ne les engage point à en faire quelqu'autre.

On invita notre philosophe à quelques repas, mais il s'apperçut bientôt que le talent des Napolitains n'est pas celui de régaler. Il n'y avoit ni cet ordre, ni cette élégance qui brillent chez les François.

Sur les remontrances qu'il fit aux ministres d'interdire la mendicité, d'ordonner à la livrée, & sur-tout aux valets-de-pied de la cour, de ne plus se répandre dans les maisons pour mettre les étrangers à contribution, on fut sur le point de l'effectuer; mais la chose ne fut point exécutée. A peine est-on présenté au roi de Naples, qu'on est assailli par les gens de sa maison qui font payer la bienvenue. Sa majesté l'ignore, & il seroit à propos qu'elle le sût. Que de réformes on verroit dans tous les états, si les souverains étoient instruits!

Il étoit juste que Lucidor vît les environs de Naples. Ils intéressent par les belles choses qu'en a dit Virgile, & par leur situation. Il

Q

commença par visiter le tombeau de ce poëte immortel, sur lequel le hasard a fait croître un laurier fort à propos. Il est à quelque distance de la ville, dans un terrein isolé.

De-là notre voyageur se rendit sur les bords de l'Acheron, & il observa que ce fleuve, si redoutable dans Virgile, n'étoit qu'un misérable petit lac qui ne faisoit peur à personne. Les Champs-Elisées, si pompeusement célébrés par le même poëte, ne parurent guères mieux valoir à ses yeux que les bords de la loire, & l'antre de la sybile de Cume, qu'un souterrein ordinaire. Les objets embellis par la poésie, sont des perspectives qu'il ne faut voir que de loin.

Il n'en est pas de même de Caserte, ce château que le roi de Naples regarde avec raison comme le plus pompeux palais qui soit en Europe, & dont il fait ses délices. Lucidor le parcourut d'un œil critique, sans y remarquer aucun défaut. C'est l'assemblage de toutes les beautés dans le lieu le plus fertile & le plus agréable. Les statues, les colonnes, les aqueducs, les arbres sous toutes sortes de formes, les eaux dans la plus grande abondance, tout contribue à en faire le séjour de la magnificence & de la volupté.

Il passa par Capoue, ville maintenant aussi

incommode, qu'elle étoit délicieuse du tems d'Annibal, & il se rendit à Rome par la voie Appienne, qui, malgré les orangers & les myrthes dont elle est bordée, ruine les équipages & désole les voyageurs. Ce ne sont que des débris, précieux vestiges des Romains, mais qu'on aimeroit mieux voir à l'écart.

Le Mont-Cassin, cette pompeuse abbaye, la pépinière de presque tous les moines, étala ses richesses aux yeux de Lucidor : mais il fut beaucoup plus content d'y voir des vertus. Des bâtimens trop superbes dégradent des religieux, au lieu de les relever.

La route du Mont-Cassin jusqu'à Rome fit faire bien des réflexions à notre voyageur, sur la puissance de ces anciens Romains qui furent les maîtres de l'Univers, & dont il ne reste plus de traces que sur quelques monumens & dans les histoires. Les révolutions du monde sont une matière inépuisable de pensées, quand on vient à rapprocher les siècles & les évènemens.

Les Italiens ont l'esprit pénétrant. Ils s'aperçurent que Lucidor n'étoit point un homme ordinaire, & qu'il laissoit échapper comme malgré lui des rayons qui dissipoient les préjugés : c'est ce que lui dirent des gentilshommes, des religieux, des artisans mêmes avec les-

Q ij

quels il conféra. Leur ame s'illuminoit à mesure qu'il leur parloit.

CHAPITRE XVIII.

De Rome & de ses habitans.

Quel spectacle pour la raison, que la capitale du monde entier ! Lucidor y entra avec ces sentimens de surprise & d'admiration, qu'on éprouve à la vue de quelque phénomène.

Ses regards restèrent long-tems immobiles sur ce superbe édifice, qu'on peut appeller la merveille de l'Univers. Il en remplit son esprit & sa mémoire, comme de l'objet le plus majestueux & le plus intéressant.

De l'église de S. Pierre, où la sculpture & la peinture ont déployé ce qu'elles ont de plus rare & de plus imposant, il passa au Vatican, & là il apperçut de nouveaux chefs-d'œuvres, mais avec une telle profusion, que l'on se lasse de les contempler. Une beauté fait oublier l'autre ; & il ne falloit pas moins que le coup-d'œil de Lucidor pour pouvoir s'en souvenir.

Sa joie fut complette, quand il se vit au milieu de la magnifique bibliothèque du Vatican.

C'étoit son centre. Tous les livres du monde s'y trouvent rassemblés ; & ceux qui en ont la garde, en connoissent la substance & la valeur. C'est dommage que tant de volumes, si rares & si curieux, soient renfermés sous la clef. On n'apperçoit que de vastes armoires qu'il faut ouvrir, lorsqu'on veut interroger quelqu'ouvrage.

Il n'y eut pas un coin dans Rome qui ne devînt un objet intéressant pour notre voyageur. Dans un pays où tout est précieux, il ne faut rien oublier. On le voyoit dès le point du jour se répandre dans les rues, dans les places, dans les palais, dans les églises, dans les jardins, y examiner avec soin ce que les anciens & les modernes ont de plus curieux. Il analysoit, il comparoit ; on ne connoît rien que par comparaison ; & toutes ses observations étoient exactement consignées dans un journal, afin d'apprendre aux voyageurs la manière de voyager.

Après quelques jours écoulés dans l'examen des beautés matérielles, il s'attacha à considérer les mœurs & les loix des habitans : c'étoit son principal objet.

Le souverain pontife ne pouvoit que l'intéresser. Outre que la raison s'étoit unie à la piété pour le placer sur la chaire de S. Pierre; il donnoit chaque jour des preuves de sa sagesse & de son discernement.

Ce n'étoit plus un pape qui par une obstination inflexible, vouloit conserver ses priviléges aux dépens des droits des souverains; mais un conciliateur pacifique qui retranchoit adroitement ce qui pouvoit entretenir la mésintelligence, & qui se faisoit tout à tous.

Ainsi Lucidor devoit être l'ami du sage Ganganelli. C'est ce qui parut dans leurs entretiens. Ils furent toujours du même avis sur l'union qui doit régner entre un pape & les souverains; sur la nécessité de regarder leur pouvoir comme n'étant émané que de dieu seul; sur l'obligation de laisser tomber dans l'oubli certaines prétentions qui ne peuvent que blesser les princes, & irriter les esprits. Le monde s'éclaire en vieillissant.

Le pape en se dévoilant fit entrevoir une politique qui valoit celles de Ximenès & de Sixte-quint, mais qui avoit le mérite de se plier aux tems. Il en est d'un souverain habile, comme d'un bon navigateur, c'est de calculer le vent.

Les cardinaux membres d'un corps qui a produit les plus grands hommes, accueillirent notre philosophe avec cet air gracieux que ne connoît point l'orgueil. Il fut étonné de leur politesse, en même tems qu'édifié de leurs vertus.

Un d'entr'eux plein de sagesse, & que sa longue expérience éclairoit autant que son génie, prit Lucidor en amitié; & après quelques conversations sur différens objets relatifs au gouvernement du pays, il lui dit:

» Vous nous regardez peut-être comme des bonnes gens, qui n'étoient pas dignes de succéder aux anciens Romains. Il est bon que vous sachiez qu'il y a encore des hommes parmi nous qui auroient mérité dans les plus beaux jours de Rome, les premières dignités.

» Le tems est passé où la force des armes faisoit la gloire de ce pays; mais en est-on moins estimable, parce qu'on y jouit de la paix? La véritable philosophie préfère le repos à tous ces combats qui détruisent les hommes, & qui révoltent l'humanité. Nous n'avons point d'autre défense que notre prudence; nous la mettons en tête comme notre casque, & avec elle nous éludons, nous temporisons & nous venons insensiblement à bout de nos desseins.

» On gagne tout en gagnant du tems. Le monde est rempli d'évènemens qui se succedent sans interruption. Une guerre survient, une alliance se forme, une mort arrive, & les choses prennent une nouvelle face. Le chapitre des accidens nous a tirés d'affaire dans mille circonstances critiques.

D'ailleurs notre cour a une ressource que n'ont pas les autres. Le conseil du souverain est composé de personnages qui ont rempli différentes nonciatures, & qui connoissent le génie des princes, & les moyens les plus propres à se les concilier. Outre cela nous nous avons des gens à nous, répandus de toutes parts, & qui nous informent de tout.

Il ne faut jamais envisager un état, continua le respectable vieillard, selon ce qu'il a été, mais selon ce qu'il est. Les anciens Romains qu'on vante avec emphase, se seroient comportés comme nous, s'ils se fussent trouvés dans la même position; on ne pense point à faire la guerre, lorsqu'on a une forme de gouvernement qui en éloigne; & parce qu'on n'a pas une lance à la main, on n'en est pas moins grand-homme.

J'aime mieux une tête sage sous un capuchon, qu'une tête folle sous un casque. Le génie fait les héros, non leur bouclier; il importe peu de quelle manière on soit habillé, lorsque la raison sert de boussole.

La plûpart des écrivains font inconféquens, & fur-tout dans le fiècle où nous vivons. Ils décrient les guerres, ne vantent que la paix, & ils tournent en ridicule ceux dont le gouvernement eſt eſſentiellement pacifique.

Je ſais que le nôtre a des défauts, mais les autres peuples ſont-ils plus heureux que nous ?

Il eſt impoſſible qu'un pape qui n'a point été élevé pour régner, & qu'on ne choiſit guères avant ſoixante ans, ait toutes les qualités propres à gouverner. Occupé du ſpirituel, qui fait ordinairement ſon premier ſoin, il néglige malgré lui des affaires temporelles qui exigent un travail aſſidu. Outre que la vieilleſſe eſt lente, comme dit Cicéron, on ne fait pas de grandes entrepriſes, quand on n'a plus aſſez de tems pour les continuer, & lorſqu'on ignore quel ſera ſon ſucceſſeur.

Cette poſition fait qu'on ſe repoſe ſur des perſonnes qui n'abuſent que trop ſouvent de l'autorité ; & qu'un pape ainſi que bien des princes, ne voit la vérité que lorſqu'il lit l'évangile.

Nous voyons tous avec douleur, que l'oiſiveté fait le malheur du pays, qu'il y a trop d'aumônes, & point aſſez d'impôts. Mais un pape qui n'a que quelques jours à vivre, craint de ſe rendre odieux s'il vient à changer les choses, & de passer pour un homme sans humanité. On crie encore contre Sixte-quint, parce qu'il fut sévère. Cependant c'est par sa prévoyance que Rome fut dernièrement préservée de la famine. Deux cens ans après sa mort, il a fait vivre son ancien peuple, par les sommes qu'il mit sagement en réserve. Un habile politique est presque prophête.

Tout cela peut vous apprendre, monsieur, que ce ne sont pas les lumières qui manquent. Les plus grands hommes se déterminent par les circonstances.

Notre philosophe n'auroit pas mieux parlé. On le prévenoit sur tout ce qu'il auroit dit, & c'est ce qui prouve que l'illustre Montesquieu avoit raison d'assurer que les Romains d'aujourd'hui ressembloient aux anciens ; qu'on découvroit en eux des traces qui indiquoient le même génie.

Il suffit en effet d'interroger leurs enfans. Ils ont des réponses qui étonnent. Ce n'est plus l'ambition d'être consul ou dictateur qui les stimule, mais la passion de devenir cardinal, & même pape. Le plus petit paysan ne voudroit pas y renoncer pour des sommes. L'exemple de Sixte-quint s'inculque dans les esprits dès la première enfance.

Les décorations & les fêtes dont Lucidor

fut témoin, ne lui rappellèrent pas moins l'ancienne Rome. Il y remarqua cette simplicité majestueuse qui caractérise la vraie grandeur, les peuples frivoles ne connoissent que le joli, les nations solides le rejettent & le méprisent.

On se passe à Rome de spectacles pendant près d'onze mois; cela annonce des personnes qui savent converser. Aussi les assemblées prennent-elles à juste titre le nom de conversations. On s'y réunit pour discourir sur différens sujets; & s'il y a deux tables de jeu, elles gardent presque l'incognito. Chose admirable plutôt qu'imitable.

Ahmider vit une multitude de savans, fortement occupés de l'étude des loix & de l'antiquité. Il y a une foule de religieux, & de petits abbés qu'on prendroit pour des êtres qui végètent, & qui étincellent de génie. Ils joignent à un esprit pénétrant des connoissances profondes. Le droit canonique, cette science nécessaire, & qui n'est guères connue qu'en Italie, remplit tous leurs loisirs. On jette à Rome dès la plus tendre jeunesse, les fondemens d'une grande élévation. La papauté aiguillonne les esprits. De-là vient qu'on dit que les cardinaux seroient plus saints, s'ils ne vouloient pas être très-saints. *Non sono santi, perche vogliano essere Santissimi.*

Les ambitieux savent qu'à Rome il y a plusieurs voies pour parvenir aux grandes dignités. Ces voies sont désignées par quatre rues majeures qui aboutissent à la basilique de S.-Pierre; la rue des chapelets, qui dénote la route de ceux qui s'élèvent par le moyen de la dévotion. La rue des orfèvres, qui marque celle des gens qui ont de l'or, & qui achètent. La rue papale, qui représente la manière dont on s'avance, lorsqu'on a la protection du pape, & c'est la rue la plus courte. Celle de la longare, qui est une image de la lenteur avec laquelle on parvient, quand on n'arrive aux dignités que par la voie des gouvernemens. Enfin ces petites places répandues dans tout le territoire de S. Pierre, & où un ecclésiastique est presqu'oublié, à moins qu'il n'ait beaucoup d'intrigues ou un mérite éminent.

Notre philosophe reconnut avec peine que l'or avoit beaucoup d'ascendant sur l'esprit des Romains. Il calcula celui que la France paie annuellement pour les bulles & pour les dispenses; &, selon son calcul qu'on peut dire très-exact, cela monte à six cens mille livres, & non à des millions, comme le public qui juge toujours au hasard se l'imagine. Il conclut que ce seroit un bien pour Rome, si elle ne recevoit rien des pays étrangers, parce qu'alors ses habitans travailleroient, & le commerce fleuriroit. Un peuple n'est jamais plus malheureux, que lorsque pour vivre il compte sur le secours d'autrui.

On parla beaucoup à l'inconnu des pasquinades faites en différens tems, & c'est à cette occasion qu'il avoua qu'il n'y a que les Italiens & les François capables de ces sortes de productions. Les autres peuples n'ont ni le courage de s'égayer dans leurs malheurs, ni l'esprit propre à tourner en ridicule les choses les plus affligeantes ou les plus sérieuses.

Il ne put s'empêcher de dire aux Romains, qu'ils se desséchoient trop dans l'étude de l'antiquité. Leurs bibliothèques le charmèrent autant qu'elles le captivèrent. Elles sont multipliées dans Rome avec un luxe analogue au pays. C'est en cela qu'un philosophe peut faire de la dépense.

On accabla notre philosophe de sonnets. Les François n'osent en produire que deux, sachant que ce genre de poésie est si difficile, qu'on n'y réussit presque jamais ; les Italiens beaucoup plus hardis, en composent tous les jours & dans toutes les circonstances. C'est la ressource des Poëteraux. Il n'y a point de mariage, point de profession religieuse, point de fête, qu'on ne célèbre par des sonnets.

L'académie des Arcadiens avoit quelques poëtes fameux, & sur-tout l'abbé Stays, que ses deux poëmes latins ont immortalisé. Lucidor les lut dans sa route, & il ne pouvoit les quitter.

Les écoles de la sapience (la sorbonne des Romains) offroient à l'admiration des étrangers les professeurs les plus distingués. On y reconnoissoit les traces des P. P. le Seur & Jacquier, ces deux minimes François qui en firent l'ornement pendant plusieurs années, & que les premières académies de l'Europe s'associèrent à l'envi. Ils savoient qu'on n'est point prophète dans son pays.

Lucidor trouva que le gouvernement ecclésiastique étoit trop doux. Sous prétexte que l'église abhorre le sang, on laisse les crimes impunis. L'humanité exige sans doute qu'on épargne la vie des hommes; mais si les loix sévissoient plus souvent en Italie, il n'y auroit pas tant de meurtres. Comme on obtient grace facilement, les scélérats percent à la sourdine un ennemi qui passe : ce qui fait dire que les Italiens prennent les gens par derrière, & qu'il faut s'en défier.

Les aumônes trop abondantes sont un autre

inconvénient. Elles entretiennent la paresse; depuis mai jusqu'en septembre, les artisans dorment la moitié du jour. Elles nourrissent outre cela l'orgueil. Rien de plus insolent qu'un pauvre en Italie, parce qu'il sait qu'il ne peut mourir de faim. On en trouve un exemple dans une réponse faite à un cardinal. L'éminence irritée de voir qu'un misérable qui venoit de lui demander l'aumône en se prosternant à ses pieds, ne mettoit qu'un genou en terre lorsque le S. Sacrement vint à passer, lui en demanda la raison. C'est, lui répliqua le malheureux, parce qu'on ne se moque point de celui-ci. *Questo non si burla.* Le peuple Italien a les plus heureuses réparties, il solde sur le champ.

Les hôpitaux charmèrent Lucidor par leur propreté. Outre qu'il n'y a jamais plus d'un malade dans un lit, & c'est bien assez, tous les besoins sont satisfaits de manière à ne rien souhaiter. Etrangers, citoyens, tous y sont admis. Il ne faut pour y être reçu, d'autres protections que des infirmités. Belle leçon pour la plûpart de ceux qui régissent des hôpitaux !

Ce qui affligeoit notre voyageur, c'étoit de voir Rome aussi dépeuplée. On n'y compte que cent cinquante mille ames, & elle n'est guères moins vaste que Paris; mais les carrosses y sont si multipliés, qu'il y a beaucoup de luxe & de fracas. On y jeûne pour avoir des chevaux, & l'on y paie en partie les valets avec les contributions qu'ils tirent des étrangers: contributions néanmoins beaucoup plus tolérables que celles d'Angleterre, où les laquais se font payer d'un dîner qu'on prend chez leurs maîtres. Nul pays sur la terre, où il n'y ait des monopoles.

Lucidor voulut voir si les prêtres & les prélats fréquentoient les théâtres, comme on les en accuse; & il reconnut que tous ceux qu'on appelle prélats, loin d'avoir été promus à l'épiscopat, n'étoient souvent que tonsurés, & que tous ces prétendus prêtres n'en avoient que l'habit, étant des procureurs, des notaires, des avocats; & qu'en les voyant avec des femmes, on les voyoit avec leurs filles, ou avec leurs épouses. On juge toujours mal, quand on juge des choses sur un simple coup-d'œil.

On invitoit toujours l'inconnu à prendre le chocolat. Les Romains ne connoissent pas d'autre manière de régaler. Très-friands chez les autres, mais très-sobres chez eux, ils ne mangent que pour subsister. Cela s'accorde avec leur économie, qui ne permet pas aux

plus

plus riches d'éclairer leurs vastes palais, ni d'avoir un flambeau lorsqu'ils sortent le soir en équipage. On ne découvre à travers leur cortége qu'un triste lumignon, plus propre à former des ombres qu'à répandre des lueurs. La manière de bien employer l'argent est aussi rare que le moyen d'en trouver; car la charité ne permet pas de penser que les Romains fuyent la lumière pour mieux masquer leur conduite.

Le mont de piété, lieu destiné à empêcher l'usure, & à recevoir les gages de tous ceux qui ont besoin d'argent, plut beaucoup à notre voyageur. Il souhaita que la même ressource devînt celle de toutes les grandes villes. Les usuriers par ce moyen ne s'enrichissent point aux dépens du public, & l'on ne risque point de perdre ses effets. Que d'établissemens qui restent encore à faire!

Une synagogue de Juifs existante au milieu de Rome avec plein exercice de religion, fut encore un point de vue qui mérita son attention. Il lui paroissoit inconcevable qu'on persécutât les Juifs en Portugal sous prétexte de venger le christianisme, tandis que dans la capitale même du monde chrétien on leur laisse toute liberté. Si toutes les inquisitions avoient pris celle de Rome pour modèle, on n'auroit pas égorgé tant de victimes, ni tant outragé la religion qui n'est que douceur & charité. Les hommes ne prennent que trop souvent leurs passions pour la voix de dieu.

Il se promena souvent dans ces jardins enchantés qui environnent la ville, & qu'on nomme vignes très mal-à-propos, parce qu'en Italien on les appelle *Villa*, sans y voir autre chose que des arbres & des statues. Les Romains ne connoissent de promenade que celle qui se fait en carrosse & au milieu des rues. Ils aiment qu'on les honore par des salutations continuellement répétées; & voilà comme on est dupe de l'orgueil.

Il n'y a que les nuits d'été, où, pour se dédommager de la contrainte & de la chaleur du jour, la grandeur Romaine marche volontiers à pied. Alors les personnes les plus qualifiées, sans distinction de sexe, & sans autre vêtement qu'un léger déshabillé, se répandent dans la ville, & se délectent à écouter les instrumens ou les voix de plusieurs Virtuoses.

La musique est un cinquième élément pour les Italiens : ils ne l'aiment pas moins que l'air qu'ils respirent; & il faut convenir qu'elle donne de l'ame à ceux même qui n'en ont pas, & que toutes les autres musiques comparées à celles-là, sont maigres & sans énergie.

Mais ce n'est ni en formant des voix artificielles, ni en outrageant l'humanité, que les Romains se feront honneur de leur goût pour l'harmonie. L'art doit copier la nature, & non la mutiler. Aussi le S. Père s'est-il couvert de gloire, en proscrivant une coutume si barbare.

On avoit souvent dit à Lucidor que la débauche étoit excessive à Rome, & que le pape y toléroit des lieux publics dont il tiroit une rétribution. Il se convainquit par lui-même que ce qu'on imputoit au S. Père étoit absolument faux; qu'excepté quelques malheureuses prostituées, qu'on relègue dans un quartier isolé, comme indignes de se mêler avec les citoyens, il n'y a dans Rome aucun mauvais lieu, & qu'elles sont si misérables, qu'il leur seroit impossible de rien payer. Il y a plus de mensonges que de vérités dans presque toutes les histoires.

Lucidor étoit toujours étonné de voir les villes d'Italie, même les plus considérables, sans gardes & sans lanternes. Il faut que ce peuple, disoit-il, ne soit pas aussi méchant qu'on le publie, autrement il y auroit toutes les nuits des vols & des assassinats. Paris livré à lui-même, deviendroit le théâtre des plus grandes horreurs.

Dans le voyage qu'il fit à Frefcati & à Tivoli, ces endroits délicieux par leurs maifons enchantées & par leur fituation, il vifita plufieurs dames Romaines, & il ne fut pas moins charmé de leur converfation que de leur maintien. Il les trouva inftruites fans être favantes, fières fans être vaines, parlantes fans être babillardes, enjouées fans être frivoles. Celles qui étoient galantes fans vouloir le paroître, conduifoient une intrigue avec le plus grand fecret, & y mettoient autant d'intérêt qu'à une affaire d'état.

Les campagnes qu'il traverfa, portoient les triftes marques de la dépopulation & de l'oifiveté. Elles annonçoient à tous les voyageurs que le pape avoit trop de moines dans fon pays ; que pour remettre l'agriculture en honneur, il falloit en retrancher, & fe contenter de lever quelques impôts fur le laboureur & fur l'artifan. Cela aiguillonne les pareffeux, & les force au travail. Les Italiens eux-mêmes en conviennent, & fur-tout pour ce qui regarde les moines.

CHAPITRE XIX.

De la république de Saint-Marin.

QUOIQUE ce petit pays semble garder l'incognito, & qu'il ne soit qu'un point dans la vaste étendue de l'Europe, nous croyons devoir le distinguer par un chapitre tout exprès, comme étant l'asyle du bonheur, & comme ayant mérité la visite & les suffrages de la Raison. Les plus petites boîtes renferment souvent les meilleurs parfums.

Lucidor s'y arrêta pour y goûter à longs traits le calme dont on y jouit, & dont il est redevable au petit nombre qui le compose, & au pape qui le protège.

C'est à ce double titre que la république de Saint-Marin ne connoît ni les profusions du luxe, ni les horreurs du vice, ni les ravages de la guerre, ni les fureurs de l'ambition.

Contente du petit terrein qu'elle possède, & qui ne consiste que dans quelques lieues d'étendue, elle ne cherche ni à s'élever, ni à s'agrandir. Ses sujets gouvernés par des sages, à la tête desquels est une espèce de doge appellé Gonfalonier, & qui change tous les deux mois, vivent entre l'indigence & la richesse, avec une quiétude qui a quelque chose de céleste.

C'est ce qu'un gentilhomme rapporta à Lucidor, pour l'engager à rester avec eux.

» Aimable étranger, lui dit-il, nous n'avons fait que vous entrevoir, & déja nous désirons avec toute l'ardeur possible vous fixer dans ce pays. Nous sentons que vous êtes né pour l'habiter. Vous n'y trouverez ni ces forteresses, ni ces châteaux, ni ces possessions qui forment les royaumes, mais nous jouissons des mêmes étoiles, du même soleil qui éclairent les plus vastes empires. Ni le bruit des tambours, ni celui des canons ne viennent point allarmer cette contrée. Cette terre n'a jamais rougi que du sang des agneaux, & jamais nous n'avons vu nos moissons ravagées par les irruptions de quelqu'ennemi. C'est encore ici le siècle d'or, tandis que presque toutes les contrées éprouvent un siècle de fer.

Vous avez trop de discernement, aimable étranger, pour craindre qu'une vie comme la nôtre ne vous paroisse insipide. Au lieu de cette ambition qui tourmente les hommes, il est parmi nous une noble émulation qui nous réveille sans nous troubler. Les uns aspirent aux charges de la république en s'efforçant de les mériter; les autres se signalent par des travaux, & il n'y a pas jusqu'au paysan qui ne s'applique à fertiliser son champ mieux que son voisin, parce que le gouvernement a soin de faire distribuer des prix selon ses revenus, très-modiques à la vérité, mais proportionnés aux désirs. La médiocrité est le plus beau patrimoine.

Nous trouvons de grandes richesses dans notre économie; ni le faste, ni les modes n'altèrent point nos biens, & nous ne payons d'impôts que pour subvenir à des besoins urgens.

Si nous étions protégés par une puissance exposée à soutenir des guerres, nous serions forcés de prendre les armes selon sa volonté; mais le souverain qui nous met à l'ombre de ses ailes, est le prince de la paix.

L'amitié, cette vertu si rare, fait les délices des citoyens. Ils en connoissent le prix, ils en éprouvent les douceurs, & il n'y a parmi nous qu'un cœur & qu'une ame. »

On peut présumer combien notre philosophe fut attendri. Il s'appliqua tout entier à considérer les mœurs du pays, & il vit des femmes parées de la modestie, des maris occupés de faire leur bonheur, des jeunes gens remplis de sagesse & de naïveté, des ouvriers honnêtes, chacun content de son sort.

On l'invita plusieurs fois à dîner, & toujours il se trouva entre la candeur & la gaieté. Tout le monde y étoit à son aise, parce qu'on n'y avoit point de prétentions. Les circonstances amenoient l'esprit, on n'alloit point le chercher, & le bon cœur faisoit la dépense.

Lucidor ne quitta la république de Saint-Marin qu'en apparence, car c'est un petit pays que la raison gouverne depuis long-tems.

Il parcourut toutes les villes de l'état ecclésiastique, & dans chacune il fit des observations. Il jugea qu'Ancone pouvoit faire un commerce encore plus considérable; que Rimini perdoit la moitié de son mérite, en chérissant l'indolence; que l'éruption des eaux qui ravageoient tous les ans les campagnes du Bolonois, exigeoit un corps d'ingénieurs des ponts & chaussées, tels qu'il en subsiste en France; & que sans cette ressource on ne viendroit jamais à bout d'intercepter les torrens: il y a des établissemens qui valent mieux que des trésors.

CHAPITRE XX.

De la Toscane.

FLORENCE, cette ville ravissante, qu'on ne devroit faire voir que les dimanches, selon la réflexion d'un Portugais, enchanté de son élégance & de ses beautés, reçut notre philosophe avec distinction. Les Florentins sont extrêmement polis, quoique leur manière de prononcer la langue italienne ait quelque chose de grossier.

Ils lui firent voir toutes leurs richesses, c'est-à-dire, ce que les arts ont produit de plus exquis.

La galerie du palais des grands ducs possède en histoire naturelle, en vases, en pierreries, en médailles, en tableaux, en statues, les plus rares trésors. On y voit les portraits des grands peintres, tous faits par eux-mêmes, & tous mis au rang des chefs-d'œuvres.

La chapelle de Saint Laurent, magnifique par ses marbres & par ses mausolés, paroissoit encore s'embellir sous les regards de Lucidor, & la bibliothèque toute composée de manuscrits rares, sembloit n'avoir été formée que pour lui.

Il y a des objets auxquels l'ame & les yeux ne peuvent abſolument ſe refuſer ; & telles ſont les raretés recueillies par les Médicis, qui ſans un revenu conſidérable & un territoire fort étendu, trouvèrent le ſecret de raſſembler ce que les quatre parties du monde avoient de précieux, & de devenir les reſtaurateurs des ſciences & des arts. On peut tout lorſqu'on ſait régner.

Parmi les médailles ſi néceſſaires pour aſſurer l'hiſtoire, il vit un ſequin d'or qui en fait partie. C'étoit une pièce de la valeur d'onze francs, ſur laquelle on lit : *Jeſus-Chriſt, premier roi des Florentins. Jeſus-Chriſtus primus rex Florentinorum.* Elle avoit été frappée lorſque les habitans de Florence ne s'accordant point pour élire un chef, choiſirent le Sauveur des hommes en qualité de ſouverain. Ce qui ne dura que quelques jours ; car ils préſumèrent que les eccléſiaſtiques voudroient régner à la place de Dieu, & que Florence ſe trouveroit inſenſiblement ſous la domination du clergé.

Les mauſolés de Michel Ange & de Galilée, qui ſont en face l'un de l'autre, furent examinés par notre reſpectable voyageur. De pareils monumens n'échappent point aux regards d'un homme inſtruit. On lit ſur le tombeau de Galilée, qui fut repris très-mal adroitement par l'Inquisition, pour avoir trop gravement soutenu que le soleil étoit immobile, & que la terre tournoit. *Terra gyrat, Galilæus stat.* La terre tourne, Galilée est dans son centre.

Les littérateurs de Florence s'empressèrent de fréquenter Lucidor; il les trouva dignes de la carrière qu'ils couroient. Il s'affligea de ce que l'abbé Lami, si connu par ses feuilles périodiques & par son érudition, venoit d'être enlevé par la mort. On lui montra plusieurs manuscrits de sa façon, qui n'étoient qu'ébauchés. Les savans meurent toujours trop tôt.

Les dames voulurent aussi posséder notre philosophe. Il se rendit à leurs assemblées, & si elles lui parurent moins vives que les Vénitiennes, mais plus solides, c'est parce que la nature ne fait rien qu'avec compensation. On lui parla beaucoup de livres & d'auteurs. C'est un objet dont les femmes s'occupent volontiers en Italie, les unes avec plus d'indifférence, les autres avec plus d'intérêt; mais tout homme qui écrit a part à leur estime. Cela encourage les talens, au lieu que partout ailleurs elles préfèrent un joueur à un auteur.

On mena notre philosophe au café. C'est un lieu chez les Italiens que la noblesse fréquente, & que les femmes visitent souvent sans sortir de leur équipage. Elles se font apporter des rafraîchissemens, & les cavaliers viennent leur faire la cour.

Lucidor s'apperçut qu'un étranger qui arrivoit au café étoit fort bien accueilli. L'Italien bien différent de l'Anglois, est fort communicatif, ne connoissant ni la défiance, ni la taciturnité. Il prévient les voyageurs, il les interroge, & s'offre très-souvent de lui-même à leur faire voir ou à leur indiquer ce qu'il y a de plus curieux. C'est-là qu'on l'assura qu'il y avoit toujours eu à Florence un nid d'esprits forts, mais ils se cachent.

Il eût désiré plus d'activité parmi les Florentins, & qu'ils fussent un peu moins verbeux. On donne ordinairement prise sur soi, quand on parle trop.

Le grand duc donnoit un nouveau lustre à Florence par ses vertus. Les villes renaissent lorsqu'elles ont le bonheur d'avoir un prince magnanime. On tira pour sa fête un feu magnifique, dont notre voyageur fut enchanté, quoiqu'il ne fût qu'un diminutif de ceux qu'il avoit vus à Rome. Les Italiens se connoissent en artifice.

Sienne, séjour délicieux par la pureté de l'air, & par l'aménité des habitans, fut pour Lucidor un paradis terrestre. Il se plut à écouter parler les Siennois, comme on prend plaisir à entendre un magnifique discours. La langue Italienne devient sur leurs lèvres un rayon de miel qui se distile avec suavité. Les gentilshommes avoient des connoissances. La noblesse s'illustre quand elle cultive les lettres.

On n'est pas riche à Sienne, & on n'en est pas fâché, on se contente de peu, mais l'émulation en souffre. Lucidor dit librement son avis sur une certaine mollesse qui gagnoit les habitans. Le manége est presque désert. On n'ose prendre des exercices, dans la crainte de se fatiguer.

La cathédrale, le plus magnifique gothique qu'il y ait en Europe, n'est pas la seule antiquité. Les femmes, à raison de la salubrité de l'air, y vieillissent sans s'en appercevoir. C'est une collection de siècles que leurs assemblées.

Pise, ville assoupissante, quoique très-agréablement située, a néanmoins des écoles célèbres & des professeurs habiles. Lucidor eût voulu pouvoir ressusciter le prélat Cérati. Il avoit malheureusement cessé de vivre, sans consigner dans aucun écrit ni l'histoire de ses voyages, ni mille anecdotes curieuses qui le rendoient l'homme du monde le plus intéressant. Un savant doit s'arranger de manière à ne mourir qu'à demi.

L'orgue de Pife, d'autant plus admirable, que les Italiens par une manie ridicule, affectent de méconnoître la beauté de cet inftrument, charma les oreilles de notre philofophe. L'organifte, auffi hardi que délicat dans fon jeu, en tiroit les fons les plus harmonieux & les plus variés. On croyoit entendre tous les genres de mélodie qui exiftent dans l'univers; le murmure des eaux, le gazouillement des oifeaux, le bruit du tambour, celui même du tonnerre.

La tour pendante, qu'on croit toujours prête à tomber, & qui n'eft qu'un jeu de l'architecte, fixa l'attention de Lucidor. Il y a des ouvrages de l'art qu'on doit refpecter pour eux-mêmes & pour les artiftes.

Le *Campo-fancto*, la fépulture commune, eft de ce genre. Elle infpire le défir de s'y faire enterrer. Les chemins de la Tofcane qui paroiffent autant d'allées faites pour fe promener, introduifirent infenfiblement notre philofophe dans des bains délicieux. Tout y annonçoit l'élégance & la propreté, chofe d'autant plus rare, que les Italiens, quoique fucceffeurs des Romains, ignorent le plaifir de fe baigner. Ce n'eft qu'aux environs de Pife où l'on trouve des bains publics, & encore ne font-ils établis que pour les malades. Le tems n'abolit que trop souvent les meilleurs usages.

CHAPITRE XXI.

De Lucques.

CETTE ville qui n'est remarquable que par ses remparts, forme, si l'on en excepte quelques petits villages, presque toute la république. Lucidor s'y seroit ennuyé, si la Raison connoissoit l'ennui.

Le gouvernement y est doux, mais les Luquois sont trop fins. S'ils appliquent leur esprit aux sciences, ils s'appliquent encore plus à l'intrigue & à la chicane. On les appelle les Normands de l'Italie.

C'est à Lucques qu'on imprime clandestinement une multitude de livres défendus; ce que notre philosophe ne pouvoit approuver. La contrebande, de quelqu'espèce qu'elle puisse être, a quelque chose d'odieux, car on n'ose pas soupçonner que les magistrats sont d'accord avec les imprimeurs. Plus les choses sont atroces, moins on doit les croire.

Malgré la pauvreté du pays, on vouloit se donner les airs de grandes villes, & on ne les prenoit qu'à demi. Tout ce qui est contrefait est toujours ridicule.

Notre voyageur visita quelques religieux, qu'il trouva fort instruits. C'est une sage coutume que de tirer des évêques des cloîtres. Les moines par ce moyen étudient, & leurs couvens ne sont plus l'asyle du désœuvrement & de l'ennui, ainsi que cela se voit dans tous les pays où l'ordre monastique n'est point honoré.

Ce qui dépleuploit Lucques, c'est que tous ceux qui avoient du talent ou de l'ambition, quittent un lieu si resserré pour se répandre dans toute l'Italie. Rome est pleine de Luquois. Ils aimeroient mieux mourir que d'être oubliés.

CHAPITRE XXII.

Du duché de Parme & de Plaisance.

CE pays, aussi beau que fertile, ne cessa de captiver notre voyageur. Après avoir vu avec une grande surprise les campagnes les plus riantes & les mieux cultivées, il envisagea Parme comme un séjour où le mélange des Italiens, des Espagnols, des Français & des
Allemands

Allemands gênoit la société. Il y avoit beaucoup moins de franchise que de jalousie.

Cependant le souverain étoit un centre qui par ses excellentes qualités réunissoit les cœurs. Les sages leçons qu'il avoit reçues des meilleurs maîtres, l'avoient rendu aussi affable qu'éclairé. Un prince trouve un trésor quand il trouve de bons instructeurs, & sur-tout des hommes qui ne flattent pas.

Le collège de Parme fut fort approuvé, on y voit fleurir les sciences & les arts.

La grande salle des spectacles offroit un vuide immense qui n'est jamais rempli. Elle peut contenir quatorze mille personnes sur les gradins qui l'entourent; & plus de cent chevaux qui, selon l'usage d'Italie, peuvent paroître sur le théatre. Le parterre se remplit lorsqu'on veut, de six pieds d'eau, & l'on apperçoit des gondoles flottantes, mais on ne fait usage de cette salle que dans les grandes cérémonies: on a un petit théatre pour y suppléer.

On venoit de perdre l'abbé Frugoni, célèbre par ses diverses poésies, & l'on ne prévoyoit guères comment le remplacer. Les Parmesans ont le vice du pays.

Ils sont souvent paresseux. On se contente de lire les brochures à la mode, qu'un libraire françois met en vogue, & l'on n'arrive pas jusqu'à la composition. Peut être en est-on plus sage.

La noblesse parut assez pauvre aux yeux de Lucidor, & elle l'est en effet. Les jeux en conséquence sont très-modérés, d'autant mieux qu'il faut mettre quelque chose en réserve pour acheter des colifichets venus de Paris. C'est le ton.

Colorno, la résidence du prince, mérite les regards de l'étranger. Notre voyageur n'y fit que passer; un coup-d'œil comme le sien, saisit sur le champ tout ce qu'on doit voir.

Il eut deux entretiens avec M. Du Tillot ministre, il les nota comme méritant un honorable souvenir.

Plaisance lui sembla plus digne que Parme d'être le séjour du souverain, comme étant bien bâtie & beaucoup mieux située. Les Plaisantins sont d'un agréable commerce, mais ils réduisent leur esprit à la société. Ils ont de l'aptitude pour les sciences ainsi que tous les Italiens, sans avoir le courage de s'y livrer. Il est des hommes qui craignent l'étude, comme d'autres le feu.

C'est-là que Lucidor voulut voir des religieuses, pour s'assurer par lui-même, si elles ont réellement autant de liberté qu'on le débite. Il les vit recluses, comme par-tout ailleurs, & il reconnut que dans les récits qu'on en faisoit, elles étoient simplement le jouet de la malignité. La calomnie a plus d'historiens que la vérité.

La richesse du pays consiste dans les pacages. Les troupeaux sont gras, les fromages excellens. Les plus petites chaumières en étoient abondamment pourvues.

Rien de plus sage que la répartition des taxes. Les impôts sont assis sur trois sortes de terres, la bonne, la médiocre, la mauvaise, qu'on connoît par la nature du sol, & par son produit.

La première administration d'un état, consiste à savoir bien placer les impositions.

CHAPITRE XXIII.

Du duché de Modène.

CE duché ne pouvoit échapper à la vigilance d'un voyageur intelligent. Bientôt il en connut les mœurs & les loix. Il y a peu d'activité dans le pays, excepté dans le tems de la foire de Reggio, mais on y vit à bon prix. L'état militaire pourroit y avoir plus de considération. On ne sauroit trop faire respecter ceux qui font les colonnes d'un état.

Modêne a toujours quelques hommes érudits depuis le célèbre Muratori, qui répandit dans ce pays l'amour des sciences, & qui mit en crédit les savans. Mais ce sont des religieux dont la société ne peut guères jouir: il faut les déterrer.

L'absence du souverain qui passe ses jours à Milan, porte un grand préjudice aux Modenois. Un état sans chef, est un corps sans vie.

CHAPITRE XXIV.

Du Milanois.

C'EST un spectacle pour un voyageur que le pays qui forme le Milanois, pays entrecoupé de mille ruisseaux, & où le ris paroît venir avec une espèce de complaisance. Il y a des terres que les grains comme les plantes semblent affectionner.

L'Eglise de Milan, vaisseau immense, décoré au dehors de plus de six mille figures toutes de marbre, éleva l'ame de Lucidor. Il en parcourut l'enceinte & le sommet, avec ce sentiment qu'on éprouve à l'aspect de ce qui est singuliérement beau.

La ville, quoiqu'irrégulière, présente des

objets qu'il faut nécessairement admirer ; tels sont l'hôpital, le cimetière général, magnifiques par leurs bâtimens & par leur étendue, si l'on peut donner cette pompeuse épithète à des lieux aussi lugubres ; ce qui a fait dire plaisamment, que pour jouir des beautés de Milan, il faut y être malade, & s'y faire enterrer.

On y vit cependant très-bien dans ce qui concerne les repas & la société ; les mœurs y sont absolument Françoises. Chaque jour il y a des soupers, c'est-à-dire, ce qu'on peut appeler en Italie des phénomènes.

La noblesse peut se livrer à la dépense : elle est riche, quoiqu'un peu moins de faste accommoderoit mieux le pays. Il est inconcevable combien le luxe entraîne de misère à sa suite.

Les femmes ont tous les talens pour plaire, de l'esprit, de l'enjouement, le ton de la meilleure compagnie. On trouve parmi elles quelques savantes, dont le nom est très-connu.

Quant aux hommes, ils étudient moins les sciences que le commerce. La ville en est plus florissante. Jamais l'érudition ne répandit l'abondance. Si on lit, c'est que les jeunes gens n'osent paroître à Vienne sans avoir au moins quelque teinture du droit & des lettres. Il est heureux de vivre sous des souverains qui exigent du mérite de la part des sujets. C'est ce que Lucidor observa, sans négliger de donner un coup-d'œil à l'administration du pays. Il la jugea fort sage. Le peuple étoit heureux : c'est tout ce que ceux qui gouvernent doivent se proposer.

Il est inconcevable combien les Milanois aiment le grand nombre de domestiques & de chevaux. Il y a des maisons particulières qui ont jusqu'à six coureurs. On sait que les meilleurs viennent de Milan, comme les bons Arlequins de Bergame, & les bons Pantalons de Venise.

La bibliothèque ambroisienne, renommée par le choix de ses livres, occupa quelques jours notre voyageur. Il y trouva des ouvrages précieux dont il fit des extraits, apprenant en cela à tous ceux qui voyagent, que cette méthode est excellente.

Le cardinal archevêque voulut voir le voyageur philosophe. Rien ne sympatise mieux que le bon sens & la raison. D'ailleurs tous les évêques d'Italie ont une simplicité qui plaît. Ils ne connoissent ni le faste ni l'orgueil, & leur palais est toujours ouvert à la science & au mérite. Ils se font un devoir essentiel de résider, de ne point jouer, de ne point festiner, de vivre en un mot comme de bons curés.

Les îles Borromées ont trop de réputation pour avoir échappé à la curiosité de Lucidor : placées au milieu d'un lac délicieux, toutes entrecoupées de canaux & de bosquets, toutes ornées de casins plus élégans les uns que les autres, elles semblent être le séjour des fées. C'est-là qu'il s'abandonna aux agréables rêveries, & qu'il gémit de ce que le tumulte des villes l'emporte sur l'aimable tranquillité dont on jouit au sein des campagnes. La journée secondoit ses réflexions. Le soleil avoit pris un voile, & il faisoit un vent qui agitoit l'herbe des prairies, & qui formoit ces ondulations dont la mobilité peint si naturellement nos inconstances & nos passions. Il admira l'industrie des habitans qui, pour se donner du bon-tems, courent vendre des baromètres de toutes parts. De-là il gagna la Suisse après avoir fait l'éloge de Milan ; il dit à l'oreille de quelques amis, que les moines y étoient trop magnifiquement logés, que ni leur règle, ni la religion n'approuvoient point cette ridicule somptuosité, & que les fondateurs d'ordres qui n'eurent point d'autres richesses que des vertus, ne se seroient jamais imaginés que leurs laures se métamorphoseroient en palais.

Il visita Crémone & Mantoue, & il remarqua que dans ces deux villes régnoit à-peu-près le même génie, de la familiarité Italienne, & de la hauteur Allemande. Crémone est renommée pour ses excellens violons. Il n'y a point de pays qui n'ait quelqu'avantage.

CHAPITRE XXV.

De la Suisse.

La félicité des peuples qui composent les treize cantons, suite de la douceur & de la sagesse du gouvernement, ne pouvoit manquer de plaire à la raison, c'étoit son ouvrage; il eût seulement fallu plus d'harmonie entre les dépositaires de l'autorité, & que les dissensions qui affligent Genève, quoiqu'avec moins d'éclat que par le passé, fussent entièrement éteintes.

Loin de blâmer la conduite des Suisses, qui quittent leur pays pour prendre du service chez diverses puissances, Lucidor regarda cette démarche comme le fruit d'une excellente politique. Par-là ils sauvent leur patrie, & on les laisse en paix, tandis que s'ils resserroient chez eux leurs forces & leurs citoyens, ils seroient attaqués de toutes parts, & chaque puissance prendroit un morceau de leurs possessions.

La culture des terres, l'aisance dans laquelle

vivent les laboureurs, formoient des objets dignes d'envie. Le luxe & le libertinage étoient absolument bannis du pays. On vouloit des mœurs. La débauche est une fièvre maligne qui consume un état.

Loin de trouver chez les Suisses cette grossière simplicité qu'on leur prête, il admira leur bon sens. Ils lui firent voir qu'ils avoient des hommes fort instruits & très-capables d'écrire sur toutes les matières. Ajoutez à cela des bibliothèques, des libraires, des imprimeurs ; autant d'affiches qui annoncent l'amour des sciences & le goût du travail.

Il y a des collèges où l'on trouve plus d'avantages que d'inconveniens, malgré les réformes dont ils auroient besoin. Des seigneurs étrangers, des souverains même d'Allemagne, viennent y faire leurs exercices & y puiser des leçons. Une bonne éducation n'est jamais trop chère.

Les sociétés que fréquenta Lucidor n'étoient point dérangées par des spectacles ; mais les hommes se trouvoient rarement avec les femmes. Cependant celles-ci, franches & modestes, méritent qu'on cultive leur compagnie. Si elles s'occupent moins de la littérature que du ménage, elles n'en sont que plus estimables. Elles savent inspirer à leurs enfans cet amour filial si rare de nos jours. La simplicité est la mère des bonnes mœurs.

Un solitaire relégué sur les montagnes apperçut Lucidor, il sortit de sa retraite pour converser avec lui, soit qu'il prévît que c'étoit la raison, soit qu'il fût frappé de son extérieur aussi agréable que majestueux.

» Je viens à vous, lui dit-il, comme à un personnage qui ne me paroît pas un voyageur ordinaire ; & j'y viens pour vous demander si vous approuvez la solitude. Il y a quatre-vingt-deux ans que je vis dans cet hermitage (il en avoit cent treize) sans autre connoissance que moi-même, sans autre compagnie que les arbres qui m'environnent, sans autre spectacle que les étoiles qui éclairent l'univers. Je n'ai d'autre commerce qu'avec le ciel que je désire, qu'avec la mort que j'attends, qu'avec mon ame que j'interroge, qu'avec les échos que je fais parler.

Je me suis défait des passions depuis l'âge de trente ans, à force de les fatiguer par le travail & par la réflexion.

Quand je m'ennuyois d'être seul, mon imagination me répandoit dans toutes les parties du monde, & ma mémoire me rappelloit mes amis avec tant de vivacité, que je les croyois présens.

Si par fois je venois à m'effrayer du séjour de la campagne, je pensois que j'avois un corps pour payer en cas qu'on vînt m'assassiner, mais qu'on n'auroit jamais de prise sur mon ame, & cela me rassuroit. La maladie n'osa m'attaquer, je fus toujours laborieux & frugal.

Je ne crois pas que les rois qu'on dit être les hommes les plus grands & les plus heureux, ayent des plaisirs aussi purs que les miens. Je les ai toujours recueillis dans mon ame : c'est le champ où je séme mes satisfactions. Toute autre joie n'est qu'un plaisir d'emprunt ; ma félicité m'appartient.

C'est-là le résultat de toute ma philosophie, & cela se trouve écrit sur les arbres, sur les murs, sur tous les endroits de ce lieu ».

Il fut curieux d'y entrer, ravi de trouver-là un sage de sa façon. Il lui répondit que la vie solitaire n'étoit excellente que par le bon usage qu'on en faisoit, mais qu'il n'y avoit presque personne qui sût en bien user. Il convint qu'elle épuroit l'ame, qu'elle l'élevoit, & que c'est être vraiment philosophe que de mettre à propos un intervalle entre le monde & soi.

Après de tendres embrassemens de part & d'autre, l'un reprit son silence, & l'autre son chemin.

Lucidor remarqua que dans les différens cantons qui partagent la Suisse, il y avoit un génie différent. Les uns plus vifs, les autres plus flegmatiques, ceux-ci plus taciturnes, ceux-là plus parleurs, prouvoient que la manière de gouverner les hommes influe beaucoup sur leur humeur ; car c'étoit le même climat.

Il s'arrêta quelque tems à Lausane, où des libraires fort instruits lui tinrent bonne compagnie.

Genève lui plut par l'ordre qu'on y maintient. La vigilance des magistrats s'étend sur tous les détails, & la ville se gouverne comme une simple famille ; il n'y a que les auberges qu'on néglige, en ne modérant point assez les contributions qu'on y tire de l'étranger. C'est l'usage de tous les petits états : ils font payer largement l'honneur de les visiter.

On lui parla beaucoup du célèbre Jean-Jacques Rousseau, c'est-à-dire, les uns avec enthousiasme, les autres avec indignation. Tout homme qui écrit des paradoxes, étonne les esprits. On aime ce qui est extraordinaire, soit dans les pensées, soit dans la manière de les rendre ; mais c'est une frénésie qui n'a qu'un tems. La vérité reprend ses droits, & un livre merveilleux qui sembloit immortel, tombe insensiblement dans l'oubli.

Lucidor se détourna tout exprès pour visiter l'auteur de la Henriade; & après l'avoir abordé d'un air de connoissance, & lui avoir très-honnêtement reproché de ne l'avoir pas toujours écouté, & d'avoir quelquefois trop étendu son ressort, il l'assura très-énergiquement du cas qu'il faisoit de ses sublimes talens, & du contentement qu'il auroit de le voir jouir encore plusieurs années du fruit de ses travaux. La raison juge sans partialité; elle ne connoît ni les cabales, ni la prévention.

Lucidor s'étonna de ce que plusieurs souverains prenoient de préférence à leurs sujets des Suisses pour leur garde. Il lui sembla que le roi de France par exemple, n'avoit pas besoin d'étrangers pour grossir son cortège, d'autant plus que cela est extrêmement coûteux, & que les François sont extrêmement jaloux d'approcher leur souverain. Les tems où l'on avoit besoin de ménager la Suisse comme un pays qui est la clef de l'Italie, ne subsistent plus. Il n'y a point de monarque qui ne soit aujourd'hui dans le cas de lui donner des loix, & qui puisse redouter son voisinage.

On vante beaucoup la fidélité des Suisses, & l'on a raison; mais les François ne sont pas moins fidèles, & ceux qu'on destineroit à faire la fonction de portiers, auroient au moins de la politesse & de l'honnêteté, ce qu'on ne trouve pas chez le peuple Suisse dont on ne reçoit que de mauvais complimens.

CHAPITRE XXVI.

De la Savoye.

CE petit pays rempli d'habitans qui aiment le travail à l'excès, & qui trouvent dans leur industrie les moyens d'écarter l'indigence, excite l'admiration des voyageurs. C'est-là que Lucidor trouva cette candeur du premier âge, cette bonne-foi si nécessaire dans le commerce de la vie.

Les campagnes lui parurent le meilleur livre qu'on eût fait sur l'agriculture. Il n'y a pas un coin de la terre qui ne soit cultivé; mais quoiqu'il soit souvent plus utile de suivre les anciennes pratiques, on étoit un peu trop esclave de la routine. Les améliorations sont toujours nécessaires quand elles se règlent sur l'expérience.

Plus on lui disoit que les enfans quittoient leurs parens pour chercher ailleurs de quoi les nourrir, & plus il s'écrioit : » Heureux peuple qui n'a point encore été gâté par la corruption du siècle ! Sa simplicité vaut mille fois mieux que tous les rafinemens de l'esprit ».

Après avoir mûrement examiné quelle est la source de la fidélité qui caractérise les Savoyards, il reconnut qu'elle émanoit de leur attachement à la religion : ils en sont rigides observateurs. Il n'y a pas un meilleur moyen pour être toujours honnête-homme.

Il s'avisa d'entrer dans une espèce de cabane, dont les dehors formoient le plus agréable jardin. Elle étoit habitée par une veuve qui avoit une fille parée de sa modestie, & trois garçons à Paris qui lui envoyoient annuellement de quoi subsister.

» C'est beaucoup moins pour eux que pour moi, disoit-elle avec une naïveté qu'on ne peut rendre, qu'ils font toutes sortes de métiers. Ils descendent à ce qu'il y a de plus vil, afin de reconnoître ce qu'ils me doivent, & ce qu'ils m'ont coûté. C'est le fruit de la crainte de Dieu que je leur inspirai. Ils seroient libertins, s'ils n'avoient point de religion, & je craindrois à chaque instant d'apprendre quelque fâcheuse histoire sur leur compte, au lieu que je suis tranquille sur leur

Chambéry, capitale, auſſi mal bâtie que mal ſituée, fut un lieu de délices pour Lucidor. Les habitans vivent dans la plus parfaite union. Ils ne s'aviſent ſeulement pas de penſer qu'il faut être riche pour être heureux, & qu'on a beſoin des ſpectacles pour paſſer les ſoirées ſans ennui. Par-tout où il n'y a point de faſte, on ſe voit d'un air aiſé. Le luxe eſt la ruine des ſociétés. On aime mieux ne point manger avec ſes amis, que de ne pas leur donner des repas ſymétriſés.

Lucidor voulut dîner avec un philoſophe, qui depuis plus de quarante ans ne ſe nourrit que de fruits, & qui par ce régime a trouvé le moyen de recouvrer la ſanté. Il les mange tantôt cruds, tantôt cuits, & comme le raiſin eſt un fruit, il boit de très-bon vin. Le ſénat le reçut avec diſtinction, & cela prouve ſa ſagacité.

Toutes les petites villes de Savoye furent analyſées d'une manière qui feroit honneur aux habitans, s'ils aimoient à s'inſtruire. Ailleurs on lit trop, là on ne lit point aſſez. Les hommes ne connoiſſent que de petits jeux, les femmes que de petits entretiens. L'ame ne va pas loin quand elle eſt réduite à cela. Il y a toujours quelqu'un qui échape à la multitude, ſur-tout parmi les gentilshommes.

La

La Savoye supportoit tous les ans des émigrations considérables par la privation de ses jeunes habitans qui venoient régulièrement à Paris. Aujourd'hui ils y viennent rarement, & leur pays s'en trouve beaucoup mieux. Ils cultivent les terres, & leur présence est bien plus utile que l'argent qu'ils faisoient passer à leurs parens. Ce n'étoient que de petits secours, & par leurs bras ils fertilisent la terre, & contribuent aux avantages de leur patrie, d'autant plus qu'ils sont naturellement laborieux, & qu'ils se contentent d'un morceau de pain gagné à la sueur de leur front. Tout bon gouvernement, dit la Raison, empêchera toujours les colons de s'expatrier. Il n'y a jamais trop de laboureurs. C'est dans les campagnes plutôt que dans les villes où la nature appelle les humains. Ils dégénérèrent de leur état primitif quand ils abandonnèrent la charrue pour habiter les cités. Aussi dit-on avec raison que les villes sont le refuge des vices, & le séjour de l'oisiveté.

CHAPITRE XXVII.

Du Piémont.

Le passage des Alpes qui n'effraye que ceux qui ne l'ont pas franchi, remplit la tête de Lucidor de mille souvenirs, aussi extraordinaires qu'intéressans. Il ne cessa de se rappeller cette multitude innombrable d'armées qui en différens siècles gravirent ces fières montagnes, & les couvrirent de carnage & de sang. Tantôt les Romains, tantôt les Gaulois s'offroient à sa vue, & tous lui présentoient l'effrayant tableau des catastrophes de la vie.

Notre voyageur ne négligea point d'admirer le lac rempli de truites, qu'on trouve sur la pointe même des Alpes; ni cet émail de fleurs qui les embellit.

Il vit Suze, célèbre par divers évènemens, & par la sépulture de Jean Caraccioli, maréchal de France; & bientôt Turin, vigoureusement défendu par ces monts que le ciel lui a donné pour boulevards, devint l'objet de sa curiosité.

Son esprit lui servit de télescope pour pénétrer dans tous les endroits, & les loix, les mœurs, les usages du pays se développèrent à lui dans tout leur jour.

Ses liaisons avec le roi de Sardaigne dont il fut toujours la boussole & la règle, lui méritèrent le plus gracieux accueil de la part de ce monarque. La raison a bien des droits sur l'ame des grands princes.

Lucidor vit avec une joie indicible que celui-ci, pieux sans être dévot, économe sans être avare, juste sans être sévère, bon sans être famillier, remplissoit avec la plus grande exactitude tous les devoirs de la royauté ; qu'il montroit au sein de la paix la même magnanimité qu'il fit voir au milieu de la guerre, & qu'il avoit le rare avantage de se renouveller dans son auguste fils, qui le rendroit un jour trait pour trait.

Lucidor s'appercevant un soir que le roi recevoit avec bonté tous ceux qui avoient des placets à lui présenter, ne put s'empêcher de dire : » Voilà mon triomphe, voilà ce que j'inspire aux souverains. Ils ne sont grands qu'autant qu'ils sont populaires ; & que par des bienfaits continuellement répétés, ils s'annoncent pour pères de leurs sujets ».

Le trône de Charles-Emmanuel étoit accessible aux petits comme aux grands. On ne le voyoit point environné de ces sentinelles qui repouſſent l'indigence & le malheur. Lucidor s'attendoit à voir le monarque manger en public, ſelon l'uſage établi chez les ſouverains; mais le roi de Sardaigne ſe concentre dans ſon auguſte famille, & ne ſe communique qu'au beſoin.

Il n'enrichit ni les miniſtres, ni les financiers, & il n'en eſt pas moins bien ſervi. Sa vigilance s'étend ſur tous les âges & ſur toutes les conditions.

L'état militaire jouit ſous ſes auſpices d'une conſidération bien méritée, quoiqu'on n'y avance que lentement. C'eſt une horloge dont les heures ſonnent à propos, & qui ne fait pas grace d'une minute. L'ordre conſerve l'équité.

Le clergé eſt reſpecté, ſans avoir aucune part aux affaires de l'état; & le grand aumônier n'a pas même un logement à la cour. Moins il y a de perſonnes autour des ſouverains, moins il y a d'intérêts & de cabales.

Turin, cette ville régulièrement bâtie, mais qui ſouffre notablement du chaud & du froid, ſemble être la demeure des convaleſcens. On s'y couche de bonne heure, on s'y lève tard, on n'y fait point de bruit. Le jardin du roi eſt tracé comme celui du palais royal.

Les Piémontois ont beaucoup d'eſprit; mais

leur langue étant un patois mêlé de François & d'Italien, ils ne paroissent point ce qu'ils sont. Sans un langage décidé, il n'y a point de véritable élocution.

On les accuse d'aimer un peu trop les jeux de hasard, & l'accusation est fondée. Ils se rassemblent souvent à huis clos pour risquer leur fortune sur une carte ou sur un dez : mal d'autant plus dangereux, que la police ne peut l'empêcher.

Il n'y a pas de doute que ce pénible délassement ne nuise beaucoup aux lettres. Les joueurs n'aiment pas plus l'étude que la conversation. Cependant il y a à Turin des savans que l'Italie révère, & que l'Europe connoît. Ils s'occupent même de grandes questions de la physique avec beaucoup de succès.

Le célèbre Gerdil, religieux Barnabite, & précepteur de monseigneur le prince de Piémont, se présente ici comme un personnage qui illustre la Savoye dont il est sorti, & qui joint les connoissances les plus étendues & les plus élevées à la plus grande modestie. Il fit la société de Lucidor pendant son séjour à Turin. La raison aime à se bien faufiler.

L'université peuple le pays de bons sujets, quoiqu'il y ait encore des réformes à faire dans la manière d'enseigner. On péche par la méthode dans presque tous les collèges. Outre qu'on prend la voie la plus longue, on laisse pulluler mille questions inutiles qu'il faudroit élaguer. Les études sont des labyrinthes, quand on n'a pas soin de les simplifier.

L'attention du gouvernement à écarter du Piémont tant d'ouvrages pitoyables qui amusent les esprits superficiels & qui outragent la raison, fit un vrai plaisir à notre philosophe. Les livres ne sont point une chose indifférente dans le commerce de la vie ; ils s'identifient avec les hommes, & forment insensiblement leur manière de voir & de penser.

L'académie destinée pour la noblesse, est une des meilleures écoles de l'Europe. On y trouve les meilleurs maîtres ; & le mélange des différentes nations ne donne aucune atteinte aux bonnes mœurs.

Il ne put quitter Turin sans applaudir à l'activité des négocians. On leur doit la circulation du plus bel organsin qu'il y ait en Europe. Les soiries sont une richesse assurée dans tous les pays où l'on s'en occupe.

On le conduisit à la Vénerie, maison de plaisance où le roi passe ordinairement l'automne ; & il fut surpris de voir que les jardins, si susceptibles d'embellissemens, n'avoient ni eaux, ni statues, ni bosquets. Il y a des lieux que le luxe doit orner.

Le Novarois & le Tortonois unis au Piémont, rappellent que Victor Amedée disoit à son fils, qu'il auroit un jour le Milanois, mais en le prenant feuille à feuille comme un artichaut. Les plus habiles conquérans ne sont pas ceux qui font les choses avec trop de rapidité.

Il sembleroit que le roi de Sardaigne devroit plutôt se nommer roi du Piémont, attendu que la Sardaigne est une île éloignée, aussi dépeuplée que mal saine; mais on l'a ainsi résolu, & les choses consacrées par l'usage, fussent-elles mal combinées, demeurent telles qu'elles sont. La convention fait tout chez les hommes, fut-ce même un préjugé, l'on doit le respecter, à moins qu'il ne combattît la sagesse, ou la loi.

CHAPITRE XXVIII.

Du Tirol.

CE fut en passant par Padoue, ville célèbre qui ne subsiste plus que sur son ancienne réputation, que Lucidor prit la route du Tirol. Il y avoit encore quelques vieux docteurs de l'université qui méritoient d'être visités, & sur-tout des médecins dont le savoir n'étoit point gâté par les systêmes à la mode. Au lieu de prodiguer le sang humain, ils vouloient qu'on en fut avare, & que les diètes & les purgations tinssent lieu de saignées. C'est un héroïsme que de savoir se roidir contre l'opinion & contre la coutume.

Le nombre des étudians diminuoit à vue d'œil. Les Universités sont trop multipliées ; elles se nuisent réciproquement.

Il est sans doute étonnant que dans un siècle extrêmement amateur des belles-lettres & de l'esprit, les collèges n'aient plus autant d'écoliers qu'autrefois. Des universités où l'on comptoit jadis jusqu'à dix mille étudians, n'en ont pas aujourd'hui quatre. La raison attribue cet évènement singulier au ravage du bel-esprit, qui, voulant raffiner sur-tout, blâme hautement l'éducation des collèges ; & qui, toujours extrêmement content de lui-même, ne croit pas avoir besoin d'étudier pour devenir quelque chose.

D'ailleurs il suffit que le latin soit en quelque sorte annexé à la religion, pour qu'il ne soit plus à la mode. On cherche depuis long-tems à le bannir entièrement des écoles. On voudroit même qu'il n'y eût plus d'inscriptions latines, tant on a maintenant d'aversion pour cette langue. Elle a beau s'annoncer par une fécondité qui étonne, & par une admirable précision, elle est presque regardée comme barbare, tant il est vrai que lorsqu'on asservit les langues & les sciences à la mode, on fait une lourde faute.

Il n'y a pas de doute qu'on devroit réformer l'éducation des collèges, en ne donnant qu'un certain tems au latin, & en prenant l'autre, soit pour étudier l'histoire, soit pour apprendre la géométrie. Lucidor dit ouvertement qu'il falloit enseigner les langues plutôt en conversant, qu'en donnant des thêmes. La science des mots, selon Newton, doit s'apprendre par des mots.

Vérone eut quelques regards de la part de notre voyageur : elle méritoit cette distinction. Outre qu'elle est remarquable par un magnifique amphithéatre parfaitement conservé, elle a quelques cabinets dignes de l'attention des étrangers : avantage particulier à toutes les villes d'Italie, où l'on ne manque point de trouver quelques savans & quelques monumens précieux.

L'illustre Scipion Maffeï ne vivoit plus, & n'avoit laissé que deux ou trois disciples fort inférieurs au maître.

Lucidor, selon l'usage d'Italie, fut assailli

d'antiquaires qui lui auroient fait voir toutes les pierres de la ville comme des choses extrêmement rares, s'il eût daigné les suivre & les écouter; mais il n'ignoroit pas que le peuple Italien ne cherche qu'à vivre aux dépens des étrangers, & qu'il ne prodigue les titres & les révérences qu'à dessein d'attraper quelqu'argent. Tels sont les effets d'une misère causée par l'oisiveté.

Bien-tôt Trente, principale ville du Tirol, se découvrit à ses yeux. Il la trouva bien petite, pour avoir été le lieu d'un concile général; & ce qui dût l'étonner, c'est qu'on n'y voit aucun monument qui en rappelle le souvenir.

Elle auroit besoin d'être souvent ranimée par de semblables évènemens. Elle paroît moins une ville qu'un village, tant elle est silencieuse & dépeuplée.

Notre philosophe goûta mieux Inspruck, où l'empereur (François de Lorraine) termina sa glorieuse carrière. On y trouve au moins de la société, & l'on y connoît le bonheur d'exister sous les loix de Marie-Thérèse.

Les campagnes du Tirol, malgré les monts qui les obombrent, étalent l'abondance. Le paysan vit heureux en dépit des neiges & des torrens; & pour mettre son industrie à profit, il employe les bœufs à sa propre monture,

& il les dreſſe de manière que ceux qu'il appelle viennent à ſa voix, & ſans jamais s'y méprendre. L'homme a bien des reſſources quand il veut s'appliquer.

Mais ce qui le ravit, fut une perſpective de vingt-deux villages bordant une rivière & décorant un côteau. Quel point de vue pour un peintre habile qui voudroit en tirer parti !

Les Tiroliens ſont ingénieux, mais il faut qu'ils ſoient aiguillonés par le beſoin.

De-là notre philoſophe cherchant à joindre l'Alſace, entra dans quelques villes où il ſe crut perdu. Outre qu'elles lui étoient entièrement inconnues, il trouva des gens qui ne ſavoient que boire & végéter. Il entreprit néanmoins de leur parler, mais il ne l'entretinrent que de bière & de liqueurs. La bouche parle de l'abondance du cœur. Il en conclut qu'il y a des pays où il ne faut s'arrêter que pour manger, d'autres que pour changer de chevaux, & c'eſt le parti qu'il prit.

Cette variété de coutumes & de pays jetta la Raiſon dans de profondes réflexions. Elle admira ſur-tout comment l'homme étant un, ſe trouvoit ainſi diverſifié dans l'eſpèce humaine, de ſorte qu'on diroit qu'il renferme en lui-même les contraſtes les plus frappans.

CHAPITRE XXIX.

Il entre en France, & visite l'Alsace.

VOILA donc notre philosophe arrivant dans un royaume, qui se pique de connoître & d'aimer la philosphie. Ses regards se promenèrent de tous côtés ; & son ame s'unit à celles des François pour les approfondir.

On croiroit au premier coup-d'œil que la France n'a besoin que de l'esprit de ses habitans pour se bien gouverner, & la Raison commença par observer que l'élegance qui la caracterise étoit le plus grand obstacle à son bonheur. On s'y ressent dès l'enfance d'une certaine légéreté qui influe sur toute la vie ; & qui ne permet pas aux habitans d'avoir le flegme nécessaire pour voir, & pour approfondir. On passe rapidement d'un objet à l'autre sans observer, & de là naissent tant de démarches & tant d'entreprises, qui se contrarient, & qui se détruisent réciproquement. Soit l'amour des nouveautés, soit l'influence du climat, l'esprit des François demeure rarement dans la même assiette, & s'il n'a des évènemens ou des affaires qui l'occupe, il tombe malgré lui sur des frivolités. Aussi poursuit-il rarement le même objet avec cette opiniâtreté nécessaire pour réussir.

Mais comme il n'y a point de nation qui ne porte l'empreinte de la foiblesse, & qui ne paye un tribut à l'humanité, Lucidor compatissoit à la légéreté Françoise, en pensant que c'étoit encore un des moindres défauts auxquels un peuple put être sujet.

Strasbourg, à titre de ville conquise & située sur la frontière, parut à ses yeux un mélange de François & d'Allemands. On n'a point un caractère à soi, lorsque par l'esprit & par les mœurs on tient à deux nations.

Il reçut beaucoup de politesse de la part des officiers. L'état militaire a des hommes instruits & amis de la raison. Ceux mêmes qui paroissent s'en éloigner par leur trop grande vivacité, s'en rapprochent insensiblement : c'est l'ouvrage de quelques années. La réflexion vaut mieux que tous les maîtres.

On lui fit connoître les meilleures maisons du pays. Il y vit de l'opulence, & y trouva des femmes extrêmement jolies, mais qui sembloient se contenter d'avoir un visage agréable. La nature donne rarement l'esprit & la beauté.

Les hommes y ont un bon sens que l'habitude d'être François commence à rendre aimables. Ils se dépouillent de plus en plus de ce sérieux qui ressemble à l'ennui.

L'académie où la jeunesse fait ses exercices eut l'approbation de Lucidor. Il en sort d'excellens sujets qui se distinguent par le bon usage de leurs talens, & qui mettent à profit les leçons qu'ils ont reçues.

On ne sauroit trop applaudir à ces établissemens où la jeunesse trouve les meilleurs maîtres & les meilleurs exemples ; mais il faut avouer qu'ils sont rares. L'amour de la frivolité malheureusement trop répandu dans ce siècle sensuel, empêche la génération présente de fournir des maîtres aussi instruits & aussi laborieux qu'ils devroient l'être. Ils se contentent des superficies, suppléant à la profondeur qui leur manque par une élégance qui les rend chers à la société, & par un bel-esprit qui éblouit les ignorans. Souvent on est maître, disoit Rollin, lorsqu'on n'est qu'en état d'apprendre.

Le chapitre a conservé la délicatesse des Allemands sur la noblesse. Les mésalliances si communes parmi les François y sont odieuses.

L'abondance qui règne en Alsace y entretient la gaieté. Rien n'attriste comme l'indigence.

CHAPITRE XXX.

Des Trois-Evêchés.

Metz, dont la ville semble exister dans les fauxbourgs, tant ils sont décorés de nouveaux bâtimens, parut à Lucidor un séjour intéressant. La société y est excellente, sans y avoir trop d'éclat. Il se fit une compagnie de quelques militaires & de quelques académiciens ; c'étoit le moyen de ne pas s'expatrier.

Les Juifs, que par-tout on tolère, & partout on déteste, mirent un rabin aux prises avec l'inconnu, & bientôt il fut confondu. Leur commerce les soutient, mais comme des gens en l'air, c'est-à-dire, toujours prêts à tomber. Leur conservation & leur dispersion est, malgré toutes les objections, un argument irréfragable en faveur du christianisme.

Verdun ne renferme point d'autres beautés que le palais épiscopal, dont la situation est ravissante, & n'est guères connu que par ses dragées. Il n'y a point de petit commerce dès qu'il fait circuler les espèces.

Quant à la ville de Toul, elle paroît tellement assoupie, qu'il lui faut des troupes pour la réveiller. Les femmes comptent sur cette ressource pour leurs sociétés.

Cela n'empêche pas que les trois-Evêchés ne soient d'un gros revenu. Outre l'avantage qu'ils ont d'être placés dans un riche terrein, on y voit moins de pauvres qu'ailleurs.

Le peuple se ressent du voisinage des Allemands, il aime beaucoup la symphonie, & cela fait honneur à son goût.

Lucidor trouva quelques bibliothèques bien conditionnées dans différentes communautés, & qui n'étoient pas là au hasard. On savoit en user.

Il faut cependant avouer que l'érudition du pays a quelque chose de pédantesque, & qu'elle se ressent du voisinage de l'Allemagne; mais il est presque impossible d'arriver à ce juste milieu, qui se trouve entre l'élégance & l'austérité.

CHAPITRE XXXI.

De la Lorraine.

LE prince Léopold, le roi Stanislas, ces deux souverains qui donnèrent à la Lorraine tant de splendeur, n'affectèrent pas moins notre voyageur

geur que s'ils eussent encore été vivans. Ils les apperçut dans tous les édifices qui décorent le pays, & dans le cœur de tous les habitans, le plus beau trône que les monarques puissent occuper.

C'est dommage que ces jolies maisons de plaisance dont le goût avoit été le créateur, ayent trop exigé d'entretien, & qu'on se soit vû forcé de les détruire. La raison aime à voir subsister les monumens érigés par de grands hommes.

Lunéville n'a plus l'air que d'une ville ordinaire, mais Nancy conserve toujours son éclat. Sa place est ornée comme une salle de théâtre, & l'on y admire ce que peut opérer un génie qui calcule. Les embellissemens de la Lorraine sont moins le fruit des richesses que de l'économie. Un état est toujours opulent, lorsqu'un prince ne dépense qu'à propos. Stanislas sut être magnifique sans être dissipateur.

L'académie de Nancy reçut des éloges de notre philosophe, mais avec discrétion. Les Lorrains un peu trop sobres dans leurs études, pourroient lui donner encore plus de lustre, s'ils vouloient travailler. L'esprit est rarement aidé par l'émulation.

La noblesse annonce que le pays eut toujours une cour brillante. Elle est sur le meil-

V

leur ton. L'attachement que les Lorrains eurent pour leurs princes fait honneur à leur ame. On les accuse d'être un peu trop économes.

Les campagnes en Lorraine sont belles à ravir, & labourées de manière à servir d'exemple: ce qui prouve que la France fit une excellente acquisition, en incorporant la Lorraine avec ses domaines ; fruit heureux du mariage de Marie Leczinski avec Louis le Bien-aimé. Ainsi les vertus ne furent pas la seule dot que cette auguste reine apporta.

Il parcourut quelques monastères de la congrégation de saint-Vanne, quelques Abbayes de Prémontrés ; & ce qui lui fit plaisir, c'est qu'outre d'excellens livres qu'on lui montra, il trouva des religieux qui avoient conservé l'esprit de leur état. Les Lorrains lui parlèrent beaucoup de la profession des armes. Ils naissent soldats.

On reproche aux Lorrains de n'être pas généreux ; & cela seroit d'autant plus étrange, que l'exemple de leur souverain, le prince Léopold, fut une continuelle leçon de générosité. La raison s'étonna de ce que nous n'avions que quelques fragmens de la vie de ce bon prince, tandis que des rois vulgaires, & même méchans, eurent des historiens. Cela n'empêche pas la vertu de surnager sur le cours rapide des siècles, & de se faire jour à travers les ténébres & les révolutions, pour arriver jusqu'à la postérité la plus reculée.

Léopold n'a eu besoin que de lui-même pour éterniser sa mémoire. On voit qu'elle est aussi récente que s'il venoit d'expirer. Ce qui donna lieu à Lucidor de faire des observations sur cette matière importante, & ce qui doit bien engager les hommes en place à se faire un nom par des bienfaits continuellement répétés. N'y eut-il d'ailleurs que le plaisir d'opérer le bien, on est amplement récompensé lorsqu'on sait jouir de son ame, mais Lucidor trouva peu de personnes dans le cours de ses voyages qui connussent ce bonheur.

CHAPITRE XXXII.

De la Champagne & de la Picardie.

APRÈS avoir trempé ses lèvres dans cet excellent vin qui ranime les esprits, & qui donne de la gaieté, il observa que les champenois sous un air de simplicité, conservoient beaucoup de justesse & de raison; & que sans avoir un génie qui répondît à la liqueur du pays, ils étoient capables d'acquérir des connoissances, même de les embellir. Mais c'est un peuple qu'il faut électriser, autrement il ne donne point d'étincelles.

Vitry fut considéré comme un séjour habité par la gaieté.

Rheims seroit une ville plus remuante, si elle existoit en Gascogne. La belle chose si l'on pouvoit transporter les cités comme les personnes ! On feroit des échanges analogues aux mœurs & aux esprits.

Les manufacturiers firent voir de très-belles étoffes, mais elles ont le malheur d'être trop solides. On ne veut aujourd'hui que ce qui brille, & ce qui dure peu.

Les bénédictins lui montrèrent leur bibliothèque qui, comme toutes celles qu'ils possèdent, ne se renouvelle point. Ils lui montrèrent aussi leur trésor, & sur-tout la sainte ampoule, qui n'a rien de remarquable que son antiquité.

La métropole comme le plus beau gothique qu'il y ait en France, & comme l'église où l'on sacre les rois, fixa doublement son attention. Il y a des monumens dont la vue fait époque.

La promenade publique fut le lieu de ses rêveries ou plutôt de ses réflexions. Elle est autant intéressante par sa distribution & par sa symétrie, que si le fameux Le-Notre l'avoit tracée.

Il lui sembla que les Rhemois n'étoient point aussi gais qu'un pays de vignoble le suppose. Il leur faudroit moins de vin, beaucoup plus d'eau, une rivière considérable pour le transport de leurs denrées. Un fleuve est un canal d'abondance & une source de gaieté.

Sedan consulta Lucidor sur son commerce. On n'y connoît d'autre science que le négoce.

Châlon-sur Marne l'arrêta deux jours. Il y trouva des ames tranquilles & de jolies personnes; mais Troyes le retint une semaine; ce n'est pas trop dans un lieu qui a un commerce étendu. Les dehors les plus agréables, quoique sans art & sans apprêt, & des habitans dont l'esprit actif fermente comme les saisons. Il passa par des villes où l'on ne lit que les gazettes & les étrennes mignones; & s'il se détourna pour voir Auxerre & Sens, c'est que cette première ville contient des citoyens instruits; & la seconde, le tombeau d'un Dauphin qui eut un trône dans tous les cœurs.

Il seroit difficile de dire pourquoi l'on refuse assez communément de l'esprit aux Champenois. Cependant leur province a produit plusieurs hommes célèbres, & l'on pourroit en faire un long catalogue. L'air qu'ils respirent n'est point épais, & le vin qu'ils recueillent donne du ressort au génie, & le rend propre à produire. Leur apparente bonhommie vient plutôt de leur indolence, & cette paresse auroit besoin d'un grand commerce, ou du mouvement d'un port de mer, pour être aiguillonnée. Il y a nombre de villes qui faute d'émulation, ou de circonstances propres à les raviver, croupissent dans l'inaction, & n'existent que par leurs édifices, & par leurs murailles.

De la Champagne il passa dans la Picardie, province où la franchise se conserve sans altération malgré le rafinement du siècle & la corruption des mœurs.

Il fut très-content de l'industrie du peuple; (il ne doit le pain qu'il mange qu'à ses propres sueurs) mais il apprit avec peine que la Picardie se dépeuploit pour fournir des domestiques à Paris.

Amiens le charma par l'activité de son commerce. Les mœurs n'y ont point encore acquis cette suavité qui constitue la douceur de la société; mais elles y sont sans apprêt. On voit un Picard jusqu'au fond de l'ame; il est transparent, & peut-être est-ce par cette raison que la Picardie n'a qu'un petit nombre de savans.

Tout esprit qui se produit trop au-dehors, n'est pas propre à l'étude.

Malgré l'enthousiasme avec lequel on parle de la nef d'Amiens & du chœur de Beauvais, deux morceaux vraiment curieux, il ne trouvoit plus d'églises & de palais comme en Italie, mais les auberges étoient meilleures. Chaque pays a ses avantages, & c'est cette variété qui intéresse un voyageur.

Il descendit à la promenade publique, qui seroit charmante s'il ne falloit point y descendre. L'air qu'on y respire est trop humide pour n'être pas mal-sain.

Abbeville lui montra des manufactures d'un drap bien supérieur à celui des Anglois. Boulogne lui fit connoître que le bon cœur efface le bel esprit. Calais lui prouva que les mœurs s'altèrent insensiblement par le commerce des étrangers. Dunkerque ne lui offrit d'autres ressources qu'avec lui-même. Douay le reçut avec cordialité, mais sans le distinguer du commun des voyageurs. Arras le laissa passer. A Lille il n'apperçut que des officiers & des soldats. Soissons lui plût comme une ville où il y a de l'esprit & du savoir.

Lucidor eût voulu qu'on eût fait un ouvrage où l'on comparât les villes les unes avec des autres, pour faire connoître combien il importe de répandre l'émulation. Il y en a qui paroiffent fi endormies, qu'on les croiroit abfolument dépeuplées. C'eft alors qu'un fouverain doit avifer aux moyens de les ranimer. Souvent il ne s'agit que d'une route qu'il faut ouvrir ou d'un canal qu'il faut conftruire; tant il eft vrai que les plus grandes chofes tiennent aux plus petites, & que dans le phyfique comme dans le moral il y a du rapport dont on doit fuivre la chaîne.

Montefquieu ne s'eft pas trompé lorfqu'il a dit que le génie participoit au climat, & l'on fait combien le cours d'un fleuve contribue à le rendre plus falubre. La Raifon faifoit ces obfervations en filence, attendant un moment favorable pour les communiquer; car ce que les hommes accueilleront bien aujourd'hui, ils le rejetteront demain. Leurs inconféquences formeroient le livre le plus volumineux, & la Raifon elle-même nous l'auroit donné fi elle ne favoit pas qu'on corrige peu les méchans par des écrits, & qu'il n'y a rien de plus vîte oublié qu'un ouvrage. C'eft un miroir qu'on regarde un moment, & dont on ne fe fouvient pas un moment après.

Eft-ce fageffe, eft-ce nonchalance ? mais ce qu'il y a de fûr, c'eft que dans nombre de villes fur-tout l'efprit fe repofe, & qu'on n'a par le courage d'y mettre au jour quelqu'ouvrage, ou quelqu'excellent projet. Les académies même qu'on y rencontre y donnent à peine quelque signe de vie. Suite de la dissipation d'un siècle qui accorde trop aux plaisirs. Il semble qu'on n'existe que pour se réjouir, & que les amusemens sont nos premiers devoirs.

CHAPITRE XXXIII.

De la Normandie.

CETTE province si riche par son terrein, par son commerce, par son industrie, reçut Lucidor avec distinction. Elle démêla qu'il n'étoit pas un homme ordinaire. Les Normands sont fins, on ne peut guères les tromper. C'est dommage qu'ils ayent un accent qui émousse leur esprit. Les pensées perdent plus de la moitié de leur valeur, quand on les rend pesamment.

Un voyageur doit sans doute être surpris quand il vient à réflechir que les deux tiers de la France ne parlent pas François, & que dans tous les pays du monde on s'est fait un patois qui n'a souvent que des rapports éloignés avec la langue naturelle. Il en est de même de tous les royaumes où il n'y a qu'un jargon souvent inintelligible, & un accent encore plus ridicule; vingt & trente années d'éloignement ne peuvent le faire perdre. Les personnes qui ne sauroient se corriger de ce défaut, ne doivent ni plaider, ni prêcher. Cela prête trop à la plaisanterie, lorsqu'on n'y est pas accoutumé.

La Normandie est dans le voisinage de la cour, & l'on y parle mal; la basse-Bretagne en est à plus de cent lieues, & l'on y parle bien. Il y a des singularités qu'on ne peut définir.

Ce furent moins les ports & les manufactures qui le fixérent, que les hommes qu'il eut occasion de voir. Ils lui parurent très-instruits, & il jugea que la Normandie, malgré ses terres grasses & son air épais, possédoit des esprits subtils; que le climat par conséquent n'influe pas sur le génie, autant que le prétendent quelques écrivains célèbres; mais malheureusement il y a des opinions qui ont en leur faveur la prescription.

Les Normands brillent dans le sanctuaire, dans les académies, & sur-tout dans le barreau.

La magistrature compte des sujets qui auroient

honoré le sénat Romain, & qui aussi laborieux qu'intelligens, s'occupent moins de leurs propres affaires, que de celles du public, & débrouillent avec une sagacité surprenante les causes les plus épineuses & les plus compliquées. La pénétration peut tout, lorsqu'elle est jointe à l'application.

Si l'on jouoit moins à Rouen, l'esprit seroit dans son centre. Les muses ne s'accommodent pas du jeu, il leur faut des passe-tems qui appliquent moins, & qui durent peu ; mais c'est un mal épidémique parmi les François. On compte les parties qu'on a faites, comme des victoires qu'on auroit remportées.

Il fut bien dédommagé de la laideur extérieure de Rouen, & de son air humide qui s'exhale continuellement en pluies & en brouillards, par l'excellente société qu'elle renferme. Les femmes y sont aimables, les hommes polis, & l'étranger y est comblé d'honnêtetés. On s'apperçoit que cette ville touche presque Paris, & qu'en cela elle est l'aînée de Lyon même & de Bordeaux.

Les manufactures y sont multipliées de manière à faire craindre que l'agriculture n'en souffre. Les gens de la campagne n'abandonnent que trop souvent leur charrue pour se répandre dans les villes, pour y devenir ouvriers.

Les libraires intéressèrent notre voyageur par leurs magasins, & par leur savoir. Ils ont des fournitures de livres de toute espèce, & ils ne vivent pas au milieu d'eux comme Tantale au milieu des eaux. Le tems est passé où un libraire s'imaginoit que presque tous les livres avoient pour auteur M. Préface.

On peut, sans calomnier, reprocher aux libraires du pays des contre-façons qui ruinent les auteurs. On devroit cependant savoir, dit Lucidor, que c'est un vol qu'on fait aux écrivains, & que personne sur cet article ne peut dispenser de la restitution.

Pour peu qu'un gouvernement ait de la vigueur, il doit sévir avec force contre ces libraires aventuriers qui ne subsistent que d'un pareil brigandage, & qui triomphent de leur impunité.

Le pont qui se hausse & qui se baisse selon la marée, étant assis sur des bateaux, lui parut une curiosité dont on paye continuellement la façon. Il faut sans cesse le réparer. Tout ouvrage compliqué exige un entretien couteux.

La Raison observa que la plûpart des ponts exécutés en France avec autant de solidité que de goût, furent l'ouvrage des religieux, & qu'il étoit absurde de ne pas appliquer aux besoins de l'état ces citoyens solitaires & vertueux, qui moins distraits que les personnes du monde, plus propres à l'étude par conséquent, deviendroient utiles en tout genre. Il sembloit à Lucidor, que des académies ainsi que des atteliers seroient véritablement sur leur sol, si l'on avoit soin de les placer dans des couvens. Par ce moyen l'oisiveté n'auroit plus lieu, l'on verroit sortir des cloîtres des puristes, des orateurs, des architectes, des sculpteurs, & des peintres; mais pour exciter l'émulation, il faudroit leur donner quelque récompense, au lieu qu'on les avilit par le ridicule mépris qu'on affiche à leur égard. Les souverains trouveront à coup-sûr des hommes de génie parmi les religieux, quand ils voudront en tirer parti. Il n'y a point de monastère un peu considérable où l'on ne rencontre quelque artiste, quelqu'agriculteur, enfin quelque savant.

Quant au cours, il seroit très-agréable s'il n'étoit point aussi éloigné. C'est un voyage que de s'y rendre, & une vraie solitude lorsqu'on y est arrivé. Aussi n'y va-t-on que par députés.

Dieppe lui parut avoir une société qui se ressent du voisinage de la mer. Caen avoit bien des titres pour que notre philosophe s'y arrêtât : il y ressa plusieurs jours savourant l'esprit & la société du pays. Les habitans sont riches & dépensent noblement : il auroit voulu moins de cérémonial. La cordialité vaut mieux que les façons.

On lui fit connoître des gens de lettres dont il fut très-content. L'académie n'est point oisive, & ses travaux répandent tout-à-la-fois la lumière & l'émulation.

Le manège mérite d'être cité : on y trouve des talens & de l'activité.

Plusieurs gentilshommes déterminèrent Lucidor à visiter leurs maisons de campagne, il se rendit à leurs désirs. Ils le régalèrent de mets friands, & de jolis propos. On n'est jamais mieux que chez des personnes qui joignent la générosité à l'éducation.

Il trouva des multitudes d'officiers répandus dans toute la province : les Normands n'ont pas dégénéré de leur première valeur. C'est seulement dommage de ce qu'ils quittent le service trop tôt. La noblesse opulente se retire de bonne heure ; & cependant un militaire ne défend jamais mieux la patrie, que lorsqu'il a blanchi dans le métier. Les coups de main sont pour le soldat.

Mais il faut observer d'après les réflexions

de la Raison, qu'il seroit à désirer que chaque climat eût une école, une bibliothèque, & qu'on ne laissât pas de jeunes officiers sans maître, & sans instruction. Outre qu'ils demeurent toute leur vie ignorans, ils ne se livrent que trop souvent aux désordres qu'entraîne l'oisiveté, tels que la débauche & le jeu. De-là vient que pour un officier qui aime à penser, il n'y a rien de plus fastidieux qu'une garnison. On passe d'une table d'hôte au caffé, ou l'on s'exhale en propos aussi futiles qu'indécens, & c'est un vrai tourment pour ceux qui les écoutent, & qui ont le bonheur de connoître le prix du tems.

Lucidor fit ces réflexions d'autant plus volontiers, que tous les bons officiers les font eux-mêmes, & qu'ils se désolent de n'avoir dans leur métier ni ressources, ni instruction ; mais il y a des chefs qui craignent la lumière, parce qu'ils craignent eux-mêmes d'être appréciés.

La coutume qui ne donne presque rien aux filles, lui parut étrange ; elle l'est en effet. Mettre la fortune des sœurs à la discrétion des frères, c'est souvent les exposer à ne rien avoir. Nos neveux réformeront certainement ces usages, mais nous pourrions bien leur en épargner la peine.

Il fut content d'Alençon, moins parce qu'on

y est sociable, que parce qu'on y est laborieux. Il vit Avranche, Coutance, Bayeux, Valogne, comme des villes qui auroient beaucoup d'écrivains si l'on y couroit la carrière d'auteurs, mais ce n'est pas ce qu'il leur conseilla. Lucidor sait qu'on n'a que trop écrit.

Il passa par Vire où, selon le proverbe, le diable ne seroit qu'un sot; & de villes en villes qu'il trouva plus ou moins tolérables, il vint jusqu'à la trape, l'abbaye la plus pauvre, mais la plus riche en vertus. La vue de cette solitude enterrée dans le bois, lui fit juger qu'il falloit être saint ou fou pour l'habiter. Il fut étonné d'apprendre qu'on y donnoit chaque année l'hospitalité à plus de quatre mille étrangers. On est toujours riche quand on est frugal.

Il ne put comprendre pourquoi l'on intervertissoit l'ordre du Créateur en parlant par signes, plutôt que d'employer la langue, & il se rappella à cette occasion la judicieuse remarque de l'historien Fleury : on seroit tenté de regarder la plûpart des instituteurs d'ordres religieux comme des visionnaires, si l'église ne nous les avoit présentés comme des saints.

Il ne voulut point quitter la Normandie sans lire les délicieuses Idylles de Segrais, comme un hommage qu'il devoit à la patrie de ce Virgile moderne, ouvrage qu'on ne lit plus,

plus ; & qu'on auroit sans cesse sous les yeux, si l'on avoit du goût. Le livre du père André, sur le beau, passa de lui-même entre ses mains.

La Raison est un véritable aimant pour les excellentes productions.

Il comptoit parcourir toute la province, mais il se vit arrêté par les mauvais chemins. Il y eut bien de petites villes sur la route dont il n'a pas fait mention, parce qu'elles n'ont rien d'intéressant pour la Raison. On y babille, on y joue, on y dort.

Il voulut aller à la source de ce que le vulgaire dit contre les Normands, & il reconnut que les incursions qu'ils firent jadis dans tous les pays, en sont la vraie cause. C'est une vieille querelle qu'on leur cherche, en conséquence de leurs vieux torts.

CHAPITRE XXXIV.

Il arrive à Versailles, & parcourt les environs.

CE fut un spectacle pour Lucidor que la vue du château, quoique le bâtiment soit un corps d'hirondelle avec des aîles d'aigle, & qu'il n'ait point assez d'élévation ; il le trouva magnifique & pompeux, en observant néanmoins qu'on avoit masqué les aîles du côté de la ville, elles ne paroissent que du côté des jardins. Il falloit donner à ce superbe palais toute la grace qu'il mérite, laisser un espace immense entre la façade & les maisons. Le terrein ne manquoit pas. Il n'y a point de bâtiment sans quelque défaut.

La distribution des jardins, leur parure, leur variété, leur étendue, ne purent suspendre les sérieuses réflexions de notre voyageur. C'est-là qu'il médita sur les révolutions des cours, sur le néant des grandeurs, sur la rapidité de la vie. Il se rappelloit tous ces princes qui ne sont plus, & qu'on flattoit comme s'ils eussent été immortels. Toute adulation a quelque chose de puérile. Sa joie fut inexprimable lorsqu'il vit le roi jouissant d'une brillante santé. Un monarque aussi pacifique que bienfaisant, est sans contredit le spectacle le plus intéressant pour la raison. Qu'il dure ce spectacle autant que nos désirs, il n'y aura point eu de vie aussi longue & aussi heureuse.

Monseigneur le dauphin attendrit son cœur. Il se sentit vivement ému en fixant cet auguste prince, dont nos neveux éprouveront les bienfaits, & dont les vertus mêlées avec celles de la maison d'Autriche, produiront les plus grandes choses. Les aigles, dit Horace, n'engendrent point de colombes.

X

DE LA RAISON.

Lucidor parle ici d'après le voyage qu'il fit en 1712; sans cela il eût rendu hommage au roi régnant, & d'autant plus volontiers, que ce monarque ami de la justice & de la vérité, eût fixé son attention. Il auroit sur-tout appuyé sur son goût pour l'application, & pour la simplicité.

Il ne trouva dans Versailles que des sociétés décousues, & des gens distraits, un flux continuel de personnes qui arrivent & qui partent, & qui toutes ont des intérêts ou des projets; mais ce qui l'auroit étonné s'il n'eût pas connu la réserve des cours, c'est que les nouvelles de Versailles ne se débitent qu'à Paris; chacun ne s'y occupe que de soi, & l'on y a des oreilles sans entendre, & des yeux sans voir.

La cour lui plut comme le séjour de la politesse & du beau langage. Les grands sont honnêtes, s'expriment avec précision, & leurs manières ont un air aisé que les meilleurs maîtres ne donnent point, & que les gens parvenus ne peuvent contrefaire.

Il eut plusieurs entretiens avec des femmes de qualité, & il les trouva aussi raisonnables dans leurs propos, que frivoles dans leurs façons. Elles ne lui parlèrent que d'ouvrages solides. On ne croiroit pas que le bon sens s'allie par fois avec du rouge & des mouches.

Il traversa plusieurs anti-chambres, elles étoient remplies de malheureux & d'ambitieux qui attendoient le ministre comme la divinité qui devoit les guérir. Cette position est cruelle, & cependant il y en a qui s'y tiennent jusqu'à la fin de leurs jours. Il ne faut pas disputer des goûts.

Il médita sur l'inconvénient de laisser les ministres maîtres de changer, & de réformer à leur gré. Il dit à haute voix qu'un sage gouvernement ne devoit point dépendre de l'opinion, ou plutôt de la bisarrerie d'un homme en place, que ce désordre amenoit ces alternatives de bien & de mal, dont on se plaignoit si souvent; qu'enfin le cours des affaires publiques devoit être invariable comme celui du soleil, ainsi que cela se pratique à la Chine, l'empire peut-être le mieux administré.

La maison de saint Cyr, monument immortel de la piété de madame de Maintenon, reçut avec plaisir la visite de Lucidor. On s'y connoît en mérite, & c'est l'effet de la bonne éducation qu'on y reçoit, & qui sera toujours citée comme modèle, tant qu'on s'appliquera à détruire la paresse & l'orgueil. On ne veut dans le commerce de la vie ni indolence, ni hauteur.

L'élégance de Trianon lui rappella les châteaux des fées. On y a réalisé ce que la fable en avoit appris. La ménagerie n'avoit pour lors que des animaux ordinaires. C'est une folie de se mettre en frais pour dépayser des animaux inutiles, qui n'ont rien d'intéressant pour l'histoire naturelle que par la représentation de leurs figures & de leurs caractères.

Marly ne put échapper à ses regards, ce séjour où la nature & l'art se donnent un doux baiser. Comment ces hommes de fortune qui ont le moyen de bâtir à grands frais, ne l'ont-ils pas copié ? On peut imiter en petit, ce qu'il y a de plus magnifique & de plus grand.

La machine qui amène les eaux dans Versailles lui sembla trop compliquée. On la feroit aujourd'hui plus simple, & il en couteroit beaucoup moins. Les arts ont leurs accroissemens. Il faut en ce genre faire bien des essais, avant d'arriver à la perfection.

On le conduisit à Saint-Germain-en-Laye, séjour admirable par sa position, & qu'on eût pris autrefois pour l'hospice des Anglois. Il y trouva une excellente société. On s'y rassemble de tous les endroits, pour y entretenir un commerce de douceur & d'honnêteté. Les riches se mêlent volontiers avec ceux qui ne le sont pas, & chacun par ce moyen se croit presqu'opulent ; mais le refrain, comme dans toutes les villes, c'est qu'il faut jouer : d'ailleurs la société y change souvent. Saint-Germain est le séjour des visages nouveaux.

La Meute lui parut admirable par sa régularité, la beauté de ses jardins, la richesse de son ameublement, & le voisinage du bois de Boulogne.

Il vit Saint-Cloud avec une lenteur qu'exige la beauté du lieu. Les eaux s'y élèvent avec hardiesse & majesté, fières en quelque sorte de se trouver sur un si magnifique terrain. Le château ne lui parut point assez en symmétrie avec le bourg. C'est un plaisir de voir ceux qui existent en Flandre & en Hollande. On diroit qu'on les a bâtis tout exprès pour servir d'ornement aux bourgs ou aux villes.

Quant à Saint-Cloud, les embellissemens qu'on y fait lui donnent une nouvelle élégance, & il faut avouer qu'il méritoit cette décoration, tant il est susceptible d'ornemens. Plus on le contemple, plus on parcourt ses alentours, & plus on convient qu'il n'y a que Meudon & Bellevue qui puissent lui disputer l'égalité, si ce n'est la prééminence.

Lucidor s'apperçut au Mont-Valérien (car il fut curieux de tout visiter) qu'à l'opposite de la Seine, on ne découvre qu'une campagne assez triste, & qu'il ne falloit point quitter la rivière pour pouvoir contenter ses yeux. Ce sont des ombres qui embellissent le tableau.

Bellevue lui servit d'observatoire pour contempler Paris ; & du milieu de ses terrasses où l'ame s'étend à proportion que les regards se promènent, il se fit une image de toutes les passions qui agitent cette ville immense, & un plaisir de les fouler aux pieds. Il lui sembloit être sur un rocher, contre lequel tous les flots de la mer viennent se briser. Heureuse position pour un philosophe qui sait apprécier les choses selon leur valeur.

Meudon ne servit qu'à entretenir ces sages réflexions. C'est un lieu solitaire qu'on préfère à tous les châteaux qui environnent la capitale, lorsqu'on aime à penser. Il s'égaroit avec délectation dans les lieux les plus isolés, éprouvant que la Raison n'est jamais seule, dans quelque retraite où elle puisse pénétrer. Il lui parut singulier qu'on laissât subsister un mauvais pont à Sève sous les yeux même de la cour, tandis qu'on en construit de magnifiques dans les provinces.

Fontainebleau, ce château qui tout antique qu'il est, annonce plus de majesté que Versailles même, fut un livre d'histoire pour notre philosophe. Il lui sembloit lire sur les murs tant d'évènemens divers qui s'y succédèrent, & s'en faire un sujet de réflexions.

Quant à Compiégne, il le jugea digne de l'affection du souverain, plus encore par les qualités du cœur & de l'esprit de ceux qui l'habitent, que par la magnifique forêt qui en fait l'agrément.

Ce sont autant de variétés qui charment le voyageur. La différence des lieux forme aux yeux du philosophe un parterre, où la diversité des couleurs attache l'ame, & la réjouit. Rien ne lasse comme l'uniformité. Le beau lui-même devient fastidieux, quand il est monotone. La raison aime à voir les métamorphoses de la nature dans les ouvrages de l'art.

Chantilly lui procura cette satisfaction : il y vit avec une espèce de volupté tous les agrémens champêtres unis à l'élégance des villes, & à la finesse du goût. La délicatesse a su moderniser l'antique même, & donner jusqu'aux lieux les plus vils, la magnificence des palais.

Ce lieu a tant de beautés, que les ruines même y captivent les regards. Il n'y a que les seigneurs François qui savent répandre l'utile & l'agréable jusques dans les endroits les plus ignobles & les plus isolés de leurs châteaux. Cela tient à l'esprit d'ordre qui entre dans tous les détails, & qui ne néglige aucune partie de ce qui peut contribuer à l'embellissement.

CHAPITRE XXXV.
Lucidor arrive à Paris.

Nous touchons enfin au moment où il entra dans Paris, mais ce fut sans aucun éclat. Outre que la Raison est modeste, quelle impression auroit-elle pu faire dans une ville occupée de plaisirs & de frivolités ? Peu de personnes eussent été à sa rencontre.

Cependant, après avoir choisi une rue tranquille, un hôte honnête, un appartement simple, il se répandit de toutes parts pour tout examiner. Les yeux d'un philosophe sont des télescopes.

Il ne fut pas long-tems à s'appercevoir que les jeunes gens escomptoient leur jeunesse, en se livrant immodérément aux plaisirs : presque tous ceux qu'il rencontroit avoient un air usé. C'étoit des fleurs naissantes qu'un brouillard avoit déjà flétries.

Si la galerie du louvre eût été plus exhaussée à raison de sa longueur; si les tuileries eussent eu de superbes jets d'eau, ainsi qu'une noble entrée du côté du pont royal, il eût admiré sans réserve ces magnifiques objets,

Le dôme des invalides, quoiqu'un très-petit diminutif de celui de Saint-Pierre de Rome; le palais royal, quoique masqué dans son contour; celui du Luxembourg, quoique trop affaissé; l'église de Saint-Sulpice, quoique offusquée de toutes parts, méritèrent son admiration & ses éloges.

Il eût trouvé beaucoup de gentillesse dans le nouveau palais-royal, sans oser prononcer s'il vaut mieux que l'ancien : ce qu'il y a de sûr, c'est qu'il répond maintenant à l'élégance de Paris, & qu'on y trouve en abrégé tout ce que cette ville immense contient de plus éblouissant & de plus joli. Il ne faut pas envisager ce lieu comme un jardin; il n'en aura jamais la forme; mais comme le plus agréable sallon où toutes les nations se donnent rendez-vous, & où le Russe, le Polonois, l'Italien, le Portugais, l'Indien, l'Arabe se présentent pour peu qu'on les appelle. Les oisifs ainsi que les babillards en font leur domicile, & les filles élégantes leur promenade favorite. C'est-là qu'elles étalent des livrées, du luxe, & de la galanterie, mettent encore plus d'astuce dans leur langage que sur leurs minois. Dangereuses syrènes qui prennent jusqu'à des abbés même dans leurs filets. C'est une espèce qui fut toujours séduisante, & qui chez les Romains, comme chez les Grecs, triomphoit souvent de l'âge & de la philosophie même.

Il désira qu'on finît la place de Louis-le-bien-aimé d'une manière qui répondît à la beauté de la colonade ; qu'on embellît les quais du Louvre & des Théatins d'un simple rang de tilleuls qui bordât la Seine, & dont la tige, pour ne rien offusquer, prît la forme des orangers ; qu'on dégageât les ponts couverts de maisons ; qu'on transportât l'Hôtel-Dieu dans un endroit plus vaste & plus éloigné ; qu'on fît un hôtel-de-ville digne de la capitale ; qu'on donnât plus d'apparence à l'extérieur du palais ; qu'on obligeât les Chartreux à bâtir le long de la rue d'enfer, & les religieux de l'abbaye Saint-Germain-des-Prés, le long de la rue du Colombier, ou du moins à vendre assez de terrein pour que le public exécutât ce projet.

Mais comme ni le local, ni le matériel de Paris n'étoient point l'objet de son voyage, il ne fit que glisser là-dessus. C'est aux inclinations, c'est aux coutumes du pays qu'il s'attacha ; & après les avoir analysées, il reconnut qu'excepté un nombre de sages répandus dans tous les états, Paris est un lieu où il y a plus de modes que de mœurs, plus de philosophes que de philosophie. On y excuse les vices, on n'y pardonne point les ridicules; & le plus grand de tous, est celui de n'avoir point d'argent.

Il regardoit de sang-froid ces fréquentes révolutions qui élèvent & qui abîment le même homme presqu'au même instant; qui réforment dans un clin d'œil les habits, les frisures, les chapeaux, le langage même; qui remuent toutes les langues & toutes les têtes à l'occasion d'une nouvelle ou d'une comédie; qui transportent tous les esprits pour une brochure dangereuse ou ridicule : autant de spectacles pour un sage observateur. Il est au parterre pendant que tout cela se joue, & Paris tout entier lui semble un théatre, mais où il assiste sans siffler & sans applaudir.

Lucidor ne se seroit pas alors attendu que cette immense capitale auroit été quelques années après, entourée de murs, & que des espèces de forts aussi singulièrement exécutés qu'imaginés, auroient annoncé sa grandeur. Il auroit sûrement dit, en soupirant : eh ! pourquoi, lorsqu'on fait des édifices publics, ne consulte-t-on pas la cour & la ville pour avoir leur approbation ? C'est exposer des bâtimens à la censure publique, que de les confier à la discrétion d'un seul architecte, qui, pour faire de l'extraordinaire, fait souvent du ridicule. Il ne suffit pas de frapper la vue par des nouveautés, il faut toujours que l'utile & l'agréable se trouvent d'une manière noble & simple dans tout ce qu'on bâtit. Des édifices, qui ne sont ni châteaux, ni hôtels, ni maisons, & qu'on garnit de toutes parts de colonnes, & qu'on entoure de petites portes & de petites fenêtres, de manière à ne pouvoir ni entrer, ni voir, ni sortir, sont des bâtimens qu'il faut abattre.

Des espèces de guérites, surmontées de statues, auroient suffi pour loger quelques commis, & pour annoncer la ville; mais depuis qu'on prend le goût Anglois, rien n'est beau dans Paris, s'il n'est singulier.

CHAPITRE XX.

Des différens quartiers de Paris.

Lucidor observa que Paris est un monde, où chaque quartier compose une province. Le ton du fauxbourg Saint-Honoré n'est point celui du fauxbourg Saint-Germain ; le Marais a des manières plus unies que les environs du Palais royal ou du Luxembourg. On y dîne & l'on y soupe à la façon des bourgeois; & les modes, quelquefois même les nouvelles, n'y parviennent que tard, relativement aux quartiers plus brillans & plus fréquentés.

Il mangea chez tout le monde, parce qu'il voulut connoître tous les états. Les repas des grands lui parurent trop graves, on n'y dit mot; ceux des particuliers trop bruyans, on ne s'y entend pas. Il observa que Paris étoit réellement un monde où l'on trouvoit peu de Parisiens. C'est l'extrait de toutes les nations.

Il ne put comprendre qu'on qualifiât de délicieux, des soupers où il falloit recueillir tous les caprices d'une précieuse ridicule avant d'en obtenir une ariette, & supporter toutes les originalités d'un bel-esprit, avant d'en arracher quelques prétendus bons mots.

Il comprit encore moins qu'on quittât une épouse aimable, pour aller tous les soirs en tête à tête avec une fille entretenue, dont les sentimens & l'esprit, quoique romanesques, sont bientôt épuisés, & chez qui la scène finit ordinairement par bâiller. Il n'en est pas de l'amour comme de l'amitié, il n'intéresse que lorsqu'il est nouveau. Ce qui devient habitude ne peut plus l'affecter.

Lucidor néanmoins s'apperçut que les femmes entretenues n'étoient point aussi multipliées, & qu'on ne les voyoit pas avec tant de profusion disputer en quelque sorte le pas aux duchesses même, par la manière insolente dont elles promenoient leurs prétendus charmes. Au reste, c'est un mal que la police fera cesser quand elle voudra; & il faut convenir qu'on ne sauroit trop sévir contre une pareille indécence; & que les mœurs ne se releveront dans Paris, que lorsqu'on emploiera ce moyen. Presque toutes les banqueroutes, qui, depuis quinze ans se succédent sans interruption, & de la manière la plus révoltante, n'ont pas eu d'autre cause. Pour fournir aux folles dépenses d'une maîtresse aussi fourbe qu'avide, on se réduit soi-même & bien d'autres à n'avoir pas de pain.

Les soupers agréables (qu'on s'en souvienne) sont ceux qui ne s'achetent ni par un jeu dont on ne peut se dispenser, ni par un cérémonial qu'on ne peut éviter, ni par des veilles poussées jusqu'au jour, ni par le désagrément de remener quelque femme qui n'a pour elle que des titres & des années; mais ce sont des soupers qui réunissent la franchise & la gaieté, où le cœur s'épanouit sans gêne, où l'esprit se montre sans prétention; où l'on n'a point de cour à faire, point d'intérêts à ménager. C'est alors qu'on goûte le plaisir de la table, & qu'on peut s'écrier : *O noctes ! cœnæque deûm !* O nuits ! ô soupers des dieux !

Nous touchons au moment où l'heure du souper deviendra celle du dîner. A force de reculer ce repas, il ira bientôt gagner le lendemain. Si l'on dînoit comme nos pères, on trouveroit du tems pour les affaires aussi-bien l'après-midi que le matin ; mais l'on regarde aujourd'hui l'étude & le travail comme une corvée dont on veut se décharger le plutôt qu'on peut, tant l'amour de la dissipation & des plaisirs a pris d'empire sur les Parisiens. On diroit à les voir, qu'ils n'ont été placés sur la terre que pour jouir des spectacles, se répandre dans les promenades & dans les sociétés ; & plus Paris se peuplera, plus ces malheurs se multiplieront : malheurs d'autant plus réels qu'ils énervent la nation, & qu'on ne connoît d'autre existence que l'exercice des sens.

CHAPITRE XXXVII.

Des cercles.

La curiosité conduisit notre philosophe au milieu d'une brillante société. Un ami le présenta

senta selon l'usage. Il y avoit des femmes du bel air, des hommes de cour, des abbés poupins, des savans du jour.

On commença par le toiser de la tête aux pieds, par se demander à l'oreille quel étoit cet inconnu ; par dire qu'il ne se présentoit pas avec élégance, que sa frisure ne répondoit point à son visage ; que son habit avoit trop d'ampleur, son maintien trop de monotonie. Il entendoit tous ces propos si capables de déconcerter un étranger.

Cependant une prude à visage triangulaire, à l'œil malin, au sourcil froncé, l'interrogea sur son pays, mais d'une voix si basse, qu'il falloit deviner. Il dût apprendre à la compagnie d'où il venoit, où il alloit, où il logeoit, quand il partoit, comment il s'appelloit, & presque l'endroit & l'heure où il mourroit.

Les interrogations & les réponses épuisées, il fut question tout-à-la-fois de brochures & de bals, de politique & de spectacles, de finances & de rubans, de la cour & de l'agriculture, des moines & des modes, d'un auteur célèbre & d'un joli petit chien.

Les affaires de Russie, de Pologne, de Turquie, passèrent & repassèrent comme les objets de la lanterne magique ; ce ne fut qu'une ombre.

Ensuite on épuisa la science des baromètres,

Y

On donnoit pour nouvelle qu'il avoit plû tout le jour; on finit par parler de maladies. Une duchesse rappella toutes ses migraines, un abbé tous ses rhumes, un financier toutes ses indigestions. Il y avoit là trois ou quatre petites maîtresses qui faisoient mine de vouloir s'évanouir, désirant qu'on s'apperçût de leurs vapeurs & de leur ennui. On interrogea Lucidor, & l'on n'écoutoit point sa réponse. C'est assez la manie des grands. Le bon-sens qui se trouva là par hasard voulut dire un mot, & on le persifla. Des plaisanteries firent disparoître les réflexions; & tout cela fut accompagné de quelques pirouettes & de quelques ris moqueurs.

C'étoit-là cependant ce qu'on appelle beau monde, ce qui donne le ton, & ce qui affligeoit la Raison. Elle sortit sans être connue, comme on peut le présumer, mais bien persuadée que toutes les conversations de Paris ne ressembloient sûrement point à celle-là.

Lucidor ne se trompoit pas. Dès le lendemain il s'en convainquit. On l'introduisit dans un hôtel où les matières les plus graves furent très bien discutées. On n'y parla qu'à propos; & il n'y eut ni persiflage ni pédanterie.

Un petit-maître arriva, exhalant des odeurs, faisant des mines, se donnant des airs, & on le laissa s'étendre nonchalamment sur un sopha, caresser ses dentelles, admirer ses bijoux, sans y faire la plus légère attention.

« Voilà comme nous corrigeons ces petits messieurs, dit un ancien militaire à l'oreille de Lucidor. Ils ne demanderoient pas mieux que d'être agacés, mais nous les honorons de la plus parfaite indifférence. Cela fait qu'ils s'ennuyent & qu'ils ne tardent point à nous débarrasser de leurs jolies personnes. Si Paris abonde en hommes frivoles, il n'est pas dénué de gens sensés. On y sait mieux qu'ailleurs évaluer la fatuité. »

Une femme de la cour vint à l'appui, drappa les petits-maîtres, persifla les petites-maîtresses, se moqua de leurs façons, & fit voir par ses manières aussi unies que sa conversation, que le bon-sens est de tous les états, & que ceux qui se glorifient de n'en point avoir, sont des personnages médiocres qui ne donnent pas toujours le ton, comme ils osent s'en vanter.

Lucidor sortit enchanté, se promettant bien de cultiver une pareille société; mais il eut peine à contenir son indignation, quand on l'informa que des hommes avoient des toilettes comme des femmes; qu'ils concentroient leur ame dans la sphère des chiffons; que la moitié de leur vie se passoit à voir des selliers, des vernisseurs, des parfumeurs, des bijoutiers; à chercher un crédit qui ruine les marchands, à se procurer tout l'attirail du luxe, à acheter des ridicules, à étudier le rôle d'impertinent.

Le tems est un bien que presque tous les hommes mettent à fonds-perdu.

CHAPITRE XXXVIII.

Des promenades publiques.

LUCIDOR ne pouvoit être indifférent à l'égard des récréations qui renouvellent l'esprit & qui entretiennent la santé. Ce fut un plaisir pour lui de voir tous les âges & toutes les conditions se répandre dans ces superbes jardins, où la nature, à l'aide de l'art, s'épanouit avec délectation; mais ce fut en même-tems un triste sujet de réflexions, quand il apprit que parmi tant de personnes qui se rendent aux promenades dans les équipages les plus élégans, il y en a qui ne doivent cette fastueuse commodité qu'à l'astuce, qu'à l'usure, qu'à des monopoles, qu'à des malversations. La probité pour bien des gens, est un être de raison.

Lucidor eût sans doute mieux aimé qu'il n'y eût dans Paris ni fiacres, ni carosses, & que pour la satisfaction de soixante mille personnes on n'en vexât pas huit cent mille ; mais c'est ici le cas de dire, *qu'il faut laisser aller le monde comme il va.*

Que de paroles, s'écria-t-il, en entendant ce bourdonnement qui remplit les Thuileries, sans qu'il y en ait peut-être une seule pour la Raison ! Les uns parlent de leurs plaisirs, les autres de leurs affaires ; ceux-ci racontent leurs aventures ; ceux-là leurs projets, & personne ne cherche le vrai bonheur.

Il observa que le Palais-royal étoit la promenade des élégans ; le Luxembourg, celle des songeurs ; les Thuileries, celle de tout le monde, & que dans un jardin si magnifique, on n'y multiplioit point assez les arbustes & les fleurs. Mais pour faire ses observations, il fut souvent coudoyé par le Vice & par la Fatuité.

Il crut s'appercevoir que parmi les promeneurs les plus brillans, il y en avoit quantité dont le souper se remettoit au lendemain, & qui devoient au public leur existence & leur ajustement.

Une pluie survint, & chacun disparut avec la rapidité d'un éclair, sans savoir où se gîter. Tel est l'inconvénient des promenades où l'on ne trouve point de couvert. Il jugea qu'une gallerie en arcades, le long de la terraſſe des Feuillans, ſeroit un édifice néceſſaire.

Les boulevards qu'il vit remplis, le perſuadèrent qu'on ne pouvoit trop multiplier les promenades chez la ſeule nation qui en fait uſage; car les Anglois courent, les Allemands marchent, les Italiens ſe font traîner; mais les François ſe promènent, ſi l'on entend par cet exercice le plaiſir de s'épanouir & de converſer.

Il crut devoir jetter un coup-d'œil ſur les guinguettes. Les divertiſſemens du peuple affectent une ame patriotique. D'ailleurs, l'artiſan même ſe réjouit à Paris avec une certaine honnêteté. On le trouve dans ſes parties de plaiſir ſupérieur aux bourgeois mêmes de Londres & d'Amſterdam. C'eſt la ſuite d'une heureuſe éducation qui influe ſur tous les états, & d'une gaieté naturelle aux François qui leur donne un air toujours riant. Toute nation qui rit eſt ſociable.

Mais il faut convenir que malgré l'utilité des promenades qui contribuent infiniment à la ſanté, elles entretiennent l'oiſiveté du plus grand nombre, & que s'il n'y en avoit pas dans les villes, ſur-tout à Paris, on n'y verroit pas tant de fainéans. La Raiſon ne ſauroit s'accoutumer à ces courſes rapides tant de jour que de nuit, qui n'ont d'autre but que le libertinage & la frivolité. Elle voudroit qu'on courût pour le moins auſſi vîte à deſſein de ſoulager les malheureux, & que parmi tant d'équipages qui roulent avec fracas, il y en eût au moins quelques-uns deſtinés à tranſporter des ſecours aux pauvres qui gémiſſent & qui attendent la mort ou un morceau de pain; car il n'y a pour eux qu'une pareille alternative.

CHAPITRE XXXIX.

Des ſpectacles.

Il falloit au moins donner un coup-d'œil à ce qui peint les mœurs d'une nation, à ce qui fait l'entretien de tous les élégans.

Notre philoſophe parut donc à la comédie françoiſe. On donnoit Zaïre. Il y applaudit ainſi que tous les ſpectateurs; mais il eût déſiré que les acteurs, quoique maîtres dans l'art de déclamer, euſſent moins ſanglotté. Il lui ſembla qu'on outroit les ſoupirs, & qu'on ne rendoit les endroits les plus touchans qu'en faiſant des efforts extraordinaires de poitrine & de goſier. Il faut copier la nature, & ne jamais l'exagérer. On la rend mal par des hoquets.

La petite pièce lui fit regretter l'inimitable Moliere. Les comédies ne sont plus comiques. Dans la crainte de donner des farces, on ne donne que du larmoyant & du sec, & l'on veut toujours finir par un mariage, comme s'il n'y avoit pas mille autres dénouemens, & comme si l'on ne devoit pas être ennuyé d'une pareille finale.

La comédie italienne l'auroit amusé, sans ce mélange d'idiômes qui la rend ridicule. L'Arlequin l'affecta comme un personnage nécessaire sur un théatre, imaginé pour faire rire. Aussi est-ce un rôle qui plaira toujours aux hommes qui travaillent & qui ont besoin de se délasser. Les récréations burlesques sont toujours celles de préférence qui réjouissent les philosophes. On ne quitte pas des matieres sérieuses pour s'appliquer. Il ne goûta point toutes ces ariettes calquées sur l'Italien, la langue françoise n'étant nullement propre à recevoir cet agrément.

Quant à l'opéra, il y eut des choses qui lui plurent, d'autres qui le choquèrent. Cela devoit être à l'égard d'un spectacle aussi compliqué; mais il n'apperçut qu'avec peine ce groupe de filles entretenues, qui par le ridicule éclat de leurs diamans & de leurs habits, effacent les femmes mêmes de qualité.

Les falles de fpectacles lui parurent n'avoir de proportion ni avec l'immenfité de Paris, ni avec l'élégance des Parifiens. Les plus petites villes d'Italie ont des théatres qui furpaffent celui même de l'opéra; & il n'y a point de parterre où l'on ne foit affis. Il faut être grandement amateur du fpectacle, ou bien défœuvré, pour refter trois heures debout, preffant les autres, & en étant preffé.

Cependant, peut-être a-t-on mal-fait de permettre tant de petits fpectacles qui raffemblent un tas d'ouvriers dont le travail feroit néceffaire pour leur entretien & pour la fubfiftance de leurs familles; mais quand le plaifir entraîne, on ne calcule que lorfqu'il n'eft plus tems, & l'on a toutes les peines du monde à fe rappeller ces époques où l'ame étouffe pour ainfi dire fes facultés.

Loin de blâmer tous ces différens jeux que l'induftrie créa, il les trouva fagement imaginés. Il eft de l'intérêt d'un gouvernement d'autorifer les divertiffemens qui amufent le public, dès qu'il n'y a rien contre les mœurs & contre les loix. On feroit plus judicieux fi l'on ne confondoit pas la raifon avec l'humeur. Ce n'eft pas le goût particulier qui doit décider des plaisirs, mais celui de la nation.

CHAPITRE XL.

Des Cafés.

Lucidor, ami de l'utile comme il est l'ennemi du superflu, avoit approuvé l'établissement des cafés dès l'instant même qu'on les institua. Ce sont des rendez-vous nécessaires dans une ville telle que Paris. Mais un jour qu'il s'y présenta, il fut vraiment surpris d'y trouver l'assemblage le plus bisarre & le plus bruyant.

C'étoit un joueur sortant d'un tripot, maudissant la fortune, & cherchant à la raccrocher; un nouvelliste, débitant du ton le plus assuré, des invraisemblances & des inepties; un tapageur à l'œil soldatesque & menaçant; un frondeur fâché contre le siècle, contre la nation, contre le genre humain, contre lui-même; un parasite rempli des fumées d'un somptueux dîner; un famélique à l'affut d'une bavaroise ou d'une tasse de café; un élégant ravi de se trouver enchâssé dans un bel habit que le crédit venoit de payer; un libertin, ennemi de la religion & de tous ceux qui en ont; un auteur plein de lui-même, parcourant des tablettes d'un air affecté; un babillard impitoyable, ridiculisant des ouvrages qu'il n'avoit point lus; un faiseur d'affaires, imaginant des moyens de tromper; un épouseur déterminé, cherchant quelque veuve opulente à dessein de la ruiner; un aventurier se donnant des airs, des titres, des noms, afin de mieux escroquer; un liseur de brochures obscènes, dédaignant tous les bons livres & tous les bons écrivains; un oisif sans autre travail que celui d'ennuyer; un conteur de fleurettes à la maîtresse du lieu, pour en obtenir un crédit assuré; un adorateur passionné des comédiennes & des comédies, ne connoissant dans le monde que ce double objet; un raconteur infatigable des historiettes du vieux tems; un chicaneur, ne parlant que de rapporteurs & de procès.

La belle collection pour intéresser la Raison! Elle s'avisa de dire un mot, & l'on s'imagina qu'elle parloit Arabe ou Chinois; mais le lendemain notre philosophe fut bien dédommagé. Curieux de revoir le même café, il ne rencontra que des personnes honnêtes & fort éclairées. Le nuage s'étoit dissipé.

Le hasard dans Paris rassemble d'un moment à l'autre des gens estimables & des gens décriés : c'eſt l'hiſtoire du tems, qui tantôt eſt serein & tantôt orageux, & que le ſage supporte ſans murmurer.

Il lui ſembla que les eccléſiaſtiques & les religieux n'allant point au café, on pourroit établir pour leur uſage quelques endroits décens où ils puſſent ſe rafraîchir & ſe repoſer. Il y auroit des livres pour les liſeurs, & ces lieux prendroient le nom de bibliothèques ou de librairies, afin que tout ſe paſsât convenablement. La Raiſon ne fut jamais ennemie d'un délaſſement honnête ; elle conſerve un juſte milieu entre le rigoriſme & le relâchement.

Il lui parut odieux qu'on laiſſât les maîtres de café diſpoſer de leurs marchandiſes de manière à l'augmenter comme bon leur ſemble. Ils prennent un prétexte de vendre plus cher, & ne diminuent jamais quand les années deviennent meilleures. Il appartient à la police d'y veiller. Il importe que le public ne ſoit pas léſé.

CHAPITRE XLI.

Des modes.

Etre à Paris sans voir des modes, c'est exactement se fermer les yeux. Les places, les rues, les boutiques, les équipages, les habillemens, les personnes, tout ne présente que cela. Le Parisien est tellement fanatique de la nouveauté, que la religion même ne déplaît à certains étourdis que parce qu'elle est trop ancienne.

Un habit de quinze jours passe pour très-vieux parmi les gens du bel-air. Ils veulent des étoffes neuves, des brochures naissantes, des systêmes modernes, des amis du jour. Lorsqu'une mode commence à éclore, la capitale en raffole, & personne n'ose se montrer, s'il n'est décoré de la nouvelle parure.

« Vous pouvez juger de notre amour pour les modes (écrivoit une Parisienne à une Hollandoise, dans une lettre qui mérite d'être rapportée,) par nos frisures à la grecque. N'importe qu'il soit ridicule d'avoir la tête surmontée d'un clocher, on s'obstine à chérir cet ajustement, parce que c'est la mode. Les hommes parmi nous conservent opiniatrément leurs petits chapeaux, quoiqu'ils annoncent une tête éventée, parce que c'est la mode. Ils s'exposent à gagner des fluxions de poitrine plutôt que de déranger leur frisure, parce que c'est la mode. Ils se placent indécemment devant une cheminée, & empêchent toute une compagnie de se chauffer, parce que c'est la mode. Ils condamnent pour un rien, & l'on n'est rien à leurs yeux si l'on n'a les fanfreluches & les colifichets du jour, parce que c'est la mode.

Nos petits maîtres, chargés par état de faire valoir cette marchandise, s'acquittent au mieux de leur emploi. Chamarrés d'une mode éphémere, ils courent tous les spectacles & toutes les assemblées.

C'est à qui paroîtra le premier avec une parure toute neuve; & chose merveilleuse, l'historique même entre dans nos modes; car on les invente à l'occasion de quelqu'événement.

Rien de plus joliment imaginé que de porter une époque sur sa tête, ou sur ses habits. Ainsi des coëffures à la Port-Mahon attestoient la prise de cette ville. Nous en aurons sans doute incessamment qui désigneront la guerre des Russes avec les Turcs, & vraisemblablement on leur donnera la forme du croissant ou du turban.

Il n'y a que les modes qui donnent un air brillant à notre rue Saint-Honoré, rue si sémillante, qu'on peut dire que Paris n'existe que dans ce quartier-là. C'est-là que l'industrie imagine de précieuses bagatelles, que le luxe rend nécessaires, & que des essains de petits-maîtres mâles & femelles, se répandent par pelottons pour apprendre au moins les noms de tous les colifichets nouveaux-nés. C'est le moyen d'acquérir de la célébrité.

On se fait ici des jargons à la mode comme des habits. L'élégance consiste à saisir des mots neufs, & à les amener à tous propos. La mode a mille fois plus enfanté de livres que la Raison. Nos quais, nos passages, nos boutiques se tapissent chaque jour de brochures toutes récentes. On les achete sur le titre, pourvu qu'il soit nouveau, & l'on en pare sa toilette ou la cheminée, jusqu'au lendemain qu'un ouvrage encore plus frais, fait oublier ceux de la veille.

Cette révolution de modes remplit la vie d'événemens. Quoique seulement âgée de vingt-trois ans, j'en ai vécu plus de soixante par tout ce que j'ai déjà vu, & par tout ce que j'ai essayé. Il n'y a point de flux & reflux comme les nouveautés. Des milliers d'aiguilles, de ciseaux, de pinceaux, sont toujours en l'air pour créer quelque chose d'élégant. D'ailleurs une chose fût-elle laide à faire peur, une jolie marchande de modes fait persuader qu'elle est ravissante. Rien de plus propre à fasciner les yeux, que ses graces & son caquet.

Mais ce qui vous surprendroit, c'est qu'il y a des originaux qui n'ont d'autre mérite qu'une pitoyable singularité, & dont on fait tout-à-coup des personnages à la mode. On les cite, on les affiche, on en raffole, & c'est une fête quand on peut les avoir pour un souper.

J'en fus une fois la dupe. J'étois toute oreille & toute œil pour admirer un de ces hommes du jour ; je l'avois invité avec la plus excellente compagnie, & je ne vis & n'entendis qu'un fou. La renommée le promenoit chez tous les grands, & le mérite n'étoit jamais de la partie.

Nous voilà, madame, & certainement cela ne ressemble point à la Hollande votre chère patrie. Le bel-esprit fait souvent ici taire le bon-sens, mais c'est la mode, & il faut applaudir. La mienne sera toujours de vous admirer & de vous dire de ce ton avoué par le cœur, qu'on ne peut être plus tendrement, votre affectionnée, &c. »

Cette lettre plût beaucoup à Lucidor ; il en profita pour aller prendre les modes sur le fait
chez

chez ceux mêmes qui les imaginent; & après en avoir plaisanté, il jugea que ces modes si ridicules en apparence, l'étoient beaucoup plus pour l'étranger qui les paye fort cher, que pour le Parisien qui en fait une branche de commerce.

CHAPITRE XLII.

Du jeu.

JOUER pour se délasser, rien de plus naturel; jouer pour étudier, rien de plus bisarre. On ne cessa d'offrir des cartes à l'inconnu, souvent il les accepta; la raison n'est point farouche, elle se prête volontiers à la société; mais elle aime des récréations qui ne durent pas autant qu'une demi-journée, & qui ne mettent point l'esprit à la gêne.

L'idée du jeu dans tous les pays du monde, n'emporta jamais avec soi l'idée de quatre personnes gravement rassemblées autour d'un tapis, n'osant ni rire, ni parler.

Il n'y a que des gens qui végétent qui puissent s'accommoder d'un jeu trop sérieux. Il faut d'autres délassemens à ceux qui font des dépenses d'esprit, ou bien c'est l'amour du gain qui les captive.

C'est encore un autre ridicule que celui de s'escrimer tout le jour pour accrocher quelque argent. Celui qu'on perd incommode, celui qu'on gagne ne profite point. On se donne alors des superfluités auxquelles on ne pensoit pas. Mais la mode a prévalu, & Lucidor eut beau faire ses représentations, on ne suivit point ses avis. Il pensa même se brouiller avec quelques vieilles douairières.

Si du moins on abrégeoit les parties, ou si l'on interrompoit son jeu pour profiter de la conversation d'une personne éclairée, ou pour écouter quelque nouvelle importante; mais quelque mérite qu'on puisse avoir, quelque événement qu'on ait à raconter, on passe aux yeux des joueurs pour un personnage très-incommode sitôt qu'on les distrait. Le tems ne leur semble précieux qu'au moment qu'ils le perdent, & la mort même d'un parent ou d'un ami, ne peut les arracher au jeu. Ils se contentent de dire : cela est bien triste, & ils continuent.

Lucidor remarqua à ce sujet qu'on n'étoit plus sensible comme autrefois à la perte des siens, de sorte que la mode influoit sur les mœurs comme sur les habits. Si les larmes ne rappellent pas un mort à la vie, elles honorent au moins l'humanité.

CHAPITRE XLIII.

Des auteurs.

Le mérite de Lucidor ne tarda point à s'annoncer, & quoiqu'on ne le connût point pour être la Raison, on le considéroit comme l'homme du monde le plus raisonnable.

Les auteurs en conséquence se succédèrent à dessein de le pénétrer; mais il y en eut au moins les deux tiers dont il n'avoit jamais entendu parler. Il fut tout étonné d'apprendre qu'ils écrivoient, & que leurs ouvrages trouvoient des prôneurs.

Un auteur de bonne-foi lui fit à cette occasion son histoire. « J'étois, raconta-t-il, petit-maître de mon métier, sans autre talent que celui de bavarder à tort & à travers sur la société, sur la patrie, sur la littérature, sur la religion même, lorsqu'une femme à la mode m'assura qu'en faisant imprimer les écarts de ma langue, je deviendrois un écrivain important. Je n'en croyois rien, quoique j'eusse la frivolité du siècle pour caution, & par la suite je fus moi-même tout étonné de ce qu'on me lisoit avec entousiasme. Il est vrai que la femme en question me procura des prôneurs. Sans cela les meilleurs ouvrages risquent d'être persiflés, ou du moins très-peu connus.

J'eus à la fin scrupule de duper mes lecteurs, en leur donnant des paradoxes pour les plus grandes vérités, des railleries pour des raisonnemens, des préventions pour des jugemens irréfragables ; car je me pique d'avoir de la probité. Il me sembla qu'en effaçant un ouvrage solide par une brochure extravagante, j'outrageois indignement la raison & la bonne foi.

Mon style faisoit illusion ; à l'aide de quelques phrases sémillantes & de quelques mots nouveaux, on a la multitude pour soi. Rien de plus facile que d'éblouir des esprits superficiels. Ils s'escrimoient pour me faire valoir, charmés de trouver dans mes écrits une morale assortie à leurs désirs.

Ce qui me désole, c'est que j'ai beau leur dire moi-même que mes ouvrages sont pitoyables, on n'en veut rien croire. Une première impression s'efface difficilement.

Quant à tous ces ouvrages philosophiques où il n'y a point de philosophie, je les faisois aussi facilement qu'un roman ; & voilà tout le secret du charlatanisme. On débite des rêves qu'on assure être des découvertes toutes neuves, & l'on couvre de ridicules ceux qu'on a intérêt de rabaisser. L'imagination s'échauffe, la plume court, & un ouvrage se trouve fini sans qu'on sache même comment on l'a commencé. »

Lucidor, pour toute réponse, se contenta de lui demander s'il n'y avoit point de tribunal établi par les Académies où l'on fût obligé de donner des preuves de son savoir, avant de pouvoir exercer la profession d'auteur. Les candidats feroient une épreuve sur laquelle on prononceroit s'ils sont en état d'écrire, & le public, par ce moyen, ne seroit point accablé de mauvais ouvrages. Il ne suffiroit pas d'avoir du style pour avoir droit de faire imprimer, ce n'est qu'un vernis qui souvent éblouit les ignorans; mais il faudroit des connoissances acquises, & sur-tout un goût décidé pour le vrai ; sans vérité il n'y a ni éloquence, ni beauté.

Ceux qui oseroient se mettre sur les rangs sans avoir fait leurs preuves, seroient poursuivis comme contrebandiers. Le libertinage d'esprit doit être réprimé. C'est une mauvaise politique que de laisser circuler dans le public des livres, dont les principes sont faux ou nuisibles.

On fit voir à notre philosophe des savans selon son goût, quelques poëtes distingués, quatre ou cinq femmes célébres, beaucoup d'artistes, des plagiaires sans fin ; & lorsqu'on lui présenta le catalogue des auteurs vivans, qui se monte à plus de deux mille, il prit une plume, il les repassa tous, & il en raya quinze cens. Cette opération ne fut point l'ouvrage du caprice, la Raison ne fait rien au hasard.

Il vit avec peine qu'il falloit des recommandations pour faire insérer des articles dans les journaux, & que trop souvent il suffisoit qu'un auteur, ou même son libraire, ne fût point du goût du journaliste, pour qu'un bon ouvrage fût décrié.

Il seroit à desirer, dit Lucidor, que le chef de la magistrature s'occupât de cet objet, & que tout journaliste qui s'écarteroit des régles qui lui seroient prescrites, fût destitué de son emploi. C'est un crime de léze-société que de lui présenter de mauvais ouvrages comme excellens, & de lui ravir, par une critique amère, les bons livres dont il feroit ses délices. Mais chacun accommode sa conscience & son honneur à son gré ; c'est-à-dire qu'on lui fait prendre la tournure qu'on veut, sans penser qu'il y a une loi pour le journaliste comme pour l'auteur, & que c'est lorsqu'ils font jugés fans appel. Je parle de cette équité que la loi naturelle grave dans le cœur de tous les hommes, & dont on ne doit jamais s'écarter.

Il s'apperçut que quelques fophiftes jouoient le grand rôle, & que ceux qui s'appliquoient à revendiquer les droits de la vérité, n'attrapoient que du mépris ou des ridicules ; la mode vouloit qu'ils euffent tort.

CHAPITRE XLIV.

Des livres nouveaux.

IL fe renferma pendant quelques jours pour parcourir avec attention les ouvrages modernes les plus accrédités ; il jugea très fainement des uns & des autres, comme on peut le préfumer, fans être ébloui par le brillant qui en fait la fubftance. Il trouva même qu'excepté le dictionnaire de l'Encyclopédie, l'Efprit des loix, l'Hiftoire naturelle de M. de Buffon, l'hiftoire du Bas-empire, par M. le Beau, & cinq ou fix autres ouvrages refpectivement diftingués à certains égards, on mettoit trop d'efprit dans les livres, on épigrammatifoit trop le ftyle, on fubtilifoit trop les penfées, & l'on

Z v

n'étoit point assez naturel. Il faut que les phrases viennent d'elles-mêmes trouver un auteur, & qu'il ne paroisse point les chercher. Un écrivain qui se bat les flancs pour faire de l'esprit, ne mérite pas d'écrire, disoit Montesquieu. D'ailleurs la plûpart des brochures à la mode forment une confédération contre la religion & contre les mœurs, & en cela elles outragent la raison sous prétexte de la venger. Dans les unes le sublime contraste avec le trivial ; dans les autres, le risible se trouve à côté du larmoyant ; celles-ci n'ont de mérite qu'un titre singulier ; celles-là que le nom d'un auteur à la mode. C'est ce que Lucidor observa ; mais il fut sur-tout très-étonné de voir une multitude de livres répandus de tous côtés, auxquels il n'eut pas la moindre part, & dont il ignoroit jusqu'au nom.

Il ne voulut cependant pas juger des François par tous ces ouvrages. « Je serois obligé, dit-il, de les regarder comme les hommes les plus frivoles & les plus licentieux. J'aime mieux me persuader que ce sont des débauches d'esprit que la nation désavoue ; & je le présume d'autant plus volontiers, que la plûpart de ces brochures ont été flétries par des tribunaux, n'ont pu s'imprimer que clandestinement, & que ceux qui en sont les auteurs, ne passent que pour des barbouilleurs de papier, ou pour des sophistes attrabilaires. »

La vérité ne perd jamais ses droits. On peut la cacher, mais non l'étouffer : c'est ce que Lucidor dit souvent à ceux qui l'écoutèrent.

Il s'apperçut que les uns prenant parti pour la vérité, les autres pour des paradoxes, il étoit impossible d'écrire aujourd'hui d'une manière qui plût à tout le monde, & qu'en conséquence de la préoccupation des esprits, il n'y avoit rien de plus équivoque que le jugement qu'on portoit de certains auteurs, & qu'il falloit attendre sur leur compte celui de la postérité. Son tribunal est infaillible.

Les libraires qu'il visita lui montrèrent bien des misères produites par le libertinage & par la frivolité ; mais comme lui dit un d'entr'eux, nous ferions de très-minces profits, si nous ne débitions que des livres historiques ou moraux. Tous les jeunes gens lisent, & presque tous ne veulent que des brochures sémillantes dont la futilité soit la base.

Il faut chaque jour dans Paris une production toute nouvelle ; les liseurs murmurent ou languissent s'ils n'ont du neuf.

Les meilleurs ouvrages du siècle dernier étoient couverts de poudre, & répandoient une odeur de bouquin. L'amour de la nouveauté les faisoit passer pour médiocres. Tel est le goût dans un siècle frivole.

CHAPITRE XLV.

Des disputes littéraires.

Quand Lucidor apprit que des auteurs destinés par état à éclairer le siècle & la nation, se déchiroient impitoyablement, il s'écria : Plût au ciel qu'ils n'eussent jamais écrit !

Il voulut se faire lire le sujet de leurs querelles, & la manière dont ils disputoient, & dès la première page il arrêta le lecteur, haussa les épaules, & se tut.

Lorsqu'on osa lui parler d'un nommé Ch.... condamné aux galères, par arrêt de la cour souveraine de Nancy, à titre de faiseur de libelles, & mort en Hollande très-à-propos, pour esquiver le dernier supplice que ses calomnies atroces alloient lui faire subir, il répondit : Je suis bien étonné de ce que le nom d'un homme aussi décrié peut encore être prononcé ; il a honoré tous ceux dont il a mal parlé. Quand on n'a pour ennemis que des personnages condamnés aux galères ou au gibet, on doit s'en glorifier.

Ainsi parloit le chancelier Bacon. La satyre des coquins, disoit-il, est une véritable illustration.

Il est vrai que si les libelles sont l'aliment des étourdis & des sots, ils passent aux yeux des gens sensés pour la honte de l'humanité. On n'y doit jamais répondre, selon Montesquieu ; un libelle étant de toutes les choses, celles qu'on doit le plus mépriser.

Rien ne prouve mieux la décadence du bon goût, & la méchanceté, que ce tas de libelles & de mémoires sur lesquels le public se jette avec avidité, comme si la cause d'un particulier devoit être une cause générale. Quel abus du tems, s'écrioit la Raison ! quel aveuglement ! Eh ! qu'importe à l'homme qui use de son bon sens, que *Daros* ait tort ou raison. Il y a tant de bons livres, qu'il est absurde de les laisser pour se repaître des querelles du jour, dont il ne reste rien quelques momens ; il n'est rien de plus vîte oublié qu'un mémoire, & que celui qui en est l'objet ; mais comme on ne travaille, & comme on ne lit que pour avoir l'esprit du moment, on s'embarrasse peu des lectures auxquelles on se livre : la frivolité y trouve parfaitement son compte, & cela suffit.

CHAPITRE XLVI.

Du bel-esprit.

C'ÉTOIT vraiment l'antagoniste de Lucidor, que ce bel-esprit qui crée des expériences, qui tamise des pensées, qui persifle le bon-sens, qui ridiculise la vérité : néanmoins il voulut l'entendre discourir. Paris est son centre. Il s'y fait écouter comme l'oracle du jour, par cette multitude d'êtres superficiels dont la frivolité est la boussole, le désordre la loi, & & qu'on rencontre de toutes parts.

Il n'y a personne qui n'eût payé sa place pour voir la Raison dans un coin gardant l'*incognito*, tandis que le bel esprit donnoit l'essor à ses brillantes chimères.

Il est le père des paradoxes, des mots nouveaux, des idées bisarres, de presque toutes les pièces fugitives; & pour comble d'honneur, souvent il efface le savoir & le mérite.

Tout personnage à la mode s'applique à le faire valoir. On lui érige des trophées sur des enfilades de phrases qui ne disent rien, sur les décisions les plus bisarres & les plus hasardées. Il se nourrit de merveilleuses brochutes, de systêmes éblouissans ; & il n'est point de joli souper où il ne fasse sa partie. On le promène aux spectacles ; on le conduit aux toilettes ; on le met d'un tiers dans un tête-à-tête avec une maîtresse affichée ; on le pare des modes les plus nouvelles, des habits les plus frais ; on le faufille avec ce qu'il y a de plus grand ; on le fait entrer dans les conversations les plus sérieuses, dans les ouvrages mêmes les plus imposans ; on l'établit juge des livres & des auteurs.

Lucidor à la fin eut quelques prises avec lui, mais sans dispute & sans aigreur. La Raison fut toujours modeste ; c'est ce qui enhardit un jour le plus zélé partisan du bel-esprit à élever la voix. « Il n'y a, dit-il à Lucidor, qu'il ne connoissoit pas, que la réflexion qui nous tue. Le bonheur consiste à tout effleurer & à ne rien approfondir. Depuis qu'on ne s'attache qu'à des superficies, le goût s'épure, la volupté se raffine, la liberté de penser gagne du terrein.

Nos pères n'eurent que de la raison, & ils ne furent pas moins ennuyeux que gothiques. Leurs livres & leurs entretiens annonçoient des pédans. On hasarde aujourd'hui ce qui plaît, & l'on est sûr d'être écouté.

J'aime un ouvrage qu'on compose dans une

journée, & qu'on lit dans une heure. Nous devons à quelques auteurs élégans l'avantage de nous avoir débarrassés des raisonnemens qui ne font qu'épaissir l'esprit.

Les vapeurs me saisissent, dès que je rencontre ces hommes de bon-sens qui ne parlent qu'avec mesure, & qui ont toujours l'air de représenter. L'esprit n'est agréable qu'autant qu'il est sémillant; alors on plaît aux femmes; on se fait rechercher des grands; on devient l'homme du jour.

En ce cas, monsieur, lui répliqua Lucidor, j'aurai eu le malheur de vous faire bâiller; mais je ferois mal avec moi-même, si j'étois mal avec la Raison. Je trouve qu'il n'y a qu'elle qui élève l'homme & qui puisse même l'amuser; on s'étourdit quand on ne l'écoute pas. La situation d'un être raisonnable est sans doute de l'entendre; autrement la nature s'est trompée, & nous ne sommes point ce que nous devrions être.

C'est dommage, avec les principes que vous avez, que vous ne soyez pas né papillon, vous voltigeriez autour des fleurs, vous badineriez légérement, vous auriez des aîles brillantes, & sur-tout le précieux avantage de ne point penser; car il me paroît que c'est précisément la pensée qui vous incommode, ainsi que tous ceux qui sont de votre avis. Il est glorieux pour la Raison, de ce qu'on se rapproche des animaux lorsqu'on ne l'écoute pas.

L'esprit dénué de bon-sens cesse d'être un bien, & même devient un mal. Il est un éclair qui allume l'orage, & qui ne produit que de funestes effets. Que de livres qu'il a mis au jour, & qui n'ont amené que du trouble & des ténèbres !

La Raison sait badiner à propos & se faire des passe-tems agréables ; mais ce n'est que lorsqu'elle a travaillé & réfléchi ; elle ne se divertit que par besoin. »

Ici le petit-maître fredonna une nouvelle ariette, raccommoda ses dentelles, & disparut.

CHAPITRE XLVII.

Des petits-maîtres.

LUCIDOR entendoit si souvent parler de petits-maîtres, & il en rencontroit si souvent, qu'il voulut enfin savoir s'ils formoient une république, s'ils avoient des loix, ou s'ils étoient simplement des êtres décousus qui se répandoient à tort & à travers dans les sociétés pour les réjouir ou pour les ennuyer.

Bientôt il s'apperçut que les modes étoient un centre pour ces messieurs ; qu'ils avoient aussi quelques mots de ralliement, mais qu'ils n'existoient point en corps ; qu'ils ne se connoissoient même pas, & que chacun avoit droit d'arranger ses plaisirs, ses cotteries comme bon lui sembloit.

Ce qu'on auroit peine à croire, si lui-même ne l'avoit dit, c'est qu'il en rencontra de très-aimables ; mais il falloit en voir une centaine pour en trouver trois ou quatre qui fussent intéressans. Les uns n'avoient pour tout mérite que des airs impertinens, les autres qu'un langage de fatuité ; ceux-ci ne savoient qu'exhaler des odeurs, ceux-là que faire parade d'un bouquet ou montrer de belles dents ; & il n'y avoit que le très-petit nombre qui eût le talent de plaire & d'amuser.

L'étourderie jointe à la frivolité, fait au moins les trois quarts des petits-maîtres qui voltigent dans Paris, sans compter ceux qui voulant imiter de bons originaux, deviennent de très-mauvaises copies. Il faut des connoissances, de l'esprit, des manières, pour former un petit-maître agréable, quoiqu'il soit beaucoup mieux d'être uni. Le naturel a toujours l'avantage sur tout ce qui est forcé ; & si les jeunes-gens vouloient réellement plaire, on ne les verroit
pas

pas se mettre en frais pour faire des rôles singuliers; mais c'est la futilité même de bien des François de vingt-deux ou vingt-trois ans: au lieu qu'à cet âge on est déjà mûr en Angleterre, en Allemagne & même en Italie, malgré la chaleur du climat. Aussi les petits-maîtres y sont-ils assez rares; on y veut du savoir, & non du bel-esprit; du maintien, & non des airs; des pensées, & non des tons.

Mais ils ont changé; leur génie s'est altéré, & dans la manière de construire leurs équipages, & de tailler leurs habits, ils ont affiché une élégance ridicule, & malheureusement la France les copie.

CHAPITRE XLVIII.

Des conversations.

LUCIDOR remarqua dans les conversations de Paris ce qui se rencontre dans les entretiens de tous les pays, des gens qui affichent l'esprit, & qui n'en ont point; d'autres qui en ont, & qui ne l'affichent pas.

Cependant il regrettoit les conversations d'Italie, & il faut avouer qu'elles sont pittoresques. Tout y fait tableau; on y rend les choses intéressantes en les diversifiant par des réflexions, par des récits, en y mêlant les plus vives comparaisons.

Les Parisiens en général n'ont point assez de patience pour soutenir des entretiens trop sérieux, mais ils savent donner du corps & des graces aux plus petits riens, & mettre l'esprit à contribution pour dire les plus-jolies choses.

Le peuple même converse à Paris d'une manière intéressante : il s'occupe de la nouvelle du jour ; il se plaît à discourir sur ce qu'on agite dans les différens tribunaux ; aussi a-t-on beaucoup de peine à persuader aux Parisiens qu'il y a des sociétés agréables dans les pays étrangers. Mais ce que Lucidor ne pouvoit comprendre, c'est que la jeunesse Françoise, & sur-tout parmi les officiers, répétât continuellement les mêmes choses sur l'article de la galanterie, sans jamais s'en lasser. Le soir, le matin, toujours des équivoques.

Ce n'est pas une petite chose que de savoir bien converser, c'est-à-dire, de passer d'un sujet à un autre sans contraste & sans contrariété ; de raconter sans prolixité, d'intéresser sans dessein, de plaire sans paroître en avoir le désir, de ne point disputer, de ne jamais équivoquer, & sur-tout de ne point trop parler, & parce que cela humilie les autres, & parce que cela devient ennuyeux.

Il y a des personnes que leur place oblige d'avoir des conversations vraiment insipides. C'est toujours chez elles l'histoire de la pluie & du beau-tems, à moins que leur esprit orné ne leur fournisse les moyens de discourir sur les sciences & sur les arts ; mais la science se trouve rarement jointe à la grandeur ; & lorsque cela arrive, c'est presque toujours une addition qui double l'orgueil.

Lucidor trouva souvent des femmes du bel air qui parloient tout le jour sans rien dire, & qui faisoient des dissertations d'une heure sur les plus petites minuties ; mais il fut aussi souvent dédommagé de ce contre-tems par des conversations où le sexe même brilloit avec le plus grand avantage, & où le savoir & l'esprit se rencontroient le plus heureusement. Paris est un monde où l'on trouve ce qu'il y a de mieux en tout genre, quand on sait choisir.

Bien des grands l'invitèrent comme un objet de curiosité ; mais pour ne pas les trouver trop petits, il s'abstint de les voir. L'indépendance est une souveraineté qui plaît à la raison ; elle ne fait sa cour qu'à la vertu.

Si les auteurs vouloient bien penser que les grands ne les reçoivent & ne les invitent que pour les avoir en quelque manière à leurs ordres, les faisant taire & parler lorsqu'il leur plait, ils n'auroient pas tant la fureur d'y paroître. Un écrivain aux yeux d'un seigneur n'est qu'un pédant, & s'il le fréquente, ce n'est que pour se donner du relief, & pour qu'on dise dans le public qu'il rassemble chez lui des gens d'esprit. C'est acheter un dîner bien cher que de l'avoir à ce prix. Plutôt de l'eau & du pain, disoit le poëte Rotrou, & avoir ma liberté.

CHAPITRE XLIX.

Des projets.

Il n'y a point de nation qui fasse plus de projets que les François. L'imagination d'un côté, le luxe de l'autre, en produisent chaque jour de toute espèce. Les ministres en sont accablés, & comme il est presqu'impossible de prévoir les inconvéniens, & de supporter les difficultés lorsqu'on ne connoît ni la cour ni l'état, on propose souvent des choses impraticables & même absurdes.

Lucidor fut assailli par un de ces réformateurs. C'étoit un homme d'une imagination exaltée, qui paſſoit ſa vie à créer les projets les plus ſinguliers. Il comptoit déja les millions que devoient lui rendre ſes lumières & ſon zèle patriotique. Il ne quittoit point la porte des miniſtres & des grands ; il faiſoit la cour aux femmes-de-chambre, aux valets ; & en attendant qu'il eût des équipages & qu'il fût ſuperbement vêtu, il portoit un habit auſſi ſec que ſon viſage. La France devoit fleurir par ſes ſoins, comme le plus magnifique parterre.

Lucidor qui n'aime les réformes que lorſqu'elles ſont indiſpenſablement néceſſaires, ou du moins très-faciles, lui perſuada de ſe réformer lui-même, en s'appliquant à régler ſon eſprit au lieu de régler l'état. C'étoit le vrai moyen de ſe débarraſſer d'un tel importun, car les gens de cette eſpèce veulent être admirés.

Mais ce fut ſur-tout aux tables d'hôtes, (car jaloux de tout voir, il voulut y aſſiſter) qu'il entendit parler de réformes & de projets. Il y a dans Paris une politique qui ſe repait de nouvelles imaginaires, qui fait des châteaux en l'air, & qui ſous la figure d'un vieux militaire ou d'un vieil abbé, ſe promène chez tous les traiteurs & dans tous les cafés. Cela amuſe les oiſifs, & cela ennuye les gens ſenfés. Les yeux de l'ame ont différentes manières de regarder.

On jargonna souvent en présence de Lucidor des propos d'incrédulité; mais ceux qui les tenoient n'avoient pour tout savoir que de misérables railleries qui faisoient pitié. Le persiflage est la ressource de tous les esprits superficiels.

CHAPITRE L.

Des sciences.

IL observa que les mathématiques, l'histoire naturelle, l'astronomie, la politique, s'étendoient de plus en plus par le soin qu'on prenoit de s'en occuper.

Le Jardin-royal, l'Observatoire, où rien ne manque de tout ce qui peut intéresser la curiosité, & qu'il examina avec la plus scrupuleuse attention, le mirent à portée de s'entretenir avec MM. de Buffon, d'Aubenton, Cassini, & de rendre justice à l'immensité de leurs connoissances, ainsi qu'à leur sagacité. Il y trouva MM. d'Alembert, le Monnier; & ce ne fut point l'effet du hasard, mais celui de la sympathie.

La métaphysique lui parut avoir prodigieusement déchu de la considération où elle étoit au siècle dernier ; on la regardoit comme un jeu d'imagination.

Malbranche lui-même, ce philosophe presque divin, avoit à peine quelques disciples assez courageux pour braver la mode, & pour lui demeurer attachés. Il en chercha la cause, & il reconnut qu'un système qui ramène tout à Dieu, ne pouvoit être long-tems goûté par des hommes qui ne cherchent qu'à s'en éloigner.

Il se rendit à la maison de l'Oratoire (rue Saint-Honoré) comme dans le centre d'une congrégation où la raison fut toujours en honneur ; & sur le tombeau de Mallebranche même, il poussa quelques soupirs, s'étonnant de ce qu'un homme si digne de toujours vivre, n'avoit ni épitaphe ni mausolée.

L'abbaye Saint-Germain-des-Prés n'offrit à ses yeux ni des Mabillon, ni des Martenne, ni des Montfaucon ; mais toujours en possession d'avoir des écrivains, elle lui montra des hommes érudits, qui partagent avec leurs confrères de la maison des Blancs-Manteaux l'honneur de travailler pour le siècle & pour la postérité. Assurés de vivre dans tous les âges, ils semblent n'être pas de celui-ci.

Cependant il s'apperçut qu'on n'avoit plus pour les études profondes la même ardeur, & que sous prétexte de ne pas s'épuiser, on perdoit la vie dans l'indolence & dans la dissipation. Il analysa quelques ouvrages qu'on croyoit originaux, parce qu'on ne lit plus dans les sources, & il fit voir qu'ils n'étoient que des copies.

Le François estima toujours moins la science que l'esprit, quoique la France ait eu des savans en tout genre. Il aime mieux faire une épigramme qu'une dissertation, errer sur la géographie, que de manquer un bon mot. La plaisanterie le tire toujours d'embarras; & en dépit d'une méprise souvent grossière, il a encore les rieurs pour lui. Ce qu'il y a de bon, c'est qu'il ne se fâche point des vérités qu'on lui dit; il se joue lui-même sur le théatre, & il lit en riant son propre portrait.

CHAPITRE LI.

Des Arts.

APRÈS avoir vu différens atteliers, il prononça qu'enfin les François avoient ces coups de maître si connus chez les Italiens, & par lesquels un peintre ou un sculpteur s'élève au-dessus des règles, & ne ressemble qu'à soi. On en peut juger par l'exposition des tableaux au Louvre. Il n'y a point de spectacle aussi intéressant.

Quiconque ne fait qu'imiter, est ignorant ou timide ; & l'on est toujours imitateur quand on craint ces nobles écarts qui décèlent le génie.

Il auroit cependant voulu qu'on s'appliquât moins à la gentillesse qu'à la beauté ; mais il est difficile de faire entendre raison aux Parisiens sur cet article. L'élégant, selon leurs idées, l'emporte sur le majestueux.

Il trouva qu'on excelloit dans l'art de graver, & que dans cette partie le François étoit unique. Il donne aux estampes un moëlleux que ne connoissent ni les Hollandois, ni les Allemands, ni même les Italiens. Leurs ouvrages trop secs se ressentent d'une certaine rudesse qui semble les maîtriser.

Quant à l'Architecture, elle lui semble trop nue. Pour s'éloigner du gothique qui abondoit en ornemens superflus, on donne dans un genre trop simple. D'ailleurs, les édifices en France sont toujours trop écrasés, mais en revanche on s'applique à les rendre très-commodes ; ce que les autres nations ont toujours trop négligé.

Il faut excepter la nouvelle église de Sainte-Geneviève qui loin d'être trop simple, est trop chargée d'ornemens. Il y a trop de gentillesses & de broderies, ornemens que la poussière gâtera dans quelques années. Peut-être aussi trouvera-t-on que la multitude de piliers ou de colonnes qui la soutiennent, l'offusque entièrement. Au reste il n'y a ni édifices, ni livres qui n'aient quelques défauts, & l'on en compte par douzaine dans l'église de Saint-Pierre de Rome, quoiqu'elle soit la merveille du monde.

La bijouterie lui parut inférieure à celle des Anglois; ils ont un flègme qui leur laisse le loisir de perfectionner. Le Parisien précipite trop son travail par une légéreté qui lui est naturelle & qu'il ne peut corriger.

Lucidor auroit peut-être goûté la musique françoise; mais celle d'Italie l'avoit tellement transporté, qu'il en étoit encore tout rempli. C'est ce qu'il dit à quelques personnes qui lui reprochèrent son indifférence pour l'opéra.

CHAPITRE LII.

Du luxe.

L'AME de Lucidor, ainsi que ses yeux, souffroient de toute la magnificence affichée sur les équipages, sur les habits, sur les ameublemens. Les toilettes étoient des boutiques de bijouterie; les garde-robes, des magasins de dentelles & d'étoffes; les appartemens, des temples; les salles, des autels où les riches ont des adorateurs, & jouent le rôle de divinités.

Où suis-je? disoit souvent Lucidor, la simplicité ne reparoîtra-t-elle plus sur la terre? & ce siècle qu'on nomme l'âge d'or, parce qu'il n'y en avoit point alors, ne reviendra-t-il jamais?

On entendoit de toutes parts le bruit du ciseau, celui du marteau; & la nuit même ne suffisoit pas à l'empressement de ceux qui font construire de superbes maisons. Les rues n'offrent à la vue que du bois qu'on polit, que des marbres qu'on scie. On entasse étage sur étage, comme si l'on vouloit se faire un rempart contre la mort.

Tous les anciens meubles disparoissoient

comme des objets de rebut ; & ce que la mode imaginoit de plus nouveau, devenoit le signal du bon goût. Le commerce souffrit, au lieu d'y gagner, on ne payoit pas, & les banqueroutes se multiplioient.

La table répondoit au luxe des ameublemens ; & des multitudes de laquais chamarrés de toutes les livrées du faste se rendoient à la porte des hôtels, comme les affiches du luxe & de la vanité.

Lucidor en dit un mot. Il avoit droit de parler, mais il n'eut pas celui de se faire obéir. Les uns convinrent que ses réflexions étoient judicieuses ; les autres s'en mocquèrent, & les choses continuèrent d'aller leur train.

Il en est du luxe comme des fleuves ; il apporte l'abondance, mais il ne faut pas qu'il déborde. Aussi doit-on lui opposer des digues, lorsqu'on pense sagement. La justesse des proportions fait la richesse d'un état.

CHAPITRE LIII.

Des bibliothèques.

LA bibliothèque du roi satisfit amplement la curiosité de Lucidor. Elle renferme une multude de manuscrits, qu'on ne confie qu'à des personnes distinguées par leur science & par leur probité. C'est le plus riche dépôt qu'il y ait en Europe, si l'on excepte celui du Vatican.

Il vit toutes les autres bibliothèques remarquables, en maître qui juge sainement des ouvrages ; & à l'abbaye de Sainte-Geneviève, il contempla le vaisseau, visita les médailles, & fut très-satisfait de la conversation du bibliothécaire, il en fit même note ; ce qui mérite attention. La Raison ne prend point le crayon au hasard.

Il ne put s'empêcher de rire en voyant des personnages nouvellement enrichis, qui sans aucune teinture des lettres se donnoient des airs de bibliothèque, comme on se donne les airs d'une orangerie. Tout jusqu'aux sciences mêmes, se trouve soumis au luxe. Les livres aujourd'hui ne sont présentables, qu'autant que le plus beau maroquin & la plus élégante doture leur servent d'ornemens. Il vaudroit beaucoup mieux les avoir plus simplement reliés, & les feuilleter plus souvent.

Lucidor avoua qu'il eût voulu plus de bibliothèques ouvertes dans Paris, & que celles de l'Oratoire & des Petits-Pères de la place des Victoires étoient situées de manière à pouvoir jouir de cet honneur.

CHAPITRE LIV.

Des collèges.

Il y eut des pratiques qu'il loua, d'autres qu'il condamna. C'est le fort des établissemens, de ne point atteindre la perfection.

Il loua beaucoup le choix des auteurs Grecs & Latins que l'on y explique; l'attention à raisonner sur les règles & les proportions des différens genres de littérature, d'après les principes d'Horace & de Boileau, sur l'imitation de la belle nature que l'on inspire aux élèves, d'après les leçons de M. Rollin & de M. le Batteux: il parut désirer qu'on insistât un peu plus sur l'ensemble de la géographie, de la chronologie & de l'histoire universelle. Mais il apprit avec plaisir qu'il y avoit un ouvrage nouvellement imprimé, sur la géographie de Virgile & d'Ovide, avec des cartes très-soignées; ouvrage qui joint à tant d'autres excellens, contribuera à donner des idées nettes sur les positions des lieux, sur les révolutions des peuples. Lucidor fut touché de la majesté & de la décence de l'office divin, des instructions sur la morale chrétienne dans l'intérieur des collèges: il y admira le point de perfection où l'on y portoit les hautes sciences. La logique & la métaphysique ne sont que des dissertations sur ce que les plus grands hommes ont produit depuis plus d'un siècle : on n'y parle qu'historiquement des chimères de l'ancienne philosophie, qui se détruisent d'elles-mêmes. La physique spéculative & expérimentale n'y laisse rien à désirer. Les mathématiques élémentaires & transcendantes y sont traitées avec une émulation singulière.

Lucidor assista au collège Mazarin à une thèse sur ces sciences dans toute leur profondeur ; elle étoit soutenue par un jeune homme de dix-huit ans nommé Legendre, formé par M. Marie, professeur de mathématiques dans ce collège. L'académie royale des sciences à qui elle étoit dédiée, l'honora de sa présence & de ses interrogations sublimes. Cette compagnie ne crut point se compromettre, en accordant au jeune soutenant six suffrages dans l'élection d'un nouvel académicien pour remplir une place vacante.

Lucidor convint que l'éducation étoit aussi bien conduite dans le corps de l'université qu'il est possible, soit par rapport à la religion, soit par rapport aux lettres & aux sciences. Ceux qui donnent des plans nouveaux sur l'éducation, n'ont jamais fréquenté ce corps illustre ;

ceux qui l'ont fréquenté, n'ont rien à ajouter aux écrits du savant Rollin; ancien recteur & professeur émérite dans ce célèbre & antique lycée. Lucidor fit convenir que l'éducation publique est infiniment préférable à l'éducation particulière : l'irrégularité de celle-ci pour les matières, pour les heures, le défaut de comparaison & d'émulation, l'impossibilité d'acquérir l'expérience des autres hommes, de s'approprier les idées & les manières des bons esprits avec lesquels on se trouve, les compagnies trop fréquentes dans les familles, un bien-être constant, ennemi de la culture de l'esprit & du cœur, des caresses trop prodiguées, la privation des bons exemples de son âge, dont on conserve la mémoire toute sa vie, même dans ses écarts, les instructions répétées par différens maîtres sur les mêmes matières, le désir de l'emporter sur ceux de son âge : tout concourt, dit Lucidor, à donner la préférence à l'éducation publique sur l'éducation particulière. Il ferma enfin la bouche à un contradicteur, par le défi de citer entre mille, un savant dans aucun genre, qui n'eût fait d'autres études que dans sa maison.

Lucidor jugea qu'il seroit nécessaire de placer un collège dans le quartier Saint - Antoine,

l'autre

l'autre dans celui de Saint-Honoré ; le pays latin étant trop éloigné de ces deux fauxbourgs.

Les écoles de médecine & de chirurgie, eurent part à ses éloges. On ne s'y laisse plus entraîner par le torrent de la mode & de l'opinion ; on y regarde l'expérience comme le premier docteur, & l'on y étudie dans les meilleures sources.

Il resta immobile à l'aspect de l'édifice où l'on donne des leçons de chirurgie. La noble simplicité d'un bâtiment si bien pris dans toutes ses proportions, faisoit le procès à tous ces corps monstrueux d'architecture qu'on nous donne pour des chefs-d'œuvre.

Pour ce qui concerne les écoles de droit, il ne put concevoir que dans un royaume si éclairé, on se contentât d'une comparution de quelques jours, d'une thèse soutenue à la hâte, lorsqu'il s'agit de rendre un sujet capable de posséder une charge importante. Il n'est pas moins surprenant qu'on y néglige l'étude du droit-canon, & qu'il n'y ait en Europe que les Italiens & les Allemands qui s'y appliquent avec zèle. Il faut cependant convenir que les conférences particulières & très-multipliées, compensent abondamment les études classiques.

Il ne parut point approuver cette multitude d'universités qui se touchent : il eût au moins voulu qu'il n'y eût point de collège qui n'en ressortît (excepté ceux des congrégations qui se gouvernent par elles-mêmes.) Il eût souhaité qu'on ne remplît point les thèses des noms des sophistes modernes; mais la nécessité d'apprendre à combattre leurs paradoxes absurdes, lui parut justifier suffisamment cette conduite. Il est en effet un âge où il est nécessaire d'être en état de réfuter les sophistes & les impies: un jeune homme, même instruit, seroit embarrassé, s'il avoit à résoudre sur le champ des objections dont il n'auroit jamais entendu parler.

CHAPITRE LV.

Des académies.

LES académiciens virent avec le plus grand plaisir Lucidor au milieu d'eux. On s'appercevoit qu'ils étoient jaloux d'avoir son suffrage; ils l'obtinrent: il leur étoit dû.

On lut quelques dissertations pleines de recherches & d'esprit.

Si l'académie des sciences, en scrutant la nature, ne devine pas toujours au gré de ses desirs, c'est qu'elle est couverte d'un voile que son auteur a rendu souvent impénétrable.

Celle des inscriptions & belles lettres semble quelquefois traiter des questions superflues, parce qu'on ne fait pas attention que l'histoire du monde est un point, & que les plus petites choses en apparence s'y rapportent.

Notre philosophe eut une longue conversation avec M. l'abbé Barthelemi, & il fut ravi de l'avoir entendu.

Quant à l'académie Françoise, elle pourroit enrichir la langue de plusieurs mots nouveaux, & lui donner des diminutifs dont elle a besoin, pour éviter cette abondance, ou plûtôt cette répétition d'épithètes qui reviennent à tout propos; mais l'usage est un tyran.

C'est ce que dit Lucidor qu'on se fit un plaisir d'écouter, quoiqu'il ne se fit connoître que comme un étranger.

En vain on voulut lui donner des lettres d'associé. La Raison est de toutes les académies, sans en épouser aucune. Les sociétés ont un esprit de corps, qui gêne la liberté de penser.

Lucidor désapprouva hautement la manière dont on y juge les prix. Il apprit avec peine qu'on s'y laissoit entraîner par le suffrage de deux ou trois personnages qui donnent le ton, & qui savent s'emparer adroitement des opinions. Tel est le désavantage de presque tous les corps. Fussent-ils composés de mille personnes, celui qui a l'imagination mieux montée, les séduit, & vient à bout enfin de leur faire adopter leurs sentimens ou leurs rêves ; car les plus grands hommes n'en sont pas exempts, comme nous l'apprend Horace, en nous disant qu'Homère dort quelquefois.

CHAPITRE LVI.

De la Sorbonne.

C'est ici, dit notre voyageur, en se voyant au milieu des docteurs, que l'ame se dégage de la matière, qu'elle remonte à sa source, qu'elle reconnoît l'excellence de son origine & de sa destinée.

On soutint une thèse en sa présence, pour prouver que la raison est d'accord avec la foi dans les vérités du christianisme. Il ne pouvoit manquer d'applaudir. Il savoit ce qui en est, beaucoup mieux que tous ces esprits à la mode, qui prétendent follement qu'on est déraisonnable quand on croit les mystères de la religion.

Il demanda si l'on ne multiplioit pas trop les docteurs, s'il ne seroit pas plus avantageux qu'on en reçût moins, afin de rendre le doctorat encore plus respectable. On lui répondit d'une manière satisfaisante, & il n'insista pas. La Raison sait céder.

Il trouva qu'on n'avoit point assez pourvu à la subsistance des docteurs qui résident en Sorbonne, & qu'ils devroient avoir au moins le sort des religieux que la communauté nourrit.

On lui montra une bibliothèque intéressante pour le choix des livres. L'antiquité & l'authenticité des manuscrits; & il vit avec plaisir qu'ils étoient souvent feuilletés. Toutes les branches de la théologie, la science des langues relatives au texte sacré y sont cultivées. On y trouve de très-profonds physiciens & mathématiciens. L'église & la maison, monumens de la gloire du cardinal de Richelieu, & dignes d'avoir dans leur sein le superbe mausolée de cette éminence, l'intéressèrent presqu'autant que les édifices d'Italie. Il les considéra de cet œil qui saisit les grandes choses, & qui ne se trompe point sur leur valeur.

Il voulut de-là assister à un sermon. On le mena dans une église où l'on couroit comme au spectacle, avec la même dissipation & le même fracas. Le prédicateur parut, & il persuada Lucidor, par un discours élégamment superficiel, qu'on avoit perdu le goût des Bourdaloue & des Massillon. Il eut quelques conversations avec des prélats & des curés, qui prouvoient que le clergé de France eut toujours des hommes aussi vertueux qu'éclairés.

Mais il leur dit qu'il naîtroit d'excellens prédicateurs, si l'on avoit soin de leur fournir annuellement quelque gratification ; que le prêtre devant vivre de l'autel, il étoit juste que les maîtres de la parole fussent récompensés, & qu'il ne suffisoit pas de promettre comme on avoit fait jusqu'ici, mais qu'il falloit tenir.

CHAPITRE LVII.

Des établissemens.

L'ÉCOLE-MILITAIRE eut ses suffrages à titre de fondation qui relève la majesté royale, & qui honore l'humanité. Il y trouva cet ordre dont la Raison fait ses délices, & sans lequel rien n'est solide.

On ne sauroit donner trop de soins à l'éducation de la noblesse. Outre qu'elle fait la force & la gloire d'un état, elle représente des aïeux qui se signalèrent par des actions éclatantes, & dont le souvenir est toujours précieux.

Les leçons de l'École-Militaire répondoient

à sa discipline. C'est la plus heureuse émulation entre les officiers & les professeurs pour faire germer la vertu, la science & la valeur. Les élèves qu'on y forme, s'annoncent par leur mérite dès qu'ils entrent dans le monde. On n'est pas long-tems sans les connoître, & sans rendre justice à la vigilance comme à la sagacité de celui qui préside à une si brillante éducation. Lucidor fut seulement fâché d'apprendre que la protection plutôt que l'indigence, n'étoit que trop souvent un titre pour y être reçu.

Ces réflexions ne dérobèrent point aux yeux de Lucidor cet air de grandeur qu'offrent les bâtimens & les cours des invalides. Il s'y promena comme dans un lieu richement embelli de ce que l'architecture a de plus noble & de plus intéressant.

Il voulut ensuite visiter par lui-même les différens corps qui composent la maison du roi. Leurs hôtels sont autant d'académies où les exercices se font avec la plus scupuleuse exactitude & la plus grande dextérité. On s'y occupe très-sérieusement des meilleurs moyens de servir la patrie, & de se distinguer.

Il vit avec le plus grand plaisir parmi les mousquetaires, les chevaux-légers, les gardes du roi, les gendarmes, des sujets de la plus grande espérance, qui lisoient des livres solides, & qui rejettoient les ouvrages frivoles.

Mais ils ne sont plus, ces mousquetaires si distingués par leur valeur, & par le nom, & c'est à M. de Saint-Germain à qui l'on doit cette réforme. Cependant ils coûtoient peu à l'état; ils étoient une ressource pour la noblesse, & il n'y avoit rien de plus facile que de les discipliner. D'un trait de plume on fit cette suppression, & sans donner le moindre mot d'éloge, à ceux qui avoient si bien mérité de la patrie. Mais il en est d'eux comme de tous les morts illustres qu'on regrette amèrement, sans pouvoir les rappeller à la vie.

La discipline des gardes françoises fut un spectacle ravissant à ses yeux. Ce n'étoit plus un corps éparpillé dans Paris, & jouissant d'une trop grande liberté, mais un régiment qui distribué en différentes casernes aussi propres que bien bâties, se distingue par sa sagesse, par son application, & produit même des soldats qui composent des ouvrages solides.

Il ne faut que l'activité d'un commandant zélé pour faire fleurir les vertus militaires. Le bon ordre parmi les troupes, l'emporte sur le nombre. Il est l'ame des armées, & le moyen le plus assuré de vaincre.

Lucidor dit aux chefs, qu'il seroit à propos

que chaque hôtel, comme chaque caserne, eût une bibliothèque relative aux personnes, & qu'on y eût sur-tout des livres d'histoires & du métier. Cela encourage les militaires, en même-tems que cela les instruit, & cela chasse l'oisiveté, le plus grand des maux pour le soldat, comme pour l'officier.

La manufacture des Gobelins méritoit un coup-d'œil de la part de notre voyageur. Il s'y transporta; & après avoir vu la beauté des ouvrages qu'on y travaille, & qui paroissent moins faits à l'aiguille qu'au pinceau, il fut surpris de ce que les gens riches préféroient pour leurs ameublemens des étoffes de diverses couleurs; mais la mode n'a jamais tort.

On le conduisit à un attelier où l'on travaille l'albâtre, dont on a découvert une mine depuis quelque tems. On en fait des plats, des bustes, des chandeliers, des vases dont la transparence & les veines font le plus bel effet; mais la mode ne les a point encore vantés, quoiqu'ils méritent bien d'orner des palais & des cabinets. Il ne faut qu'un homme de cour qui les prenne en affection pour les mettre en vogue, & alors on ne sera pas du bon ton, si l'on n'a le soin de s'en procurer. On sait qu'à Paris, c'est beaucoup moins l'excellence des choses que la mode qui leur donne du prix; & qu'il y a même des talens dont on ne fait cas, que parce qu'ils ont l'avantage de plaire à ces agréables, dont le suffrage détermine le goût. C'est alors qu'un artiste ou qu'un ouvrier doit profiter du moment; car pour peu qu'il se repose, il arrête sa fortune; une nouvelle mode le fait oublier.

Aussi n'y a-t il point de gens plus habiles que les Parisiens à saisir les circonstances: ils font paroître sur le champ tout ce qui a rapport à quelqu'événement. Les plus grands ridicules sont effacés par le mérite de la nouveauté. Un livre, une estampe, un tableau ne manquent jamais de faire fortune, quand c'est la mode qui les présente. Chacun veut les avoir, & chacun au bout de quelques jours s'en dégoûte.

Lucidor s'amusoit de ces singularités. Plus d'une fois les folies des hommes firent rire la Raison.

On le conduisit à la manufacture des glaces, qu'il estima valoir celle de Venise, & à celle de porcelaine, qu'il jugea supérieure à celle de Saxe pour le dessein, la variété des couleurs, & leur vivacité; car quant à la matière, il la trouva beaucoup moins capable de résister à l'action du feu. Il y a peu de porcelaines qui different entièrement du verre.

Il voulut voir les restaurateurs, ces auberges élégantes que la mode a fondées, & il lui en coûta fort cher sans avoir pu souper. Les mets qu'on y sert n'ont guères plus de consistance que la rosée.

Et chose extraordinaire, ce sont les jeunes gens qui ont le moins d'argent, qui ne quittent pas ce lieu ; ils croient que cela donne du relief, comme si cela ne disparoissoit pas dans l'immensité de Paris, où l'on s'occupe très-peu des autres & beaucoup de soi-même.

CHAPITRE LVIII.

De la police.

Ici Lucidor reconnut son ouvrage. Le respectable magistrat chargé de veiller à la sûreté de Paris, ne pouvoit mieux s'y prendre. La Raison voit les choses sans méprise.

Rien de plus admirable en effet que cet ordre, qui se répandant d'une extrémité de la capitale à l'autre, retentit dans toutes les places & dans toutes les maisons ; & malgré la multitude immense de gens de tout pays & de toutes conditions, maintient la tranquillité. Un monde n'est qu'une famille, & la nuit qu'un jour prolongé. Dans les quartiers les plus isolés, la police veille, & la police voit tout.

Lucidor voulut savoir les détails qui sont infinis ; & malgré les abus inséparables d'une confiance qu'il faut nécessairement donner à des espions souvent méprisables, il convint que rien n'étoit plus sagement ordonné.

Une ville immense où les passions sont habilement suspendues, où le méchant est pour ainsi-dire forcé d'être honnête-homme, où la fraude & l'usure doivent se cacher dans les ténèbres, forme un tableau digne d'admiration.

Il est sans doute impossible qu'il n'y ait quelquefois des surprises faites à la religion des magistrats, par des gens subalternes qui abusent de leurs places pour vexer ; mais à peine connoît-on le mal, qu'on le punit. Il n'existe pas un pays sur la terre, où la calomnie ne prenne quelquefois le langage de la vérité.

Il sera toujours vrai de dire, qu'il est bien agréable pour un citoyen de n'avoir nulle inquiétude sur sa fortune & sur sa vie ; de pouvoir dormir en paix, sans autre rempart que des vitres entre le public & lui.

Voilà ce que fait la police, & ce qui doit lui mériter notre reconnoissance à tous les instans.

On ne se retrouve le matin avec ses effets, que parce qu'elle a fidélement veillé.

Il a le premier étendu ses soins sur ces nuits obscures où la lune ne paroît pas : Paris, qui pour lors auroit l'air d'une forêt, ne reste pas sans lumière. On lui est redevable des réverbères, qui, avec beaucoup plus d'économie, donnent infiniment plus de lumière ; on lui doit encore les écoles gratuites de dessin. Quant à ces aventuriers qui mettent la ville à contribution, soit en filoutant au jeu, soit en abusant de la bonne-foi des marchands, il ne tarde pas à les connoître, à les réprimer, ou à les forcer de porter ailleurs ces manœuvres funestes. Il prend la note de leurs personnes, de leurs facultés, de leurs prétendues affaires, de leur pays, il sait en débarrasser la capitale ; il épargne à ces hommes le malheur de devenir fripons. Tel qui finit ses jours à Paris dans les horreurs d'un supplice, auroit peut-être fourni une carrière honnête, s'il eût vécu par-tout ailleurs. C'est ici qu'on reconnoît la vérité du vieux proverbe : *L'occasion fait le larron.*

CHAPITRE LIX.

Du parlement.

Lucidor alla par dégrés jusqu'à ce qu'il arrivât à cette cour majestueuse qui retrace la dignité des rois, & qui est dépositaire de leur autorité.

En voyant les opérations des illustres magistrats dont le zele égale le savoir, il reconnut qu'on faisoit usage de ses lumieres & de ses conseils.

Les conférences qu'ils eurent ensemble, les ramenerent toujours au même but. Rien n'est plus proche de la raison que des hommes de ce mérite. Il fut avoué que les présidiaux n'avoient plus la considération qu'ils méritent; que la multiplicité des affaires entraînoit des délais qui ruinoient les plaideurs, qu'il étoit à souhaiter qu'on diminuât les procédures & les frais, & qu'on donnât un nouveau code. Il est des changemens qui sont nécessaires.

On désapprouva d'un commun accord la témérité de certains avocats qui s'échappent en invectives, & qui croyent se faire une réputation par la voie des satyres; on convint qu'un *factum* qui avoit la tournure d'un libelle, méritoit le feu & l'exécration du public ; que l'éloquence du barreau ne devoit point reſſembler à celle des académies ; qu'un magiſtrat, comme étant revêtu d'un ſacerdoce, ne pouvoit être trop réſervé dans ſes diſcours & dans ſes actions. Tout homme public ſans être jamais pédant, doit toujours repréſenter. La décence eſt la plus belle décoration des dignités.

On étoit curieux de ſavoir quel étoit un voyageur ſi judicieux & ſi éclairé. Tantôt on le prenoit pour un ſage qui cherchoit à connoître les hommes, tantôt pour l'envoyé de quelque puiſſance étrangère, qui gardoit l'*incognito*. On ne pouvoit le ſurprendre dans ſes paroles ; ſes converſations étoient toutes aſſaiſonnées du ſel de la ſageſſe, & n'avoient rien d'apprêté.

Les magiſtrats ne vouloient point le quitter : ils le connoiſſent en mérite, & ils aiment ſingulièrement la ſcience & la vérité.

« Il y a bientôt ſoixante ans, lui dit un habile juriſconſulte, que je conſacre mes jours & mes nuits au ſervice de mes concitoyens. Je m'occupe le ſoir de leurs intérêts, je vole dès le matin pour y donner mon attention, ſans autre ambition que de faire mon devoir. Le militaire donne ſa vie pour la patrie, & ſouvent ce n'eſt que l'affaire d'un moment ; je ſacrifie la mienne à toutes les minutes, en me privant de tous les plaisirs, en usant ma santé.

L'étude me rendit un squelette dès l'âge de trente-six ans. Mon corps, que je méprise, s'accommode à ma manière de penser, & mon ame que j'estime au-dessus de tout, me sert heureusement.

La gloire de secourir la veuve & l'orphelin, dédommage de toutes les peines & de tous les dégoûts. Je n'attends qu'une mort heureuse pour le salaire de mes travaux; c'est-là toute ma récompense; l'éternité sera assez longue pour me reposer.

Quoiqu'ayant toujours vécu dans la médiocrité, je laisse à mes enfans le plus riche patrimoine, un amour incroyable pour le bien public, une parfaite indifférence pour les biens de cette vie. Je désire avec la plus vive ardeur qu'ils se consument comme leur père au service de l'état. On n'est grand, que lorsqu'on est utile ».

La Raison embrassa ce vénérable interprète des loix; il méritoit cette distinction.

CHAPITRE

CHAPITRE LX.

Des étiquettes.

Lucidor ne put quitter Paris sans observer que les François, quoiqu'avec l'air du monde le plus aisé, dépendoient d'une multitude d'assujettissemens. Leur amour pour la liberté se trouve gêné par un peu de vanité. Ils sont d'une attention minutieuse à calculer si *Monsieur* ou *Madame* doivent se placer entre lignes ou en vedette, lorsqu'ils écrivent à quelqu'un, & si *le très humble & très-obéissant serviteur*, n'est point trop près ou trop loin des derniers mots.

Ils ne sont pas moins sur le qui-vive par rapport aux révérences. Le plus petit commis chicane aujourd'hui sur la manière de conduire & de saluer. On craint de se compromettre par une trop grande politesse, comme s'il pouvoit y avoir du danger à se montrer honnête.

Il rioit de bonne foi de voir des hommes ne s'aborder que la mesure à la main, & toiser leurs signes de tête & leurs pas. L'air morgue est la suite du luxe ; on se croit un personnage, lorsqu'on a des dentelles & des bijoux. Rien de plus commode pour ceux qui n'ont nul mérite ; car pour ceux qui en ont, je ne croirai jamais qu'ils puissent être vains.

Il est des politesses de proportion qu'on doit sans doute observer; mais on a toujours tort quand on est minutieux: l'étiquette gêne même à la cour, quoiqu'elle soit là dans son centre; car si elle est fille de la grandeur, elle est mère de l'ennui.

Il termina ses observations sur la capitale par la vue de Saint-Denis, cette célèbre abbaye dépositaire des cendres de nos rois. Il étoit digne de la Raison de se faire un spectacle de ce qui absorbe toutes les grandeurs humaines. Après avoir jetté les yeux sur tant d'objets éblouissans, on lui montra des mausolées qui lui firent désirer ceux d'Henri IV & de Louis XIV. Pourquoi n'en ont-ils pas? Et un trésor dont on ne parle point, quand on a vu celui de Lorette estimé soixante millions.

CHAPITRE LXI.

Il parcourt l'Orléanois & le Blaisois.

LES bords de la Loire succédèrent à ceux de la Seine, le point de vue le plus capable de consoler un voyageur qui quitte Paris. Ce ne sont de toutes parts que des collines & des prairies enchantées, où l'œil de distance en distance découvre des maisons de campagne, & des villes séduisantes par leur position.

Après avoir passé par Etampes, ville toute en auberges & d'une longueur qui ne finit point, Lucidor se vit insensiblement au milieu d'Orléans. Il espéroit y trouver cette urbanité que suppose le voisinage de Paris, mais il s'apperçut que le négoce y répand un air de rudesse dont l'étranger ne s'accommode pas ; & c'est ce que lui dirent les habitans mêmes. Les gens d'esprit conviennent facilement de leurs défauts.

Il s'entretint avec quelques savans dont les connoissances n'étoient pas superficielles (les Orléanois parlent volontiers), & il fut également satisfait du présidial & de l'école de droit. Quant au commerce, il s'y fait avec activité ; plusieurs millionnaires en sont la preuve.

Quand on lui dit que la bibliothèque des Bénédictins étoit publique, il demanda pourquoi dans toutes les villes ils ne rendoient pas le même service à la société, eux qui sont en possession d'avoir toujours parmi eux des hommes érudits.

La cathédrale, monument qui mérite l'attention des curieux, lui parut beaucoup moins belle au-dedans qu'à l'extérieur. Les ouvrages du dehors ont une noble délicatesse qui arrache l'admiration. L'honneur de finir ce pompeux édifice sembloit attendre M. De Jarente. C'est s'immortaliser que de couronner une pareille œuvre.

Le mail attira l'attention de notre philosophe. Il est beau, quoiqu'inférieur à ce qu'en disent les Orléanois, un peu trop enthousiasmés de leur ville qu'ils devroient au moins éclairer. La police n'y est pas vigilante ; les rues mêmes sont rarement balayées.

Le pont fut examiné comme le meilleur certificat à la louange des ingénieurs pour les ponts & chaussées ; il expose aux yeux de tous les voyageurs leurs talens & leur savoir, & fait connoître combien une pareille compagnie est utile dans l'état.

A l'aspect des jardins qui environnent Orléans, on croiroit que le pays mérite mieux que la Touraine d'être appellé le jardin de la France ; mais c'est une chose contre laquelle l'usage a prescrit. On passe pour extraordinaire, lorsqu'on heurte l'opinion.

Lucidor, en traversant Cléry, n'oublia point le mausolée de Louis XI. Il vit ce monarque à genoux devant sa bonne vierge chérie, comme un suppliant qui demande pardon de ses meurtres, ou la permission d'en commettre de nouveaux; car telle fut la manie de ce prince auſſi cruel que ſuperſtitieux, ainſi que nous le repréſentent toutes les hiſtoires.

Blois, recommandable par ſa ſituation, & encore plus par la politeſſe des habitans, ſemble inviter les étrangers à s'y fixer. Le peuple eſt honnête, parle bien, & trouve dans ſon induſtrie le moyen de donner du prix à diverſes bagatelles qui ſe vendent très-chèrement.

C'eſt dommage que le jeu, comme par-tout ailleurs, y détruiſe les ſociétés, lui qui ne fut originairement inſtitué que pour les entretenir. On ne s'y raſſemble que pour avoir des cartes à la main; & l'eſprit qui dans cette ville feroit ſi bien ſa partie, y étant très-vif & très-naturel, n'a preſque pas le tems d'y dire quelques mots.

Quelques perſonnes échappent au torrent de la coutume, & ce furent celles dont Lucidor fit ſa compagnie. On paſſa le tems à diſcourir & à ſe promener ſur les terraſſes de l'évêché; l'on y jouit de la plus belle vue: c'eſt le triomphe des yeux.

Le château, qui ne rappelle plus que des ſouvenirs conſignés dans l'hiſtoire, donna occaſion de parler des Guiſe, de leur ambition, & de leur fin tragique. Les palais, au bout de quelques ſiècles, ne ſervent qu'à prouver les révolutions de la fortune & les ravages du tems. Ils deviennent la demeure d'un concierge & la retraite des hiboux.

On observa qu'une herbe aussi fine que la soie produisoit la crême du pays, cette crême si délicieuse & si renommée. Rien n'échappe à l'œil d'un habile voyageur.

Il se répandit dans les environs, où il rencontra des personnages qui avoient mal lû; & ce fut pour lui un supplice. Il y a des gens pour qui les meilleures lectures sont des poisons.

Les nouvelles manufactures d'Amboise établies sous les auspices les plus favorables, pour l'entretien des troupes & pour le bien de l'état, ne purent qu'intéresser notre philosophe. Elles font renaître la ville, qui avoit besoin de ce secours.

C'est peut-être une des parties des plus importantes d'un gouvernement, que de savoir établir des manufactures à propos, soit pour le nombre, soit pour la position. Elles languissent si elles sont mal situées, & elles dépeuplent les campagnes & se nuisent réciproquement, si elles sont trop multipliées. L'esprit de combinaison est la boussole d'un état. Chantelou mérita les suffrages de Lucidor, comme un séjour fait pour être admiré.

CHAPITRE LXII.

De la Touraine, du Vendomois & du Chartrain.

Tours, cette ville qui ne répond nullement à la beauté de ses environs, a quelque chose de languissant; c'est, selon Le Tasse, un effet de la température de l'air, & de la mollesse du sol. On ne s'y occupe même pas des moyens de relever un commerce prêt à tomber. Il n'y a pas dix maisons de quatre cens mille francs.

Cependant Lucidor admira les nombreuses plantations de mûriers, & il fit quelques connoissances avec des magistrats, & des négocians très-éclairés. Il jugea que des foires avec franchises ranimeroient à coup sûr le pays; & il en conféra avec des personnes qui goûtèrent son projet. Il en est des villes comme des particuliers, il faut leur donner des secousses lorsqu'elles tombent en paralysie.

« L'émulation est ce qui nous manque, lui dit un homme instruit; on aime ici la table, & l'on néglige l'esprit qui seroit propre à tout, si l'on avoit le courage de le cultiver. Le Tourangeau pour réussir a besoin d'être transplanté: du reste nous sommes de braves gens, les familles vivent ici avec beaucoup d'union; & si nos liaisons paroissent moins l'ouvrage du cœur que celui de la bienséance, elles n'en sont que plus durables ».

Notre voyageur reconnut que les mœurs se ressentoient effectivement de la douceur du climat; mais il observa qu'on donne gratuitement l'épithète de *rieurs* aux Tourangeaux, quoiqu'ils ne soient pas tristes, & qu'ils ne s'affectent pas beaucoup de l'esprit & des talens des étrangers; ils les reçoivent toujours poliment. Dans la plupart des provinces on préfère un homme qui joue à un homme qui sait; d'ailleurs, le savoir est souvent un titre pour être plutôt craint que recherché.

Les femmes lui parurent très-aimables : elles ont une modestie naturelle qui efface tout le fard.

Il fut étonné de ne trouver qu'un seul écrivain dans la classe des ecclésiastiques : ils sont très-nombreux; mais il aima mieux les voir appliqués à remplir leur devoir, qu'à courir la carrière d'auteur. L'étude est souvent un obstacle à la régularité.

Son attention se fixa particulièrement sur l'église de Saint-Martin, monument respectable par son antiquité, mais qui n'est plus fréquenté comme autrefois. La dévotion s'altère en vieillissant.

Il prit plaisir à entendre les éloges qu'on donnoit à M. l'archevêque (M. de Fleury), & à M. l'intendant (M. Du Cluzel), d'autant mieux qu'ils étoient le cri de la vérité. L'adulation n'y avoit pas la plus petite part.

Il se promena souvent avec délectation dans un cours que ses terrasses, ses arbres, sa longueur rendent charmant, mais c'est une belle solitude. On n'y vient que les dimanches, jours de toilette & de repos.

Il visita l'abbaye de Marmoutier, dont l'édifice est un monstre d'architecture ; & après y avoir vu une belle église, une bibliothèque, & un réfectoire immense, il s'en alla.

Il admira l'industrie des habitans qui se fabriquèrent des maisons dans le roc, & il s'appliqua à considérer les divers points de vue qui s'offrent de toutes parts, & qui forment les plus charmans paysages.

On construisoit alors un pont qui semble être l'ouvrage de Pénélope ; mais on sera dédommagé d'avoir attendu, par le bel effet qu'il produira. Il y a long-temps qu'il seroit fini, si la dépendance où l'on est d'un fleuve aussi capricieux que la Loire, ne retardoit pas les travaux.

Le Plessis-lès-Tours, qui n'est remarquable que pour avoir été la demeure de Louis XI, lui fournit bien des réflexions. Il le considéra comme un palais qui ne feroit pas aujourd'hui la maison d'un bourgeois. Les années écoulées depuis la mort de ce monarque, sont autant de degrés par lesquels le luxe est monté.

La maison des Minimes, qui fut tout-à-la-fois le berceau de leur ordre & le tombeau de leur fondateur, étant annexée au château du Plessis, Lucidor la parcourut sans y rien trouver d'intéressant.

Quoiqu'il eût le coloris & le bien-être de la santé, on vouloit absolument qu'il se fît saigner. Il est d'usage à Tours d'ouvrir la veine fréquemment; mais il faut des raisons pour persuader la Raison.

On lui proposa un voyage de Veret, château appartenant à M. le duc d'Aiguillon, & situé de la manière la plus agréable. Il accepta la partie, charmé de voir un lieu célébré par madame de Sévigné, & récemment embelli de ce que l'architecture a de plus noble & de plus gracieux. C'est-là que l'abbé de Rancé forma le projet de réformer la Trappe.

Chenonceau ne pouvoit échapper à sa curiosité, ce château qu'un goût singulier mit à califourchon sur la rivière du Cher, & qui par cette position unique forme un point de vue surprenant. Il en examina le dedans & les contours avec une vraie satisfaction, mais plus content de le voir que de l'habiter.

Il trouva que la Touraine n'étoit agréable que du côté des rivières (mais il y en a cinq considérables qui l'arrosent) & que les fruits, excepté la prune & l'alberge, n'y sont pas meilleurs que dans les autres pays. Il fut étonné de toutes les terres considérables dont cette province est décorée : on les compte par douzaines.

Quand on lui montra Richelieu, ce château si magnifique & si mal placé, il ne put s'empêcher de dire que c'étoit un diamant enseveli dans la boue. Il n'y a ni chemins ni rivières pour y arriver.

Il faut que son passage par Loches ait été très-rapide, car il le cite sans faire la moindre réflexion.

Il crut devoir visiter la petite ville de La Haye, comme un endroit célèbre par la naissance de Descartes ; mais qui ne donne aucune idée de la matière subtile & des tourbillons que ce grand philosophe imagina. Après avoir vu la chambre où il nâquit, & qui ne fut jamais une écurie, comme M. de Voltaire l'assure, à moins qu'on n'eût pour coutume autrefois de faire monter les chevaux au premier étage, il partit, & gagna le Vendômois par des chemins affez difficiles.

Vendôme, qu'on ne connoît plus que par une abbaye célèbre & par un collége diftingué, ne lui parut point un féjour indifférent; mais la ville, quoique coupée par divers canaux, n'a pas une feule promenade, ce qui prouve la négligence des habitans. Il les trouva fpirituels, & fur-tout les femmes qui le charmèrent par leur converfation. C'eft dommage que la divifion aliène de tems en tems les efprits. La difcorde eft le péché mignon des petits endroits.

On jouoit à Chartres lorfqu'il y arriva, & il n'eut de reffources que dans le compte qu'il fe fit rendre des antiquités du lieu, dont la cathédrale eft la principale partie. Ses clochers feroient curieux, s'ils n'étoient point inégaux.

Il parcourut la Beauce qui ne joint pas l'agréable à l'utile, & qui, en qualité de mère nourricière, l'emporte fur toutes les coquettes. Elle n'a nulle parure, nul afpect, mais elle donne du bled, & il y croît à merveille, fans la nouvelle méthode de certains agriculteurs. Il voulut voir la bibliothèque dans un couvent où il coucha, & il y avoit fept mois qu'on en avoit perdu la clef.

Des routes de traverfe lui fervirent de chemin jufqu'à Rennes, & c'eſt-là qu'il rencontra nombre de petites villes & de grands villages, où des femmes en mantelets d'indienne, en fontanges couleur de roſe, en ſabots, s'imaginent avoir des airs de Paris, & affectent un beau langage. La vanité eſt la mère des ridicules.

CHAPITRE LXIII.

De la Bretagne, du Maine & de l'Anjou.

LA Bretagne, quoiqu'unie à la France depuis long-tems, a encore quelques uſages ſinguliers qui lui ſont propres. C'eſt ce que jugea Lucidor dès le premier abord. On l'introduiſit chez des perſonnes recommandables par leur franchiſe. Cette antique bonne-foi qui a inſenſiblement diſparu pour faire place au raffinement & à la ſupercherie, ſe retrouve encore parmi les Bretons. Cependant comme on ne peut avoir des vertus ſans défauts, on les accuſe d'être un peu trop vifs.

Le peuple lui parut avoir beaucoup d'attachement à la religion, & cela peut venir de ce qu'il ne lit preſque pas; car pour peu qu'on liſe aujourd'hui, l'on ſe familiariſe inſenſiblement avec de mauvais livres.

Il observa que la noblesse étoit ou trop pauvre ou trop riche, & que les fortunes médiocres parmi les gentilshommes n'étoient pas aussi communes que par-tout ailleurs.

Il fut charmé du bon cœur des Bretons. Ils ne cessèrent de l'inviter à manger; il mit beaucoup moins leur table à contribution que leur esprit. Pour peu que la conversation s'anime, & qu'il soit question de quelque matière qui les intéresse, ils pensent fortement & s'expriment de même.

Les paysans lui parurent moins malheureux qu'ailleurs, & le peuple fort gai. C'est une sage politique que de savoir amuser le public.

Il trouva étrange que sous prétexte de laisser dormir la noblesse, les gentilshommes prissent des emplois incompatibles avec la condition; & il ne revint de sa surprise, qu'en pensant qu'ici-bas tout est convention.

Il eût voulu avoir des bras pour défricher ces vastes landes, où l'on n'apperçoit que du sable & des herbes inutiles: voilà, dit-il, un beau théatre pour exercer le zèle des cultivateurs; mais la théorie est bien plus facile que la pratique. Il ne faut ni force, ni argent pour disserter autour d'un tapis.

Le tems qu'il passa à Rennes lui fournit l'occasion de politiquer. On y est instruit, & l'on y recherche avec empreſſement un étranger qui fait raiſonner, ſans cependant rien perdre de la fierté. Il eſt fâcheux que l'air qu'on y reſpire ait une certaine fadeur dont tout le monde ne s'accommode pas; on en eſt dédommagé par la ſociété.

Les négocians de Nantes ne voulurent point laiſſer partir Lucidor, ſans l'introduire dans la maiſon particulière où ils s'aſſemblent. On y lit, on y converſe, on y joue, & c'eſt un lieu très-commode pour ſe mettre au courant de la littérature & des nouvelles. Il ſeroit à déſirer que toutes les villes de commerce imitaſſent un pareil exemple, & ſur-tout celui de faire honneur à leurs affaires. Nantes eſt une place des plus ſûres du royaume.

Quoiqu'elle ne compoſe qu'un tout informe, ſes différentes parties ont des beautés qui ſatisfont l'étranger. La foſſe eſt trop irrégulière pour pouvoir plaire aux connoiſſeurs. C'eſt une ſuite de maiſons inégales, & dont les balcons ſont preſque toujours défigurés par le linge qu'on y étale. On diroit que c'eſt le quartier des blanchiſſeuſes. La police devroit y veiller.

On lui parla tant de fois des vents qui retardent les vaiſſeaux, ou qui les amènent, qu'il ſe croyoit dans la caverne d'Eole. C'eſt aſſez la converſation quotidienne des gens de mer,

Il vit Brest comme une ville très-remarquable par son port & par les officiers de marine qui s'y trouvent. Il goûta leur conversation, & après avoir admiré la salle de spectacle, il partit pour se rendre à l'Orient.

Cette ville, qui ne date que de cinquante ans, a le mérite de la nouveauté ; mais outre que les maisons se ressentent dans l'intérieur d'avoir été fabriquées à la hâte, le monde qui les habite est de toutes les provinces, & par conséquent autant de génies divers. C'est une tour de Babel ; il n'y a que l'amour de l'intérêt qui les unit.

Lucidor trouva une bonne société à Vannes, à Auvray (pays agréable lorsqu'on n'y passe que quelques jours), à Quimper, à Morlaix, à Guingan, & de très-beaux chemins pour y arriver. Il aima la franchise des Malouins, quoiqu'un peu brusques au premier abord.

Le Maine lui offrit des gens laborieux. Laval est une ville où un travail assidu donne aux habitans le droit de manger ; ils s'en acquittent au mieux, & leur esprit n'en est pas moins délié. C'est dommage que les hommes n'y vivent qu'entr'eux, & que les femmes, si propres à la société, soient pour ainsi dire abandonnées. Il n'approuva point cette méthode qui tient aux mœurs gothiques ; & après en avoir dit son sentiment avec beaucoup d'honnêteté, il partit.

Des

Des paysages assez tristes semés de gentilshommes & de curés qui sont toujours en procès, lui servirent de perspective jusqu'au Mans, ville haute & basse, mais intéressante par la bonne compagnie. Le langage ne répond point à l'esprit des habitans. Ils pensent vîte, & parlent lentement. C'est chez eux une habitude de traîner les mots, ce qui révolte l'étranger.

Lucidor leur reprocha finement comme à gens qui sont fins, qu'ils ne cultivoient les sciences qu'avec réserve, & qu'en cela ils étouffoient un germe qui les rendroit poëtes, orateurs, physiciens. La paresse fait tous les jours avorter nombre de savans. L'esprit sert mal quand on a trop de confiance en lui. Au lieu de s'ouvrir une vaste carrière, il s'applique à des minuties, où il s'exerce aux dépens du prochain.

Quand il apprit que le Maine paye la dix-neuvième partie des décimes du royaume, tant les bénéfices y sont considérables & multipliés, il s'écria: *gare la simonie*; & il plaignit les pauvres curés qui n'ont que cinq cens livres, & qui se trouvent dans le voisinage de ceux dont le revenu se monte jusqu'à dix mille; il faudroit au moins une compensation. Cette disproportion est vraiment révoltante. Ne pourroit-on pas mettre des pensions sur les curés qui excédent

D d

mille écus, comme on en met sur les évêchés ?

L'Anjou lui présenta un aspect beaucoup plus riant que le Maine. Après avoir considéré la Flèche comme une ville en miniature, & son collège comme une école mémorable par ses élèves, par ses bâtimens, & sur-tout par le bon ordre qui s'y observe, il se rendit à Saumur, qui, quoique du diocèse d'Angers, n'a ni la douceur, ni l'aménité des Angevins.

Il voulut voir les exercices des carabiniers, & il en fut si satisfait, qu'il avoua que les troupes Françoises n'avoient rien à envier aux Prussiens. C'étoit l'ouvrage de M. le marquis de Poyanne, dont le zèle & la sagacité méritent les plus grands éloges.

Le nouveau pont & les nouvelles cazernes l'intéressèrent vivement. Il est des objets qu'on ne peut regarder avec indifférence.

On l'introduisit dans quelques maisons qui dépensent noblement, & c'est-là qu'il dit n'avoir point vu de ville où les muses fussent aussi mal logées qu'à Saumur. Le collège fait peur.

La levée, ce chemin digne des Romains, qui cotoye la Loire depuis Orléans jusqu'à Angers, & que des maisons pompeuses de Bénédictins décorent de distance en distance, servit de promenade à notre voyageur. Bien différent de ces hommes frivoles qui se fuient, ainsi que les lieux où ils sont, il descendit souvent de voiture pour savourer le plaisir de la vue par la contemplation de mille objets divers. Il payoit les postillons pour aller lentement, comme on les paye pour aller vîte. C'est ainsi qu'on jouit du présent.

Angers le posséda plusieurs jours, & ce furent encore plus les bonnes façons des habitans que leur savoir, qui le retinrent. Il assista à une séance d'académie où l'on fit un effort pour le contenter. On se défia qu'il avoit le goût sûr, & l'on ne se trompoit pas.

Il ne manque aux Angevins que d'être excités. Ils sont naturellement mous, mais cela est racheté par une urbanité qui charme les voyageurs, & sur-tout depuis qu'ils ont pris l'habitude de donner plus souvent à manger. Les repas, lorsqu'on en bannit le cérémonial & l'apprêt, sont le meilleur lien de la société.

On lui fit voir l'église de Saint-Maurice, il la trouva trop vaste pour une chapelle, trop petite pour une cathédrale, mais très-belle & très-ornée; quoiqu'il seroit à propos d'ôter la grille qui offusque le sanctuaire, & d'y mettre simplement une balustrade. Il n'est pas facile de persuader un chapitre.

Le manége, malgré la beauté de ses bâtimens, n'avoit plus son ancien éclat. Les Anglois n'y venoient qu'en petite quantité. Il en est d'eux comme des hirondelles : moins il y en a dans un endroit, & moins il en arrive.

Il engagea la ville à finir le collège; ce seroit un des plus beaux édifices du royaume, selon le plan qu'on en a tracé; mais on est généralement plus curieux de bien loger les chevaux, que de bien gîter les muses.

Il fallut absolument qu'il vînt aux assemblées où l'on joue petit jeu, & où l'on collationne amplement. Ce fut une profusion de fruits & de gâteaux, comme si l'on ne devoit point souper. Il est bon de tenir par quelque chose au vieux tems; la mode n'a que trop usurpé de terrein.

Les écoles de médecine & de droit lui parurent bien composées. On y formoit des écoliers qui valoient des maîtres, quoique l'amour du plaisir & du jeu laissât en arrière un grand nombre d'étudians. Il n'approuva point leur passion pour les armes. Outre que cela rend brétailleur, cela n'est point de leur métier.

Il lui sembla que les églises étoient trop entassées. Pour avoir bien des temples, on n'en est pas plus dévot, & sur-tout dans une ville où le sexe naturellement joli n'inspire pas l'amour de la dévotion.

On lui expliqua ce que c'étoit que le sacre d'Angers, en lui disant que la procession de la

Fête-Dieu avoit pris ce nom depuis que Berenger, archidiacre d'Angers, avoit osé attaquer le mystère ineffable de la transubstantiation. Il étoit juste de donner plus de solemnité à cet acte public, qui devient une amende honorable faite à la religion. Les Angevins ont beau rabaisser eux-mêmes le majestueux de leur procession, elle est auguste, & si elle revenoit en aussi bon ordre qu'elle part, on pourroit la comparer aux processions mêmes de Rome. Ce qu'il y a de sûr, c'est qu'elle a un concours prodigieux d'étrangers ; & que cette multitude est fort avantageuse pour le bien de la ville & pour le commerce.

CHAPITRE LXIV.

Du Poitou & du Berry.

Mauvais chemins, mauvais gîtes, mais bonne chère, bonnes gens, voilà ce qu'on trouve dans le Poitou.

Poitiers, à titre de capitale, possède des personnes lettrées, & la société parmi les nobles y est excellente.

Cette ville n'avoit plus l'avantage d'être un

pays de cocagne. Le luxe a par-tout renchéri les denrées.

On lui proposa beaucoup de parties de chasse. C'est le goût de la province, & qui malheureusement n'est point assez modéré. Il fit rencontre d'un petit-maître, qui, après l'avoir écouté, crut se faire beaucoup d'honneur, en publiant que Lucidor n'avoit pas le sens-commun. Les gens déraisonnables détestent la Raison.

La promenade de Poitiers vaut mieux que toute la ville; elle est réellement magnifique, sans cependant approcher des Thuilleries, comme le prétendent les habitans. Il n'y apperçut que quelques personnes dispersées çà & là, qui avoient l'air de ces ombres errantes dont parle Virgile au sixième livre de son Enéide.

Loudun fixa l'attention de Lucidor ; & autant qu'il put en juger, il lui sembla que Rabelais avoit outré les choses, lorsqu'il dit : que le diable en montrant au Fils de Dieu tous les royaumes du monde, s'étoit réservé comme son domaine Châtelleraut, Chinon, Domfront, & sur-tout Loudun.

Si le Poitou n'avoit pas d'écrivains, il avoit en revanche beaucoup de braves militaires. Il faut dans un royaume des gens d'épée. La société de Luçon étoit un commerce de bonne chère & de jeu, qu'on ne peut se procurer qu'en plongeant dans la boue. La grosse gaieté qui subsiste encore parmi les Poitevins, est la preuve d'un bon caractère. Les ris ne sont apprêtés, que parce qu'il n'y a plus ni franchise, ni cordialité.

Niort est sur-tout agréable pour ceux qui aiment les foires & les marchés, & Châtelleraut pour les couteliers.

Le Berry, quoiqu'au centre de la France, lui parut un désert. La ville même de Bourges n'a presque pas d'habitans. On n'y rencontre personne; & pour peu qu'un étranger y séjourne, on le croit exilé.

L'université rassemble quelques étudians, mais en si petite quantité, qu'elle paroît garder l'*incognito*. Cependant les professeurs sont habiles, & il prit plaisir à les écouter.

Quelques assemblées qu'il fréquenta étoient au bain-marie. Elles ne sont point assez nombreuses pour exciter l'émulation, mais un *ouisk* supplée à tout.

Il ne manque à la cathédrale, la plus belle du royaume, que la suppression du jubé. Dans des villes dépeuplées, la routine fait loi. On n'a pas le courage de rien changer, quoiqu'on ait eu celui de détruire une Sainte Chapelle que sa beauté devoit conserver. Issoudun,

Château-Roux, & même Leblanc, lui procurerent de la société. On y débite de vieilles nouvelles.

Les campagnes n'offrirent rien que de triste aux yeux de notre voyageur. Il ne vit même pas des chemins si nécessaires pour raviver un pays; il en conclut que la France a trop de villes, & que la campagne resteroit inculte, s'il falloit les ranimer.

Il passa dans quelques endroits où les conversations le firent beaucoup souffrir. C'étoit des enfilades de phrases qui ne finissoient pas. Des sots de bonne foi sont encore plus supportables que des ignorans qui prétendent être instruits.

CHAPITRE LXV.

De la Marche & du Limousin.

C'EST dommage qu'on ne connoisse la Marche que par les tapisseries d'Aubusson. Il semble que l'esprit y soit entouré d'épines, & qu'il ne puisse percer.

On fit des questions à Lucidor, qui prouvoient qu'on n'étoit curieux ni de littérature, ni de nouvelles.

Guéret, comme capitale, déploya quelques

connoissances dont il fut satisfait. Toutes les villes ne sauroient être au même niveau. Les petites n'ont ni la ressource des livres, ni celle de la conversation. Si l'on n'y joue, on s'y entretient à coup sûr de la voisine & du voisin. Il ne fit que dîner au Dorat, mais ce fut avec deux hommes très-instruits, & dont il a conservé le souvenir.

Limoges lui fit voir des habitans industrieux. Le commerce y a beaucoup d'activité, mais les sciences y paroissent en quelque sorte étrangères. On ne les recherche point, & heureusement le bon-sens y supplée. Des gens raisonnables valent quelquefois mieux que des savans. La probité rend Limoges une place sûre. Une banqueroute y est un phénomène.

Lucidor se répandit dans les campagnes, & il y trouva beaucoup de cordialité. Si les gentilshommes Limousins étoient moins enfoncés dans les terres, ils pourroient cultiver les lettres. L'esprit n'est à portée de s'enrichir que dans le voisinage de la mer ou des fleuves. Il lui faut des correspondances & des communications.

On lui parla beaucoup des détails de la campagne. Il fallut voir tous les chevaux de la province, & on ne lui fit pas grace d'un poulain : heureusement qu'ils sont beaux.

D'ailleurs, la Raison sait s'accommoder aux usages, aux tems & aux lieux.

Brive-la-Gaillarde qui n'a rien de gaillard, le reçut comme tout le monde; & Tulles le jugea un homme extraordinaire. Mais ce qui réjouit Lucidor, fut de prendre sur le fait nombre d'officiers élégans, qui dans les garnisons ne trouvent ni société, ni ville à leur gré, & qui pendant leur semestre habitoient d'honnêtes chaumières, décorées du nom de châteaux. Alors il falloit se contenter d'un triste gîte, d'un dîner extrêmement frugal, suivre les paysans dans leurs travaux, & n'avoir souvent pour toute perspective que des sœurs bien laides ou bien rustiques. Ajoutez à cela que c'est presque toujours la fête des lampes; on n'y brûloit que de l'huile qui empeste.

Le pays d'Aunis rempli de militaires & d'Américains, ne fut qu'un lieu de passage pour notre philosophe. Il s'arrêta cependant à la Rochelle, où il vit quelques académiciens dont il fut satisfait. Il évita Rochefort, comme un pays mal-sain. La Raison n'est point esclave de la santé, mais elle en est la tutrice.

CHAPITRE LXVI.

De l'Angoumois, du Périgord & de la Saintonge.

Il ne fut pas long-tems sans s'appercevoir qu'Angoulême étoit le pays de la bonne chère. C'étoit une succession de repas qui ne finissoient point, ou plutôt une manufacture d'indigestion.

L'estomac est certainement le tombeau de l'imagination, lorsqu'on lui donne une nourriture trop succulente ou trop forte, & néanmoins l'esprit perçoit en dépit des alimens.

Quant aux mœurs, il les trouva douces. Les hommes de table sont rarement méchans, à moins que le vin ne se mêle de la partie; mais, graces au ciel, on ne boit plus, quoiqu'il soit constant que la franchise y a perdu.

Angoulême fêta beaucoup notre philosophe. On aime les étrangers, & même pour lui plaire on joua moins, & on le mit en société avec quelques personnes d'un esprit orné.

Périgueux ne fit pas moins bien les choses. Cette ville rassembla ce qu'elle a de plus instruit & de plus lettré parmi les habitans, & cela passoit la douzaine.

La noblesse du pays, très-ancienne & fort empressée à s'avancer, vint le visiter. On tira des coffres de vieux habits galonnés; & c'est alors qu'on parla de vieilles guerres & du bon vin. Il n'y a qu'un pédant qui eût pu s'en fâcher.

Saintes se signala par son bon cœur. Les Saintongeois sont généreux, & à cette rare vertu, ils joignent la sagacité. On n'habite pas l'antichambre de la Gascogne sans avoir de l'esprit. Il leur manque un certain goût dans le choix des études.

CHAPITRE LXVII.

De la Guienne & de la Gascogne.

LUCIDOR eût resté plus long-tems à Bordeaux, séjour ravissant par ses promenades & par sa position, si on lui eût moins parlé de spectacles & de jeux. On ne l'abordoit qu'avec des cartes ou des dés, excepté chez ces personnes sages qui connoissent le prix du tems, & qui ne s'amusent que pour se délasser.

Tels sont plusieurs magistrats célèbres, plusieurs négocians éclairés, dont il fit sa société. Il les trouva autant instruits que spirituels; ce qui n'est pas ordinaire dans la Guienne, où l'on néglige assez volontiers l'étude, sous prétexte qu'il suffit d'avoir de l'esprit.

Cependant l'ame s'appauvrit insensiblement, lorsqu'on n'a pas soin de la nourrir. Ce fut la réflexion de l'Inconnu ; mais tout le monde ne l'écouta pas. Il y eut même deux petits-maîtres qui le persiflèrent : ils étoient savans ; ils avoient lu Candide. Quant à la jeunesse de Bordeaux, Lucidor la jugea très-aimable & très-spirituelle.

Les embellissemens de la ville lui prouvèrent ce que peut un intendant zélé. M. de Tourny donna une nouvelle existence à Bordeaux. On y bénit sa mémoire ; reconnoissance qui lui est justement due.

La vue du port ne pouvoit rassasier notre voyageur. C'est celle de Constantinople en abrégé.

Il fut très-content de l'activité des négocians, quoiqu'il eût désiré moins d'amour pour les plaisirs & pour le luxe. Une ville commerçante doit redouter le faste & la volupté. Les meilleures fortunes ne tiennent à rien, lorsqu'on ne sait pas se resserrer dans de justes bornes.

Il vit nombre d'Américains qui dépensoient sans retenue, dans l'espoir de repasser aux isles pour y réparer leurs pertes. C'est assez leur usage, au point que le moment de leur retour est ordinairement celui où ils n'ont plus d'argent.

Les libraires qu'il voulut connoître étoient éclairés, & avoient des magasins considérables.

Dans les grandes villes, il y a des liseurs de toute espèce ; mais là, comme ailleurs, le frivole l'emporte sur le solide. Il se fit lire quelques morceaux de la nouvelle Histoire de la Guienne, par dom de Vienne, de la Congrégation de Saint Maur, & il lui en témoigna sa satisfaction.

Il présuma qu'il n'étoit pas flatteur pour les femmes qui tiennent un rang distingué, de se voir au spectacle en quelque sorte effacées par des filles entretenues qui affichent la magnificence, & qu'on montre au doigt. Les gens raisonnables en murmuroient, les petits maîtres en rioient, mais l'usage avoit prévalu. La coutume est un terrible tyran.

Il partit pour Agen ; il y trouva un génie propre au commerce & à la société. Il passa par Villeneuve, où il ne vit que des échantillons de savoir & d'esprit ; par Cahors, pays où l'on n'est riche qu'en propos. Il s'arrêta à Condom, qu'il nomma l'aréopage de la Gascogne; il vint enfuite à Bayonne, féjour fémillant par la vivacité des efprits, après avoir parcouru Saint-Séver-Cap, Dax, & plufieurs autres endroits fur le même ton, où il obferva qu'au lieu de fe jaloufer, on s'exaltoit réciproquement, & qu'on avoit beaucoup d'ambition. Les Gafcons aiment à fe faire valoir, non par la dépenfe, mais par le babil.

« *Sandis*, en nous voyant, lui dit un d'entr'eux, vous appercevez des hommes qui veulent faire feu ou par la gloire ou par l'efprit. Notre ame eft une pierre à fufil que nous battons fans ceffe pour nous mettre en lumière. La vie eft malheureufe, quand on ne fait pas la faire briller. Il faut dans ce monde de la fortune ou de l'induftrie, ou tout au moins du caquet. Nous plaignons un homme qui n'éblouit perfonne. J'aimerois mieux n'être qu'un ver luifant, que de refter dans l'obfcurité. Nous fortons promptement de notre province, quand le caftel de notre père n'a point affez de fplendeur.

Nous aimons l'efprit par extraits. On eft toujours agréable lorfqu'on ne fait qu'effleurer. Nous attrapons notre favoir à la volée; la poudre s'enflamme, le coup part & la victoire eft à nous. Auffi quand il eft queftion de bel efprit, nous payons toujours argent comptant:

il y en a parmi nous qui ne connurent jamais d'autre monnoie. Au bout du compte, une saillie vaut bien un écu.

On nous apprend dès notre enfance les bons mots & les tours d'esprit qui avancèrent nos compatriotes : c'est un aiguillon qui nous stimule. Il faut que notre imagination nous fournisse des ressources ou des excuses valables ; sans cela nous nous brouillerons bientôt avec elle ».

Lucidor s'amusa beaucoup de ce propos. Il ne rencontroit pas de Gascons qu'il ne les interrogeât, & toujours ils se donnoient pour des cadets. Il faut que tous les aînés se soient perdus, disoit-il, ou qu'ils n'osent se déclarer tels, vu la modicité de leurs revenus. La vanité ne sympathise point avec la sincérité.

CHAPITRE LXVIII.

Du Béarn & du Roussillon.

LE souvenir d'Henri IV conduisit Lucidor dans le Béarnois. Charmé de voir le berceau d'un prince qui fit tant d'honneur à la Raison, il colla ses lèvres sur les murs du château où il naquit. Il voulut par-là nous apprendre combien

combien les grands hommes doivent nous être précieux.

Il fouilla dans tous les endroits propres à lui donner quelques notions sur ce monarque si chéri ; & ce fut à Nay, petite ville, qu'il apprit qu'Henri IV, étant encore jeune, prenoit plaisir à se piquer les doigts & à se faire saigner, pour s'accoutumer, disoit-il, aux combats que le sort lui destinoit. Les grands hommes s'annoncent ordinairement dès leur enfance.

Lucidor à ce récit se sentoit transporté.

Le génie Béarnois lui plut singuliérement. Il est mêlé d'une franchise & d'une valeur qui relevent l'humanité.

Il s'arrêta quelques jours à Pau sans s'en appercevoir. Une aimable société lui fit oublier les instans. Des petits-maîtres n'imagineroient pas qu'on pût trouver quelqu'agrément à deux-cens lieues de Paris ; mais la Raison n'a ni leur goût ni leurs yeux. Il trouva dans le Navarrois des gens qui ne marchent qu'en dansant, & qui ne respirent que la gaieté.

Le Roussillon a l'inconvénient des frontières : c'est un mélange bisarre de François & d'Espagnols. On l'accueillit avec fierté. Les politesses du pays ont quelque chose d'impérieux. Il voulut inspirer aux habitans plus d'application

Ee

à l'étude, & il partit sans les avoir persuadés ; ce qui lui fit d'autant plus de peine, qu'à Perpignan il y a beaucoup d'esprit.

Il admira souvent les Pyrénées, ces monts orgueilleux dont la cime se perd dans les nues. Leur aspect fait naître des réflexions sur la création du monde & sur sa conservation. Il se promenoit avec une espèce de volupté au milieu des ombres qu'ils répandent & des torrens qui sortent de leur sein. Le spectacle de la nature est le plus intéressant pour la Raison.

CHAPITRE LXIX.

Du Languedoc.

CETTE province ne pouvoit échapper à la curiosité de notre voyageur. Elle fut toujours le pays des lettres, & elle s'est toujours glorifiée d'avoir des savans.

Toulouse l'intéressa vivement ; il y trouva des hommes, en dépit du luxe, & des plaisirs ; mais ils avouèrent que leur ville n'étoit plus reconnoissable depuis qu'on avoit quitté la simplicité. On se privoit même de la nourriture pour porter des habits brodés, & pour fournir à des jeux ruineux.

Comme si la grandeur pouvoit sympatiser avec une aussi ridicule économie.

On donnoit outre cela dans le bel esprit, & bien des personnes se contentoient d'être savantes par extraits. Tel est le service qu'ont rendu les dictionnaires & les brochures du tems : on juge sans appel lorsqu'on les a lus.

Chacun voulut voir l'aimable étranger; mais excepté chez ceux qui représentent, on ne l'invita point à manger. Dès qu'on se met à table, les maisons se ferment hermétiquement. Deux estomacs ne suffiroient pas dans la Touraine & dans l'Angoumois, & c'en est trop d'un dans le Languedoc. L'appétit se règle sur la coutume du pays.

On eût bien souhaité que Lucidor jouât; mais outre qu'il n'aimoit pas à perdre son tems, il craignit qu'on ne fût trop habile pour lui. La timidité est quelquefois prudence.

Les femmes ont une vivacité de langue & d'esprit qu'on ne se lasse point d'admirer. Elles sont même plus instruites qu'ailleurs, & heureusement elles ne jouent point le rôle de savantes.

Le parlement, l'université, l'académie captivèrent son attention. Les mœurs, l'esprit, l'accent, le pays lui-même lui parurent fort agréables : on y met tout au superlatif.

On lui montra quelques édifices, & surtout l'hôtel-de-ville, comme des monumens très-curieux, & il les admira.

Il trouva des dévotes qui prenoient des à-comptes sur le bonheur de l'autre vie, par leur attention à se procurer ce qu'il y avoit de plus commode & de plus délicat.

Il s'apperçut que le capitoulat faisoit tomber le commerce ; que Toulouse en conséquence étoit presqu'un beau désert. Toutes les villes ne sauroient être marchandes. Elles se nuiroient réciproquement.

Sa promenade quotidienne étoit sur les bords du canal : il mérite les regards d'un voyageur. Là il se rappelloit les grands hommes qui illustrèrent le siècle de Louis XIV, & les chef-d'œuvres qui sortirent de leurs mains, & il en conclut qu'ils furent profonds, & que nous sommes sémillans.

Il se fit rendre compte, selon sa maxime, de la coutume qui étoit en vigueur, & il dit à ce sujet qu'un même royaume ne devoit avoir qu'un même code, & qu'il ne pouvoit concevoir qu'en passant d'une province à l'autre, on trouvât différentes manières de s'établir, de tester & d'hériter. La nature est partout réglée par les mêmes loix, pourquoi ne pas l'imiter ?

On lui préfenta des vers faits en fon honneur; les Touloufains s'appliquent volontiers à la poéfie, & il les loua encore plus qu'il n'étoit loué, parce qu'ils étoient bons. La Raifon ne connoît point la fauffe modeftie.

Son féjour à Montauban, ville charmante par fa pofition, lui procura la fociété de plufieurs perfonnes fort aimables. Il goûta beaucoup leur converfation, & il ne partit qu'à regret pour fe rendre à Béziers.

Il paffa par Nailloux, où le hafard lui fit rencontrer un jeune homme bien né, intéreffant par fa figure & par fa douceur, mais tourmenté par de vives paffions. Il entra dans fon cœur; il compatit à fa fituation; il lui donna les avis les plus tendres & les plus lumineux, & il vint à bout d'en faire un fage. Quand on veut rendre des confeils efficaces, il faut parler comme la Raifon. L'humeur ou la dureté, irrite au lieu de corriger.

Béziers, perché fur une éminence comme un oifeau fur un arbre, eft admirable pour ceux qui aiment la bonne chère & le bon air. Auffi ne s'y arrêta-t-il que pour y refpirer & pour y fouper.

La réputation de Montpellier lui parut bien méritée: il y trouva de l'efprit, de la fociété, mais un goût trop décidé pour le plaifir. Les passions y bouillonnent comme le sang, & ce n'est pas un petit mérite que de savoir le calmer.

La faculté de médecine le régala de thèses & d'ouvrages dignes de l'approbation de Boerhaave. On étudioit avec ferveur, & l'on ne donnoit rien ni à l'imagination, ni au hasard, mais la mort n'en ira pas moins son train.

La terre couverte d'oliviers incapable de répandre de l'ombre & de réjouir la vue, le convainquit qu'on louoit avec trop d'enthousiasme les campagnes du Languedoc, & qu'elles ne peuvent se comparer ni à la Touraine, ni à l'Orléanois, mais il ne voulut point disputer. Tant-pis pour ceux qui ne sont pas de son avis.

Il vit Narbonne, Carcassonne, petites villes en elles-mêmes, mais que l'esprit des habitans fait étendre. Il en vit d'autres où il sembloit qu'une génération s'étoit perdue. Il n'y avoit que des enfans & des vieux; pas la moindre personne d'un âge intermédiaire.

Il passa à Nismes, ville célèbre par son amphithéâtre, ouvrage des Romains, qui malgré le laps de tems s'est assez bien conservé. Il joua par complaisance; chose nécessaire pour se trouver à table avec les Languedociens.

Il fit connoissance avec des gens d'esprit, le

pays n'en manque pas; ils ne furent pas toujours du même avis. Il y a loin du bon-sens au bel esprit.

Plusieurs femmes surent l'intéresser : elles ont des manières aisées, une conversation vive, de la lecture proportionnément à leur état.

Le commerce soutient la ville. L'on y fabrique d'assez mauvais bas, & l'on en a le débit, parce qu'ils sont à un prix très-modique, & parce qu'on ne veut pas se persuader que la bonne marchandise n'est jamais chère.

Il traversa les Cévennes comme un pays où l'on ne s'arrête pas volontiers, & où le fanatisme, l'ennemi déclaré de la Raison, donne tant de scènes aussi ridicules que sanglantes; & il parcourut le Rouergue : il y fut fêté par des gens d'esprit, & sur-tout à Rhodès où règne un génie Gascon.

CHAPITRE LXX.

De l'Auvergne.

LUCIDOR n'avoit jamais tant entendu parler de Noblesse que depuis qu'il fut dans cette province. Il étoit assailli de gentilshommes dont les noms se terminent en *ac*, & qui avoient effectivement une grande antiquité, quoiqu'on ne fût pas obligé de croire tout ce qu'ils disoient à ce sujet ; car il eût fallu les supposer de ces siècles dont on ne sait presque rien. C'est la marotte de presque tous les gentilshommes qui habitent la campagne. Ils ont des généalogies que personne ne connoît.

Quoi qu'il en soit, la noblesse en Auvergne est une des meilleures du royaume ; mais Lucidor, qui préféra toujours les savans aux nobles, eût désiré plus de savoir & moins d'ancienneté. L'homme instruit existe par lui-même ; celui qui n'a que de la condition ne vit que dans ses aïeux.

Des invitations continuellement répétées le conduisirent de châteaux en châteaux, où on l'accabla de bonne chère & de propos qui manifestoient un bon cœur, mais qui n'avoient rien de la délicatesse du siècle. On s'amuse dans certaines campagnes d'Auvergne comme au tems de François I ; & quelque chose qu'on dise, cela vaut peut-être mieux que notre raffinement. C'est ainsi qu'en jugea Lucidor, lui qui n'aime ni l'esprit frelaté, ni les manieres apprêtées.

La vue de ces différens châteaux, lui fit imaginer qu'un dictionnaire qui nous donneroit le détail de tous ceux qui existent en France; avec des notes relatives à leur origine, & aux événemens dont ils ont été le théatre, seroit très-intéressant, & même nécessaire; il faudroit qu'un tel ouvrage fût autorisé par le gouvernement, & que ceux qui seroient commis pour l'exécuter, eussent des ordres par écrit, ainsi que des appointemens. Alors chaque seigneur leur ouvriroit ses archives, & l'ouvrage se feroit avec succès.

Clermont ne fut point un séjour incommode pour notre philosophe : il s'y trouva fort à son aise. On y rencontre des hommes d'un esprit profond, & dont les connoissances n'ont rien de superficiel. Il observa qu'ils abondoient un peu trop dans leur sens. C'est l'usage du pays.

On lui demanda souvent s'il étoit noble; & même, comme il ne brilloit pas du côté des habits, on l'eût presque soupçonné d'être aventurier. La plupart des hommes veulent être éblouis. Cependant sa prudence & ses lumières lui servirent de passeport.

Les grandes assemblées le reçurent par un esprit de curiosité, & finirent par l'admirer.

On lui donna quelques grands dîners qui ne se passèrent pas seulement à manger; on y discourut sur des matières graves : c'étoit son élément.

Riom eut pour lui beaucoup d'attraits. Le présidial vaut un parlement, si l'on en juge par la science de ceux qui le composent. On y voit briller les plus habiles avocats.

Ce sont les Auvergnats qui ont remplacé les Savoyards dans Paris, & qui ne les valent pas pour l'exactitude. La cause de leur émigration n'a d'autre objet que la paresse. Ils se tiennent tout le jour au coin d'une rue les bras croisés en attendant quelque commission, & cela leur paroît plus doux que de cultiver la terre. I's ont tellement la fureur de la capitale, qu'ils quittent leurs femmes, leurs enfans ; il seroit à désirer qu'on pût les appliquer à quelque travail, comme celui de tricoter des bas dans l'intervalle où ils ne sont point employés. Que de réformes à faire, si l'on jettoit par-tout un œil attentif !

S. Flour lui parut une ville assez triste. Malgré la rigueur du froid qui s'y fait vivement sentir, à peine y connoît-on l'usage des cheminées. On y donne quittance du bel esprit en faveur du bon sens, ce qui ne lui déplût pas.

La Limagne le ravit, cette contrée aussi agréable que fertile, où l'on trouve les paysans les plus induſtrieux ; c'eſt dommage qu'ils ſoient obſtinés, mais c'eſt un tribut qu'il faut payer au ſol ou au climat.

CHAPITRE LXXI.

Du Bourbonnois & de la Bourgogne.

MOULINS captive les étrangers par ſes promenades & par ſa ſociété. On y reçut Lucidor avec plaiſir, tandis que dans quelques autres petites villes du canton, où l'on ne connoît de lecture que celle du calendrier, d'occupation que le jeu, on ne le regarda preſque pas.

Il apprit en paſſant par Dun-le-Roi que le peuple y étoit autrefois ſuperſtitieux, qu'on y croyoit beaucoup aux revenans ; mais que depuis que le bailli rendit une ordonnance qui défendoit aux eſprits d'entrer dans la ville, la ſentence fut ſi bien exécutée, qu'on n'en entendit plus parler.

Il traverſa le Nivernois, pays agréable par ſa poſition ; & il obſerva qu'à Nevers on eſtimoit les gens lettrés.

Dijon, ſéjour très-riant par lui-même, & où pour être bien reçu il ne faudroit ſe produire qu'avec du faste & des titres, accueillit cependant notre philosophe avec une sorte de distinction. On lui fit grace de la parure, en faveur de son air noble & gracieux. La manière de s'annoncer vaut souvent mieux qu'une recommandation. Il y a toujours de la ressource chez les gens d'esprit. Les Dijonnois sont spirituels; & si on les accuse d'être orgueilleux, c'est parce qu'ils ont de la dignité.

On l'entretint de tous les ouvrages qui paroissent. On les connoissoit, & l'on savoit en juger, mais on y aimoit un peu trop les livres frivoles. La mode ne devroit jamais régler le sort d'un ouvrage.

L'académie lui fit connoître des hommes instruits, & dont la conversation avoit quelque chose de séduisant. Il lut quelques discours de réception, & il y trouva trop d'esprit. Ces sortes d'ouvrages n'ont ordinairement qu'un succès éphémère, & c'est assez tout l'honneur qu'ils méritent; car ils éblouissent, & n'apprennent rien.

Les femmes vouloient toujours avoir Lucidor dans leur société, aux risques de moins jouer. Elles ont assez d'esprit pour avoir deviné que son voyage deviendroit public, & qu'on y citeroit Dijon. Quelques agréables le prirent pour un imbécile, & il s'en amusa.

C'est dommage que cette ville n'ait qu'un filet d'eau, & que le mail soit trop éloigné. Quelques méchans taxent les habitans de malignité; mais ici les accusateurs valent moins que les accusés. D'ailleurs il est difficile d'avoir un esprit vif, sans être un peu mordant.

Lucidor vit Citeaux, abbaye célèbre, où l'abbé vit presqu'en souverain.

Les meilleurs vins du pays furent inutilement prodigués en faveur de l'aimable étranger; il ne fit qu'y goûter. C'est un nectar qui inspire les plus heureuses saillies. Piron se trouva bien d'en avoir bu.

Autun ne posséda Lucidor qu'un seul jour, & il le passa avec des gens d'esprit qui lui parlèrent d'une manière analogue à sa façon de penser. C'est-là qu'il donna une leçon honnête à deux moines, qui ne daignèrent pas lui rendre son salut. La vanité est le comble du ridicule chez des gens qui font profession d'humilité.

Langres lui auroit plû, sans le jeu qui en fait la principale occupation. Les sociétés n'y connoissent guères d'autres passe-tems.

Il vit Beaune, qu'on affuble à tort de toutes les inepties, & il se rendit à Châlons-sur-Saone par un chemin qui lui rapella tous ceux qu'on fait en France, & qui sont autant de monumens qui ont immortalifé le règne de Louis XV.

Les promenades de Châlons lui parurent raviffantes; elles le font en effet. Il s'en faut bien que la ville y réponde, mais elle a des habitans honnêtes qui font aux étrangers le plus gracieux accueil. S'ils ne les entretiennent pas favamment, ils les en dédommagent par leur bon cœur. Ils fêtèrent Lucidor, & ne vouloient point le laiffer partir. Ils le prirent pour un bon-homme dont la franchife leur plaifoit. La Raifon bien différente du bel efprit, n'affiche point ce qu'elle fait.

Mâcon, lorfqu'il y paffa, étoit concentré dans une falle de bal. Il ne voulut point diftraire les habitans d'une fi importante occupation. Il apprit feulement qu'ils lifoient par fois pour être au courant de la littérature, & qu'il y avoit des gens d'un efprit orné. La campagne étoit remplie de payfannes auffi propres que gentilles, qui rappelloient les bergères des romans.

Il vouloit aller à Bourg-en-Breffe, on l'en détourna; & cependant il s'y rendit, & y trouva bonne fociété. La Raifon bien différente des grands, voit les chofes par elle-même, & ne fe décide point fur la prévention. Il goûta beaucoup un auteur, dont les gens du pays ne faifoient pas grand cas. C'eft le fort des Ecrivains; ils ne font pour l'ordinaire eftimés que là où ils ne font pas. Ce qu'on voit tous les jours ne paroît plus merveilleux.

Il n'oublia point de vifiter l'églife des Cordeliers, qui renferme des maufolées de la maifon de Savoie en beau marbre, & une horloge antique qui met un fiècle à faire tourner une roue.

Il voulut vifiter la ville de Trévoux, plus fameufe par le Journal qui porte fon nom, que parce qu'elle eft en elle-même : auffi n'apperçut-il que l'ombre d'une cité. Dombes avoit quelques habitans dont la converfation l'intéreffa ; mais les petits endroits font des entraves pour le favoir. On s'y néglige malgré foi ; & ce qu'il y a de pire, c'eft que fouvent on n'en veut pas convenir. Boileau difoit qu'il en étoit des petites villes comme des petites perfonnes, qui ont ordinairement beaucoup de vanité.

CHAPITRE LXXII.

De la Franche-Comté.

Il observa que les Francs-Comtois se font volontiers moines ou soldats : chose d'autant plus surprenante, qu'ils n'aiment pas l'assujettissement. Leur esprit vague ne s'applique pas facilement aux sciences, quoiqu'il en soit très-susceptible, principalement sur les montagnes, mais le cœur en est bon. Il l'éprouva dans toutes les villes qu'il parcourut. Il y trouva des personnes obligeantes, sans apprêt comme sans duplicité. La candeur est d'autant plus admirable, qu'elle est bien rare.

Besançon l'intéressa par ses fortifications, & encore plus par sa société. Les militaires augmentent la bonne compagnie, & l'on est assuré d'y trouver des femmes très-aimables, & des hommes fort instruits. Il eut avec eux quelques entretiens sur les sciences, mais coupés par le jeu : il est nécessaire, lorsqu'il n'est pas poussé trop loin. Il met à l'aise ceux qui ne savent pas converser, ou qui ne veulent pas se donner la peine de parler. Tout ce qui lie la langue, peut passer pour un bien.

On

DE LA RAISON.

On s'empara de lui comme d'un personnage qu'il étoit bon d'écouter. On dit d'excellentes choses, & il seroit à souhaiter que nous les eussions.

Il trouva plusieurs personnes qui se contentoient d'exister. L'émulation n'est pas ce qui tourmente les Francs-Comtois. Si l'on excepte Dole, Salins, Gray, Poligny, Lons-le-Saunier, on ne connoît la littérature & les sciences que par quelques Journaux qui ont l'air de s'être égarés. Les vivres sont à bon marché, & l'on en profite, sans se mettre en peine de l'administration du vaste Univers.

Le hasard conduisit notre philosophe dans une maison de Cénobites. On ne lui parla ni de livres, ni de nouvelles, mais on lui fit faire une chère excellente. Il y a des gens qui donneroient toutes les gazettes, & même toutes les bibliothèques, pour un bon dîner. On trouve cependant des bibliothèques bien garnies dans presque tous ces monastères.

CHAPITRE LXXIII.

Du Lyonnois.

VILLEFRANCHE, toute petite qu'elle est, ne fut point un objet indifférent aux yeux de

Lucidor. Il y connoissoit depuis du tems des hommes estimables par leurs talens, & il les vit avec plaisir. Ils lui parlèrent de leur académie qui se soutient toujours avec distinction, mais qui ne peut avoir cette ferveur qu'inspire le grand nombre. L'engourdissement semble être le partage des petites villes; il faut à l'ame des spectacles qui la remuent.

C'en fut un bien intéressant pour notre voyageur que l'aspect de Lyon. Ce séjour immense par l'étendue de son commerce, par le nombre de ses habitans, retraçoit Paris à ses yeux. C'est la ville de France, quoiqu'en disent les Marseillois & les Bordelois, qui représente mieux la capitale; mais ils n'en conviendront pas. La prévention est une chose incurable.

Il promena ses regards de tous côtés, & il vit tant de manufactures, tant de magasins, tant d'ouvriers, que sa vue en étoit fatiguée. L'or s'y déploye avec autant de magnificence que de docilité. On le voit se distribuer sur mille étoffes diverses, & se mêler à la soie avec un goût qu'on ne peut exprimer. Plus les modes changent, plus il acquiert de beauté. Chaque année lui donne un nouveau lustre. L'industrie est l'émule de la nature.

C'est à Lyon que les nobles & les souverains du Nord & du Midi viennent s'habiller, & c'est de-là que Paris emprunte le goût qui fait la mode & qui donne le ton.

Aussi notre voyageur ne pût-il s'empêcher de dire qu'une manufacture ne pouvoit être mieux placée qu'entre les mains des Lyonnois. Ils ont la patience & le génie propres à produire les plus élégantes & les plus magnifiques étoffes. Celles qu'on fabrique ailleurs n'en font que la parodie.

Il seroit à désirer pour les manufactures de Lyon, qu'on s'habillât autrement qu'avec de la mousseline, & de la toile. On ne voit plus les femmes qu'en déshabillé, toujours en blanc en hyver comme en été, & cette mesquine monotonie ne ressemble en rien à la véritable parure. On a beau changer de robes toutes les semaines, comme c'est toujours la même toile, & la même couleur, cela n'a rien de paré. Aussi voit-on la femme du commun aussi bien vêtue que la duchesse. C'est un délire qui ne peut pas toujours durer.

Ses relations avec quelques membres de l'hôtel-de-ville & quelques associés de l'académie, le mirent en état de connoître jusqu'où s'étend l'esprit du pays. Il ne négligea point la société des négocians; ils ont des lumières qui les rendent vraiment recommandables; mais il fut surpris d'en trouver qui malgré l'élégance de leurs habits, avoient un langage grossier. La fortune corrige rarement une mauvaise éducation. Lyon ressemble à toutes les grandes villes, on y vient de tous les pays; & ce ne sont pas toujours les étrangers qui s'y établissent qui paroissent le mieux éduqués.

Les repas qu'on lui donna respiroient l'opulence. Le commerce est le père des richesses. Il fut très-satisfait de la conversation des femmes & de leur maintien. Elles ont un air noble que ne donne pas toujours la noblesse.

La place de Belcourt qu'il vit un jour de fête, lui parut le second tome des Thuilleries. La parure & l'affluence en faisoient une promenade enchantée. Le prisme n'offre pas aux yeux plus de couleurs & plus de variété.

Le collége ne pouvoit échapper à ses recherches. Outre que les études y sont florissantes, la bibliothèque est un monument connu de tous ceux qui voyagent. Il l'analysa, sans cependant y trouver ces livres rares qui forment le trésor des curieux.

La noble simplicité qui distingue l'église de Lyon, & qui la dégage d'une multitude de pratiques usitées par-tout ailleurs, fut très-goûtée de Lucidor. Rien de plus majestueux qu'une vénérable antiquité, quoiqu'en disent le luxe & la mode.

Après avoir bien considéré la ville, où les édifices, les quais, & sur-tout l'accolade du Rhône & de la Saone forment le plus charmant coup-d'œil, il visita l'archevêché & la maison de campagne qui en dépend : ce sont deux objets qui intéressent un voyageur curieux.

Ensuite il se répandit dans la campagne : on y trouve des maisons délicieuses où les étrangers sont volontiers invités, & où les Lyonnois viennent dépenser noblement.

Il y en a qui les accusent de n'être pas sincères, mais ce ne fut point Lucidor qui porta ce jugement. La Raison est fondée à en juger plus favorablement.

Il étoit juste qu'il vît le Forez, & qu'il parcourût les bords du Lignon, si agréablement chantés par l'auteur de l'Astrée.

Montbrizon, quoique très-petite ville en elle-même, lui parut fort grande à raison des hommes de génie qu'elle a produits. L'esprit semble s'y plaire plus que par-tout ailleurs.

CHAPITRE LXXIV.

Du Vivarais & du Comtat Venaissin.

Il passa au Puy en Velay, parce que c'étoit son chemin, & il vit que les habitans, excepté l'évêque du lieu (M. de Pompignan) & quelques autres personnes, ne s'occupoient que de la bonne chère & du jeu, sans doute pour oublier la position de leur ville qui est affreusement située.

Le Vivarais ne lui présenta qu'un pays de cocagne où l'on vivoit à bon marché, & où l'on ne connoissoit que par oui-dire, où par quelques brochures qu'apportoient les gardes du roi, la littérature & les littérateurs. On laissoit courir les astres & les évènemens, sans s'occuper de leurs révolutions; l'on n'en étoit pas moins heureux. Cependant Viviers à titre de capitale pourroit se vanter d'avoir quelques hommes instruits, mais elle est modeste, elle n'en dit mot.

Quant au comtat si souvent contesté aux Papes, & si bien placé pour appartenir à la France, il y trouva beaucoup d'esprit & beaucoup d'érudition. Un peu d'ultramontanifme gâtoit les études, mais nouveau gouvernement, nouvelle manière d'enseigner.

Si l'intérieur d'Avignon répondoit à ses dehors, elle seroit une des premières villes du royaume. L'air n'y est sain qu'autant que le vent le purifie. On y trouve une noblesse distinguée, mais qui par le moyen des révérences & des complimens, se dispense trèsadroitement de donner à manger. Les pères en usèrent ainsi, les fils agissent de même. Au reste il y a dans la ville une excellente auberge.

Il visita quelques couvens meublés de gens d'esprit. L'ambition donne du goût pour le travail à tous les religieux qui tiennent à l'Italie. On veut devenir évêque, ou tout au moins théologien de quelque cardinal ; au lieu qu'ailleurs il faut être comte ou marquis pour gouverner un diocèse.

Il n'y a point de voyageur qui ne soit embarrassé pour expliquer la tolérance du roi de France au sujet du comtat d'Avignon, & qui ne demande pourquoi l'on n'indemnise pas le souverain pontife de sa longue possession, en lui donnant de l'argent pour ce charmant pays, & en le reprenant. On est choqué de voir un territoire étranger au sein même d'un royaume qui ne peut, ni ne doit être le vassal de personne. Les papes eux-mêmes se prêteroient volontiers à un accommodement sur cet article, & ils y gagneroient quelque modique somme qu'on vînt à leur offrir. Les papes faisoient cas de cette retraite dans des tems où ils étoient fugitifs, mais aujourd'hui que les princes catholiques les soutiennent de leurs pouvoirs, ils ne sont pas exposés aux malheurs qu'entraînoient alors des guerres d'opinion.

Carpentras & Cavaillon furent successivement visités, & l'on s'y empressa de connoître notre philosophe. Il n'eut pas de peine à convenir que des impôts détruiroient la nonchalance, & donneroient au pays des bras. Le sol est très-bon par lui-même, & il n'a besoin que de ce secours, pourvu que les taxes y soient proportionnées.

On lui fit voir plusieurs vestiges des papes qui habitèrent Avignon. Le séjour des souverains est pour les pays une source de réparations & d'embellissemens. Leur présence comme celle du soleil, féconde & vivifie.

Quatre évêchés dans un aussi petit territoire, lui firent observer que les diocèses sont beaucoup mieux réglés, lorsqu'ils n'ont qu'une petite étendue, & que les prélats étant alors moins riches, ont plus de simplicité. L'opulence est la ruine des bonnes mœurs, & le germe de l'orgueil.

La fontaine de Vaucluse si renommée chez les poëtes, & si capable d'en former par les jolies réflexions que l'abondance & le murmure de ses eaux inspirent, le fixa long-tems. La Raison aime les objets qui donnent à penser.

Il ne pouvoit s'arracher de Lille, cette ville qui semble sortir du sein des ondes, & qui a sous ses regards un terrein immense entrecoupé par une multitude d'arbres & de ruisseaux; mais il faut se dévouer à la solitude pour y demeurer. On n'y trouve guères que des Juifs, & quelques bourgeois. C'est un véritable supplice qu'une société disparate.

Les étrangers accouroient autrefois dans le comtat pour y vivre à bon marché. Cet heureux tems n'est plus. Le luxe & la disette des récoltes ont fait tout renchérir.

CHAPITRE LXXV.

De la Provence.

A PEINE Lucidor eut-il mis le pied dans cet agréable pays, qu'il en connut tous les avantages. L'esprit des habitans répond à la beauté du climat, & l'imagination participe à la chaleur du soleil. Les plus excellens Prédicateurs, Massillon, Molinier, Surian, Renault, eurent la Provence pour berceau.

Aix possède des savans, Marseille des hommes de génie, Arles des femmes aimables, mais par-tout il règne un esprit ambitieux ou intriguant. Il entrevit ce défaut chez les personnes même les plus modestes en apparence. L'ambition se cache difficilement.

A mesure qu'il se promenoit dans Marseille, ville aussi belle que tumultueuse, le luxe escorté de toutes les passions, s'offroit à ses regards.

On le présenta chez les premiers négocians, & il y vit, soit dans les ameublemens, soit dans les repas, un abrégé des quatre parties du monde. Le commerce rassemble les choses les plus rares & les plus éloignées.

Le port, rendez-vous de toutes les nations, lui parut un monde. C'est le lieu de la France le plus remuant & le plus peuplé. On s'y embarque pour tous les pays de l'Univers, & l'on y met les plus grandes fortunes au hasard. Les choses de ce monde ne roulent que sur des incertitudes.

Il trouva que la vue des Bastides, ces maisons de campagne qui décorent Marseille & qui la dominent, forme un optique enchanteur, mais qu'elles font trop petites, & trop voisines les unes des autres pour ne pas gêner ceux qui les occupent. Un philosophe ne craint point les regards du public, mais tout le monde n'est pas philosophe.

Il eût voulu que le libertinage cessât d'être affiché; que tous ces mercures dont la ville abonde fussent sévèrement punis; qu'on interceptât le cours de l'usure; qu'on prît le goût des lectures sages & solides; qu'on mît moins de faste dans le commerce de la vie; mais les souhaits de la Raison ne sont pas ceux du public.

Le plaisir à Marseille se respire comme l'air, & si l'on ne veille exactement sur soi-même, on a bientôt des mœurs efféminées. La multiplicité des occasions, le mélange des nations, la chaleur du climat, tout contribue au triomphe de la volupté.

On le pria d'assister à une séance d'académie, & il y reconnut le génie du pays, des expressions nerveuses, des pensées magnanimes, des images hardies. L'esprit chez les Provençaux bouillonne comme le sang. Leurs saillies ont bien une autre énergie que celles des Gascons.

Mais on les accuse d'être intriguans, & d'avoir sur-tout une ambition démesurée. Il faut avouer qu'ils sentent leur capacité, & que l'amour propre qui ne les sert pas mal, est un nouveau stimulant dont ils savent profiter.

Si je n'avois été Provençal, disoit l'Abbé Molinier, célèbre Prédicateur, dont les sermons eurent tant de succès, je serois resté malgré mes talens dans l'obscurité; mais je me donnai tant de mouvement, que je me produisis des protecteurs encore plus par mon activité, que par mes discours. Cet aveu n'est pas suspect.

Les femmes se ressentent de cette fermentation. Elles sont aussi terribles dans la colère, que vives dans la conversation. Il n'y a ni tiédeur, ni ennui dans leur société. Rien de plus aimable lorsqu'elles savent se tempérer; mais c'est un effort qui leur coûte.

Aix eût été pour Lucidor un lieu d'adoption, s'il se fût fixé dans la Provence. Les magistrats enchaînent les esprits par celui qui les anime, & ils font aimer les loix par la beauté de leur éloquence.

Un jour que notre voyageur se promenoit au Cours, il rencontra deux hommes qui disputoient fortement sur ce qu'on appelle Raison. L'un prétendoit qu'elle n'étoit qu'une chimère à qui les préjugés donnent du corps; l'autre, qu'elle existoit indépendamment de toutes les opinions. Ils furent sur le point de s'adresser à Lucidor, & de le prendre pour arbitre, mais aussi-tôt ils changèrent d'avis. Ce voyageur ne nous entendra seulement pas, se dirent-ils mutuellement. Il est certainement comme tant d'autres qui courent le monde & qui ne savent rien.

On voit par-là comme ils se connoissoient en physionomie, & l'on se persuade facilement qu'ils n'étoient pas Provençaux. Ils ont le tact plus sûr & plus fin.

Cette petite scène amusa beaucoup notre philosophe. Il la racontoit avec satisfaction.

Toulon le mit à portée de conférer sur ce qui concerne la marine ; & c'est-là qu'il dit à des officiers qu'il trouva très-aimables & très-instruits, qu'on négligeoit très-mal-à-propos le port d'Ambleteuse en Picardie, & qu'on en pourroit tirer un bon parti.

En général il fut très-content de la réception que lui firent les Provençaux ; ils aiment la démonstration, mais leurs repas sont en miniature.

Toutes les petites villes étoient parsemées de gens d'esprit ; on y connoissoit les ouvrages du temps, & l'on en faisoit. Il fréquenta les assemblées, & toujours quelque métaphore réveilloit l'attention. C'est la figure qui donne plus de hardieſſe au diſcours, & qui eſt familière aux Provençaux.

La campagne lui ſembla moins riche qu'agréable : c'eſt, ſelon l'expreſſion de M. Godeau, une gueuſe parfumée. Elle a des oliviers, des myrthes, des orangers; mais elle n'a ni bois, ni prairies, & preſque pas de bled. Ses collines ne paroiſſent propres qu'à nourrir des moutons. C'eſt un terrein ſec & pierreux où il ne croît que du ſerpolet.

Le patois du pays tient beaucoup de l'Italien; & Lucidor à ce ſujet obſerva très-judicieuſement que plus de la moitié de la France ne parle pas François.

Il vit des évêchés qu'on appelle d'honnêtes exils, à raiſon de leur diſtance de Paris & de leur modicité. Auſſi le cardinal de Polignac nommoit-il en plaiſantant ceux qui les poſſédoient, des évêques de campagne. Cependant de ces évêchés mêmes, il en eſt ſorti les plus grands prélats. Ce n'eſt ni l'étendue, ni le revenu d'un diocèſe qui fait le mérite d'un paſteur. Le grand Boſſuet n'étoit qu'évêque de Meaux.

CHAPITRE LXXVI.

Du Dauphiné.

CETTE Province qui a donné son nom aux héritiers présomptifs de la couronne, ne laisse pas, quoiqu'environnée de montagnes, d'avoir beaucoup d'agrémens. Grenoble est le séjour de la meilleure société. Il y a des manières, de l'esprit, de la raison, & une finesse qu'on prendroit presque pour de la ruse.

C'est la capitale d'un pays où l'on trouve les meilleures auberges, quoiqu'elles n'ayent souvent l'apparence que de simples chaumières. La beauté des maisons ne les rend pas toujours commodes.

On se fit un plaisir de mettre Lucidor aux prises avec les personnes les plus pénétrantes & les plus éclairées. Le triomphe lui demeura. La Raison a toujours l'avantage sur l'esprit, & ses lumières sont la boussole de toutes les sciences.

Les femmes cherchèrent à se le rendre ami, elles y réussirent, excepté quelques précieuses ridicules, qui ne daignèrent pas lui faire le moindre accueil ; elles le trouvèrent trop simple & trop uni.

Si la dissipation n'avoit pas pris un ascendant sur les esprits, Grenoble seroit une des villes où l'on cultiveroit les sciences avec plus de succès. Les Dauphinois ont toutes les dispositions propres à devenir savans. C'est ce que leur dit notre voyageur, & ce qui ne leur déplut pas. La noblesse illustre leur pays. On y trouve une multitude d'anciennes maisons, mais qui n'ont souvent que de vieux parchemins.

« Le maréchal de Villars disoit avec raison que les Dauphinois méritoient plus qu'aucune nation l'avantage de faire fortune; qu'outre une industrie naturelle qui les rendoit propres à toutes les affaires, ainsi qu'à tous les genres de commerce, ils étoient infatigables au travail, & que leur sobriété les servoit infiniment, en cela bien différens de certains peuples qui n'amassent que pour boire & manger.

Ce témoignage est d'autant plus honnête que le maréchal de Villars ne prodiguoit pas les éloges, & qu'il n'en donnoit qu'avec connoissance de cause. Aussi Louis XIV disoit-il qu'un mot de sa part valoit mieux que dix pages de recommandations.

Il parcourut les campagnes voisines, & en visitant la grande Chartreuse, il vit de belles horreurs, des montagnes qui se perdent dans
les

les nues, des torrens qui se précipitent dans des abîmes, & pour finir un groupe d'Anachorêtes plus morts que vivans.

Ce n'étoit plus cette chartreuse de Naples, si magnifique par ses marbres & par sa position; ce n'étoit plus celle de Pavie, si riante & si renommée, mais un assemblage de cellules que la neige domine & que le soleil ne visite jamais.

On l'introduisit chez tous les solitaires, & il les reconnut pour ses disciples les plus zélés. Rien ne ressemble mieux à la Raison, que des hommes qui ne s'occupent que de leur ame & de Dieu, qui méprisent le siècle, & qui ne tiennent qu'à l'éternité.

On lui présenta selon l'usage, lorsqu'il fut prêt de partir, un livre où les voyageurs écrivent leurs noms, & quelques sentences relatives à la sainteté du lieu. Il prit la plume, & traça ces mots simples en apparence, mais remplis de sagesse :

» Entre tous les pays qu'on pourra parcourir, ce petit coin de terre mérite d'être distingué comme l'asyle de la paix & de la vertu. Je l'ai vu avec admiration, je m'y suis arrêté avec joie, & j'y laisse les vrais philosophes qu'on doit au moins admirer, si l'on n'est pas destiné à les imiter. »

Son retour le conduisit à Vienne, où il ne vit qu'une belle cathédrale; à Valence, où il ne trouva qu'une agréable situation; à Ambrun, où il ne rencontra que quelques sociétés monotones; à Briançon, où il n'apperçut que quelques vieux militaires économisant leurs pensions & leurs santés. Il s'arrêta dans quelques autres villes, qui pour le bruit pouvoient se comparer au trictrac. On s'informoit de tout, on rapportoit tout; c'est le sort des petits endroits. Ils ressemblent à des ruches qui bourdonnent & qui piquent.

De-là Lucidor se rendit dans des montagnes escarpées d'où il revit en esprit, tout ce qu'il avoit parcouru des yeux; & c'est alors qu'il réfléchit sur tant de passions, de projets, de bisarreries qui agitent les villes & les cours, & qui sous l'apparence de l'amour du bien public, produisent les évènemens les plus singuliers, & souvent les plus monstrueux.

Il jugea que le siècle donnoit beaucoup dans les superficies; qu'on cherchoit bien moins à approfondir qu'à effleurer; que les savans étoient aussi rares que les gens d'esprit étoient multipliés; que l'amour de la nouveauté faisoit imaginer des choses aussi absurdes que ridicules; que sous prétexte de viser au mieux, on faisoit souvent des changemens burlesques; que les sens prenoient la place de l'ame ; qu'on négligeoit le nécessaire pour courir après le superflu; qu'on se permettoit tout, parce qu'on osoit tout : l'indépendance est la ruine du bon ordre.

Il jugea que si les Turcs étoient plus instruits, les Russes plus libres, les Allemands plus déliés, les Anglois plus amis des autres peuples, & plus communicatifs, les Hollandois plus polis, les Portugais plus sincères, les Espagnols plus laborieux, les François plus solides, les Italiens plus naturels, ce seroient des nations presque sans défauts; mais il pensa en même tems qu'il n'y a nul homme parfait, & qu'il faut toujours par quelque endroit payer un tribut à l'humanité ; & que si la méchanceté n'est pas excusable, les foiblesses le sont.

Il jugea que dans ce nombre immense de villes où il s'étoit arrêté, il y en avoit qui ne connoissoient d'existence que le jeu, d'autres que le plaisir de manger, d'autres qui se laissoient entièrement dominer par la volupté, d'autres par la futilité, quelques-unes par la science, plusieurs par le bel esprit. Il eût voulu qu'on pût faire des échanges de mœurs, de caractère & de goût ; par-là les nations seroient toutes devenues presque au même niveau, mais la liberté qui règne parmi les hommes, établit indispensablement la diversité. Il en est de nous comme des fleurs, chacun a ses nuances.

Il jugea que sur tant d'êtres raisonnables qui composent le monde entier, le plus grand nombre outrageoit la Raison, ou ne s'embarrassoit pas de la connoître ; que tant de livres qui sortent tous les jours de la presse, & qui sembleroient devoir éclairer les hommes, servoient très-souvent à les aveugler ; & que chacun ayant un préjugé favori, on confondoit facilement la Raison avec l'opinion. La justesse d'esprit peut se mettre au rang des prodiges.

Il jugea que dans quelques pays on faisoit beaucoup plus de cas des modes que des mœurs ; que les talens futiles étoient récompensés ; que les hommes qui travailloient au triomphe de la Raison étoient oubliés ; qu'en général il y a plus aujourd'hui d'ambition que d'émulation, plus d'orgueil que de dignité, & qu'on veut plutôt éblouir qu'éclairer. Le clinquant est inappréciable dans un siècle superficiel.

Il jugea qu'il étoit important pour réformer les mœurs & les préjugés, de ne donner les places qu'au mérite, d'établir des écoles pour l'éducation de la jeunesse, où le zèle se trouvât joint à la lumière, & le goût à l'érudition; que les uns donnoient trop à la Raison, que les autres n'y donnoient point assez, & que de-là naissoit l'incrédulité ainsi que la superstition : la vertu comme la vérité ne se trouve que dans le milieu.

Il jugea que le véritable esprit philosophique en répandant un ridicule sur tant de guerres superflues, avoit rendu un vrai service à l'humanité; qu'on étoit beaucoup plus porté pour la paix, depuis qu'un homme de génie s'étoit moqué fort ingénieusement des massacres & des combats, & que toutes les disputes soit littéraires, soit théologiques, se calmoient insensiblement, parce que le même écrivain en avoit fait sentir tout-à-la-fois & le danger, & la puérilité. La philosophie opère de grandes choses lorsqu'elle se tient dans de justes bornes, & qu'elle se soumet à la foi.

Il jugea qu'une nation dans l'Europe s'abimeroit par le luxe; qu'une autre, si l'on ne s'opposoit à ses entreprises, envahiroit plus d'un empire; qu'on sacrifioit tout à la fortune, à la vengeance, à la volupté, & même à la paresse; que certains états ne subsistoient que sur leur crédit; que certaines villes n'avoient qu'une splendeur empruntée; que presque tout le monde étoit malheureux, parce que personne ne vouloit vivre dans la médiocrité. Hors de la modération il n'y a ni justice, ni sagesse.

Il jugea que si les petites villes avoient de petites manières, de petites idées, de petits sentimens, que si l'on ne s'y repaissoit que de médisances & de rapports; les grandes au contraire étoient livrées au luxe & à toute la fougue des passions; qu'ici il n'y avoit point assez de dissipation, que là il y en avoit trop, & que lorsqu'on évaluoit tous les pays du monde, on trouvoit pour ainsi dire une sorte de compensation; nul avantage sans inconvénient, nulle vertu sans défaut.

Il jugea que par les correspondances maintenant établies dans tous les pays, les peuples s'étoient beaucoup civilisés; que la littérature étoit devenue un point de réunion, ainsi que le commerce; que les modes même avoient contribué à cette heureuse métamorphose; qu'en prenant la frisure & l'habillement des François, on avoit insensiblement pris leur langage, & que l'aménité qui leur est propre, sembloit donner le ton. Les plus petites choses ont leur utilité.

Il jugea que le siècle avoit fait des découvertes qui lui faisoient honneur; qu'il comptoit des souverains, des ministres, des auteurs, des artistes qu'on regrettera dans les tems les plus reculés; & que si le style s'étoit corrompu sous mille plumes futiles, il avoit conservé toute son énergie & toute sa beauté chez les écrivains qui n'écoutoient ni la mode, ni le préjugé. Il faut être frondeur ou vieux pour n'estimer que le tems passé; chaque siècle a sa sagesse & sa folie.

Il jugea qu'on n'aimoit plus à voir les grands sentimens que sur les théâtres, qu'on tenoit plus maintenant à soi-même qu'à son devoir; que le luxe avoit fait naître un intérêt personnel qui étoit un véritable égoïsme, & qu'on ne traitoit que trop souvent d'enthousiasme ou de passion, l'amour des loix & de la patrie. L'esprit s'aveugle quand le cœur s'égare.

Il jugea que l'Europe pouvoit se regarder aujourd'hui comme un seul empire, dont les maîtres se visitent avec cordialité; mais que pour bien connoître les distances d'un endroit à l'autre, & avoir une idée juste & précise de ces mêmes lieux, il falloit un dictionnaire différent de celui de Vosgien, qui malgré ses bonnes intentions, se trompe à chaque page dans tout ce qui concerne les éloignemens & les descriptions : c'est qu'il ne les a compassés que sur les cartes : la mode met des ouvrages en vogue, ainsi que des étoffes, & c'est presque toujours ceux qu'elle accrédite, qui ont le moins de valeur.

Enfin, il jugea que ses remarques elles-mêmes, quoique celles de la Raison, ne contenteroient point tous les esprits, parce que chacun a sa manière de voir & de penser. On n'a point encore fait un livre qui plaise à tout le monde.

Ce fut après un jugement aussi impartial, qu'on apprit enfin que l'Inconnu qui venoit de terminer ses voyages sous le nom de Lucidor, étoit la Raison, & qu'il se reposoit sur les montagnes du Dauphiné. Aussi-tôt les uns conduits par la seule curiosité, les autres par le désir de s'éclairer (bien entendu que ceux-ci formoient le petit nombre) composèrent une multitude de personnes de tout âge & de toute condition. Mais à peine furent-elles arrivées, que l'aimable voyageur se dépouillant de l'enveloppe mortelle dont il s'étoit couvert, retourna dans l'Olimpe, avec cette lumière vive & pure qui fait l'essence de la Raison, & avec le projet de visiter l'Amérique, l'Afrique & l'Asie, comme il venoit de parcourir l'Europe.

On apperçut à sa suite différens rayons qui se repandirent de toutes parts, & qui auroient infailliblement dissipé les illusions & les préjugés, si l'opinion & la mode n'étoient pas les tyrans des esprits.

Fin du Voyage de la Raison.

TABLE
DES VOYAGES IMAGINAIRES
CONTENUS DANS CE VOLUME.

AVERTISSEMENT DE L'ÉDITEUR,	page j
L'ISLE ENCHANTÉE,	page 1
L'ISLE DE LA FÉLICITÉ,	27
L'ISLE TACITURNE. PREMIÈRE PARTIE,	53
CHAPITRE I,	id.
CHAPITRE II,	56
CHAPITRE III,	60
CHAPITRE IV,	62
CHAPITRE V,	65
CHAPITRE VI,	72
CHAPITRE VII,	80
L'ISLE ENJOUÉE. SECONDE PARTIE,	86
CHAPITRE I,	id.
CHAPITRE II,	91
CHAPITRE III,	96

TABLE.

Chapitre IV,	page 103
Chapitre V,	111
Chapitre VI,	122
Chapitre VII,	133

Préface,	page j
VOYAGE DE LA RAISON,	141
Chap. I. Lucidor commence ses voyages par la Turquie,	id.
II. Il passe en Russie,	147
III. Il passe par la Livonie, & visite la Pologne,	155
IV. Il observe la Suède & le Dannemarck,	163
V. Il voit la Prusse & la Saxe,	169
VI. Il se rend à Vienne en Autriche,	175
VII. Il parcourt la Bavière & quelques autres Electorats,	181
VIII. De la Flandre,	187
IX. De la Hollande,	192
X. Il arrive à Londres,	199
XI. Il visite le Portugal,	209
XII. Il juge de l'Espagne & des Espagnols,	211
XIII. Il voyage en Italie, & il s'arrête à Gènes,	216
XIV. De la Corse,	221
XV. Ses remarques sur Venise,	223
XVI. Il passe par Bologne & par Livourne,	228
XVII. Il arrive à Malthe & visite la Sicile,	232

XVIII. De Rome & de ſes habitans,	page	244
XIX. De la république de Saint-Marin,		261
XX. De la Toſcane,		265
XXI. De Lucques,		271
XXII. Du duché de Parme & de Plaiſance,		272
XXIII. Du duché de Modène,		275
XXIV. Du Milanois,		276
XXV. De la Suiſſe,		280
XXVI. De la Savoye,		286
XXVII. Du Piémont,		290
XXVIII. Du Tirol,		295
XXIX. Il entre en France, & viſite l'Alſace.		300
XXX. Des Trois-Evêchés,		303
XXXI. De la Lorraine,		304
XXXII. De la Champagne & de la Picardie,		307
XXXIII. De la Normandie,		313
XXXIV. Il arrive à Verſailles, & parcourt les environs,		321
XXXV. Lucidor arrive à Paris,		229
XXXVI. Des différens quartiers de Paris,		333
XXXVII. Des cercles,		336
XXXVIII. Des promenades publiques,		340
XXXIX. Des ſpectacles,		343
XL. Des Cafés,		346
XLI. Des modes,		349
XLII. Du jeu,		353
XLIII. Des auteurs,		355
XLIV. Des livres nouveaux,		359

TABLE

XLV. *Des disputes littéraires,* page	362
XLVI. *Du bel-esprit,*	364
XLVII. *Des petits-maîtres,*	367
XLVIII. *Des conversations,*	369
XLIX. *Des projets,*	372
L. *Des sciences,*	374
LI. *Des Arts,*	376
LII. *Du luxe,*	379
LIII. *Des bibliothèques,*	380
LIV. *Des collèges,*	382
LV. *Des académies,*	386
LVI. *De la Sorbonne,*	488
LVII. *Des établissemens,*	389
LVIII. *De la police,*	395
LIX. *Du parlement,*	398
LX. *Des étiquettes,*	401
LXI. *Il parcourt l'Orléanois & le Blaisois,*	402
LXII. *De la Touraine, du Vendomois & du Chartrain,*	407
LXIII. *De la Bretagne, du Maine & de l'Anjou,*	413
LXIV. *Du Poitou & du Berry,*	421
LXV. *De la Marche & du Limousin,*	424
LXVI. *De l'Angoumois, du Périgord & de la Saintonge,*	427
LXVII. *De la Guienne & de la Gascogne,*	428
LXVIII. *Du Béarn & du Roussillon,*	432
LXIX. *Du Languedoc,*	434

LXX. De l'Auvergne,	page 439
LXXI. Du Bourbonnois & de la Bourgogne,	443
LXXII. De la Franche-Comté,	448
LXXIII. Du Lyonnois,	449
LXXIV. Du Vivarais & du Comtat Venaissin,	452
LXXV. De la Provence,	457
LXXVI. Du Dauphiné,	463

Fin de la Table.

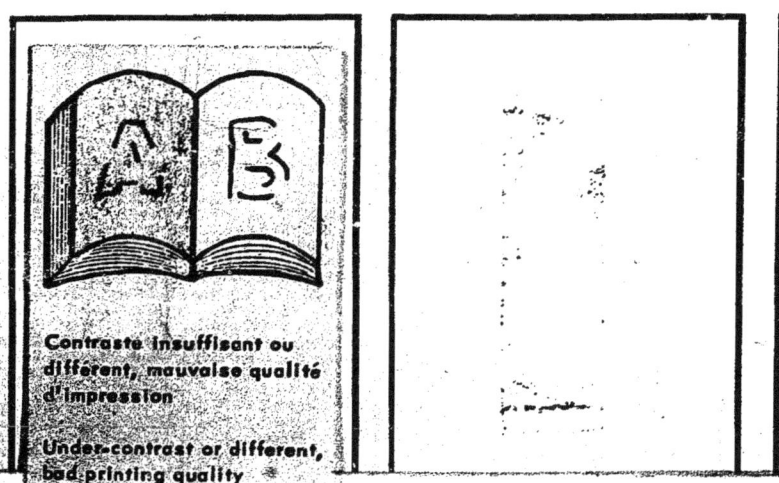

www.ingramcontent.com/pod-product-compliance
Lightning Source LLC
Chambersburg PA
CBHW060232230426
43664CB00011B/1629